图书在版编目（CIP）数据

丹霞集：考古学拾零／严文明著．—北京：文物出版社，
2019.9

ISBN 978 - 7 - 5010 - 6239 - 3

Ⅰ.①丹…　Ⅱ.①严…　Ⅲ.①考古学 - 中国 - 文集
Ⅳ.①K870.4 - 53

中国版本图书馆 CIP 数据核字（2019）第 179431 号

丹霞集
——考古学拾零

著　　者：严文明

责任编辑：杨新改
封面设计：李　红
责任印制：苏　林

出版发行：文物出版社
社　　址：北京市东直门内北小街 2 号楼
邮　　编：100007
网　　址：http://www.wenwu.com
邮　　箱：web@ wenwu.com
经　　销：新华书店
印　　刷：北京京都六环印刷厂
开　　本：787mm×1092mm　1/16
印　　张：18.5
版　　次：2019 年 9 月第 1 版
印　　次：2019 年 9 月第 1 次印刷
书　　号：ISBN 978 - 7 - 5010 - 6239 - 3
定　　价：180.00 元

照片中的题词

学术有传承，发展靠创新。

传承知根脉，创新是生命！

肆 学术论稿

伍 学术研讨

陆 考古忆往

柒　怀念师友

捌　祝贺与期望

玖　书序一束

拾　访谈录

中国能够产生考古学大师

——与《光明日报》记者薄洁萍的谈话

记者：我国的考古重大发现几乎年年都有，最近，国家文物局在南京召开了全国考古工作会议，全面总结了两年来考古工作的成就和存在的问题；《考古》杂志社也邀请有关考古队的专家就 2001 年度国内最重要的考古发现作了 6 场学术报告，考古专家们的发掘和科学性的解释使我们能够更真实准确地了解我国古代灿烂的历史文化，也使我们更加认识到考古人才的重要和社会对考古人才的需求。高校是培养考古学人才的主要基地。能否给我们简单介绍一下我国高等院校设立考古专业的情况。

严文明：中国高等学校的考古教学和研究差不多是与近代田野考古的开展同时起步的，但正式设立考古学专业是从 1952 年北京大学历史系开始的，教师有夏鼐、裴文中、苏秉琦、林耀华等著名学者，因此起步很高，学生经过正规的专业训练，一般有较高的业务水平，现在考古界的一些知名人士和学术带头人大都是北京大学培养出来的。1956 年西北大学历史系设置了第二个考古专业，1972 年以后，四川大学、厦门大学、吉林大学、山东大学、南京大学、武汉大学、中山大学、郑州大学和山西大学相继设立考古专业，一些综合性大学和师范院校的历史系则开设了考古学通论等课程，从此高等学校进入了大规模培养考古人才的时期。过去高等学校以培养本科生为主，而随着我国考古工作的发展，各校也积累了很多办学经验，业务水平有所提高，图书资料和仪器设备都有所充实，具备了招收不同层次学生的条件。学生的来源也更加广泛，除了有来自大陆各省市自治区的以外，还有港澳台的学生和许多外国的留学生。毕业以后大部分进入考古学研究机构或相关的部门，对于发展我国的考古学，提高考古学研究水平发挥了重要的作用。

记者：考古研究有时要配合工程建设，因此对考古人员的实际操作能力要求很强，比如三峡工程建设，一下子就调动了几十支考古队伍。从这方面讲，考古学人才的培养有它特殊的一面。您从 1983 年起到 1992 年，曾先后担任北京大学考古学系副系主任和系主任，结合北京大学的实际情况，您对高校考古学教学和人才的培养一定有许多体会和经验。

严文明：高等学校培养学生一般要注意基础理论、基本知识和基本技能三个方面的学习，考古教学也不例外，只是各个学科培养的内容和方法有所不同而已。就考古学来说，能不能组织好田野考古实习是个关键。实习分三方面，一是一、二年级配合课程的教学实习，如旧石器考古，去考察一下典型的黄土剖面，学习一下打制石器等。这类实习时间短，目的是让学生有点实在的感觉。二是三、四年级的基础实习，从调查、发掘、室内整理到编写报告做全面的训练，让学生掌握田野考古的方法。每个阶段都有若干要求，并有相应的指标和评分。我们有一个规定，学生在田野考古中如不及格就不能毕业。通过这样严格的训练，使学生掌握田野工作的基本知识和技能。三是毕业实习或专题实习，目的是训练学生围绕一个课题来搜集整理资料和初步研究的能力，最后产生毕业论文。这三方面相结合，学生的田野考古与研究能力都得到了锻炼。这是一个较成功的经验。学生在考古工地实习，有时还要让他们做一些组织工人、管理资料和有关生活方面的一些杂事，要学会跟各方面的人打交道。这几个方面的锻炼对学生大有好处，为他们走上社会从事考古工作奠定了基础。若干年前，国家教委派人到北京大学做过一个调查，发现考古专业的成才率特别高。我们的毕业生在各级考古文博部门担任领导职务，成为业务骨干和学术带头人的很多。总结经验主要有：一是田野考古接触面广，锻炼了同学的实际工作能力；二是考古发掘要求对实物和现象做出解释，促使学生能够较好地将理论与实际结合起来；三是在工地上，教师言传身教，学生耳濡目染，教师可以有针对性地帮助学生，真正做到教学相长；四是与社会联系紧，走上工作后适应性强。从总结中，我们可以看出田野训练对考古专业学生的重要性。

记者：您曾经提出 21 世纪的中国考古学将越来越走向世界，它应该体现在哪些方面？

严文明：中国要走向世界，世界也需要了解中国。考古学既是民族性的，又是世界性的，作为一名考古学者，不能只研究中国考古学，更需要花一定力量去研究外国考古学，了解外国同行的重要发现和研究方法，以便相互交流和借鉴。事实上，许多国家的考古学界都是既研究本国，又研究外国的，相形之下，中国考古界做得较差，迄今，国外研究中国考古的学者比中国研究外国考古学的学者要多，这个情况应该改变，否则不仅与我们这个文明古国和大国的地位不相称，也不利于发展我们中国的考古学。这些年我们打开了大门，有许多学者到外国去访问、讲学或参加国际会议；同时邀请了许多外国学者来我国访问讲学或参加学术会议。我们还同一些国家的学者合作进行田野考古工作，一些学者在自己的研究中试图借鉴国外流行的某些方法，不少留学生到国外学习考古学或人类学，高校考古专业陆续设置了一些外国考古课程。但这些努力仅仅是初步的，还应该有进一步的措施。如有计划地介绍外国考古学的主要发现和研究成果，尽可能多地派遣留学生和进修生到国外学习，培养一批既懂中国考古又能够从事外国考古学研究的人才；积极开展中外学者的合作发掘与研究，在制定考古学研究规划时应该把外国考古学作为重点项目纳入，有关部门应该有计划地收集外国考古学的资料，包括文献资料和实物资料等。如此坚持若干年，我们对外国考古学的了解将会有明显的进展，中国考古学在国际上的地位也将大为加强。

记者：在新世纪，对青年一代的考古工作者，您有什么建议和希望？

严文明：现在有越来越多的青年人参加到考古学者的行列中来，这是我国考古学发展的希望所在，我以极大的热情欢迎他们。作为一名考古工作者，你们首先要了解考古学的性质和特点。考古学是一门实践性很强的学科，又是特别讲求理论和方法论的学科。关在书斋里无法进行考古学研究，必须坚持下田野。做田野工作自然比较艰苦，因此要有吃苦的思想准备。田野考古不只是技术性工作，要善于动脑筋，讲求方法，因此要有理论和方法论的修养。这样你就会不断有新的发现和新的收获，就会感受到无穷的乐趣。第二，考古学研究的对象是不会说话的实物遗存，涉及的方面又十分广泛，要正确地给予诠释，除了要有正确的理论和方法论的指导，还必须有广博的知识。要有古文献方面的修养，还要懂得一点人类学、民族学、地质学、古生物学和有关自然科学方面的常识。这样看问题才会站得高、看得准。第三，要有严格的科学态度和高度的责任心，不能马马虎虎，更不能玩一点假。考古学者历来是很看重学术职业道德的。

中国那么大，考古学遗存那么丰富，文化关系那么复杂，需要研究的问题可以说是不计其数。应该说中国是发展考古学理论和方法最好的地方之一，是培养考古学人才最好的地方之一，是可以产生考古学大师的地方。青年朋友们，努力吧！

（原载《光明日报》2002 年 4 月 28 日）

重建中国史前史

节目思路：中国考古学从一开始就是以探索中国文明的起源和重建中国史前史与古代历史为目标的。严文明几十年的学术生涯，包括田野考古、学术研究和教学，虽然重点在新石器时代考古方面，也都是紧紧地把握这个目标而进行的。我们的谈话从仰韶文化的研究开始，逐渐涉及广泛的内容。我们拟将严先生的学术研究放到一个大的历史背景中去思考，他的工作和学术研究对于我们了解仰韶文化、了解中华文明的起源和发展，到底有着怎样的意义，其实有关仰韶文化和甘肃彩陶的研究、农业起源和文明起源问题的探讨，这几个重要学术问题都是为了表现一个中心：一位考古学家拨开史前迷雾、为中华文明寻源的不懈历程。

严文明：我的研究应该从 1958 年算起。因为我教授中国新石器时代考古，那个时候"大跃进"，跟学生一起编写讲义。后来我单独编写，改了几次，1964 年出了一个红皮铅印本。那时就感到中国新石器时代考古其实还很年轻，基础性研究不够，还没有形成比较完整的体系。因此不顾当时盛行说空话大话的社会风气，下决心扎扎实实地从最基础的工作做起。当时新石器时代考古界最热门的话题就是仰韶文化的类型划分和社会性质问题。讨论的文章很多，论据多不充分，甚至引用的资料本身就有问题。实际上仰韶文化的资料十分丰富，地理上处在中原地区，对研究中华文明的起源具有不可替代的作用，应该从更加广阔的视野来研究仰韶文化。为了使研究有一个比较可靠的基础，我不得不从一个个遗址的重新分析着手。

一 王湾遗址发掘和仰韶文化研究

严文明：关于仰韶文化的分期和相关问题的研究中，洛阳王湾遗址的发掘具有重要意义。王湾遗址位于洛阳市西郊王湾村北涧河南岸的台地上，面积约 8000 平方米。1959 年秋和 1960 年春，北京大学考古专业的师生曾经两次对这个遗址进行发掘，揭露面积 3625 平方米。王湾遗址最重要的发现为新石器时代文化层，其中包括地层最下面的仰韶文化和之上的中原龙山文化，另外，王湾遗址还发现了周代文化层、北朝—隋代文化层和一座晋墓。总之，王湾遗址有很多时期的地层，一层层的将历史很明显地展现出来，相当于豫西地区的一个历史年表。

而其中，从仰韶文化到龙山文化就可以分为八个不同面貌的时期，属于仰韶的有六个时期。这种分期主要是靠地层里面出土的器物来进行分析，尤其是陶器。当时能做到这样细致的分期，在全国是头一号的。大家关注的半坡类型相当于王湾的第一期，而庙底沟类型相当于王湾的第二期，说明半坡类型应该比庙底沟类型要早。后面的三到五期，过去称之为豫西仰韶文化，实际上属于仰韶文化晚期。再往后是庙底沟二期文化和中原龙山文化，

编导： 严文明将王湾和最早发现的仰韶村资料进行了详细的对比，写成了《从王湾看仰韶村》的论文，指出那里不但有仰韶文化，也有中原龙山文化的遗存，至少可以分为五期，并且是连续发展的。过去争论不休的关于仰韶村的新石器遗存到底是单纯的一种文化即仰韶文化还是有仰韶文化和龙山文化两种文化，是龙山文化替代了仰韶文化还是两者接触后形成了混合文化，实际上都不正确或不完全正确。历史的疑案从此得到了解决。

此后严文明将仰韶文化的主要遗址进行了仔细分析，进而对整个文化的分期、分区、类型以及它的起源、发展和如何向更高阶段的中原龙山文化演变的整个过程都进行了认真的研究，先后写成了《论庙底沟仰韶文化的分期》等十多篇文章，1989 年结集出版了《仰韶文化研究》一书。认为仰韶文化主要是在黄河中游黄土高原的自然环境条件下，继承老官台文化等发展起来的，年代大约在公元前 5000 ~ 前 3000 年之间。本身可分为四期，每一期又分为若干类型。前两期是发展和繁荣期，是统一性逐步加强的时期；后两期是衰落期，是逐步分化并向中原龙山文化转变的时期。在仰韶文化发展的过程中，曾经跟邻近的大汶口文化、大溪文化和红山文化等发生各种各样的关系，对仰韶文化自身也有相当的影响。这样就避免了外因论和孤立发展论。对仰韶文化同后来中国文明起源的关系也给予了适当的关照。

严文明： 如何研究仰韶文化的社会是大家非常关注的问题。开始分析半坡聚落，觉得漫无头绪，无从下手，不如从墓地分析入手。正好在 1958 ~ 1959 年发掘了陕西华县元君庙和华阴横阵村两个以合葬墓为主的仰韶文化早期墓地，对它们所反映的社会组织和社会性质展开了热烈的讨论。刚挖出来，一些人以为一个墓葬就是一个家族，一排就是一个氏族，六排就是一个部落。当时苏秉琦先生就说："元君庙这些墓不能只从平面来看，因为不可能一次埋那么多墓，墓地的形成要有一个过程，难道没有早晚分别？"后来把器物和墓葬间打破关系一比，发现能分成三期。于是就把整个墓地分成了两个大群，假如一群代表一个氏族，就只能有两个氏族。横阵有三个复式合葬墓，大合葬墓内

还有几个小合葬墓，另外还有几个单独的合葬墓。当时有很多争论，有的说整个墓地是一个部落，一个复式合葬墓是一个氏族，一个小的合葬墓是一个家族。有的人认为整个墓地是个氏族，一个复式合葬墓是一个母系大家族，小的是对偶家庭，这都是只从平面上来看关系。我把各墓的出土器物排了一下，发现也可以分三期，整个墓地可排成一个序列。假如整个墓地是一个氏族，一个复式合葬墓还是一个氏族。普通的合葬墓也在这个序列中间，说明小的合葬墓可分也可以不分，死的人多就分，不多就可以不分。氏族是不能不分的，家族是可分可不分的，可见当时还不到特别强调家族的时候，可以肯定整个墓地就是一个氏族在一定时期死者的埋葬。接着整理姜寨的东西。我提出当时有几级组织和几级所有制，不是只讲几级组织。一个村落肯定是有规划的，没有一个组织肯定不行，它下面有 5 组房子，每组是一个组织，每一组房屋代表的集体之间有差别，他们有自己的经济。外围有陶窑，可能是整个村落的。但是不是所有经济都能纳入观察，比如狩猎怎么进行，农田是怎么分的，就不清楚。只是从部分材料看出当时有不同的所有制，有的是以村落为单位，有的是以一组房屋为单位，没有单个房屋居住者的所有制，而只是一个半消费单位。我研究社会很少用母系、父系的说法，学术界有关的研究都很牵强，何况整个社会的发展主要是所有制的发展，而不是什么父系、母系。我研究聚落借鉴了西方聚落考古的思维，但是我的实际操作特点和他们不完全一样，是根据中国考古学实际来做的。

仰韶文化还有许多问题没有研究。例如生产工具、技术水平和经济类型等，彩陶的研究也没有全面铺开，这只有等待后贤了。

编导：另外，严文明关于仰韶文化的探讨还有一个重要的方面。安特生在发现仰韶文化之后，曾在 1923～1924 年到甘肃、青海等地进行广泛调查，认为中华民族是在铜石并用时代（他认为仰韶文化属于这一时代）从新疆迁入黄河河谷的，新疆是中国人种和远古文化的发祥地，而新疆远古文化是在中亚和西亚文化的影响之下产生的，这就是所谓的"仰韶文化西来说"。严文明研究发现，仰韶文化应该是继承了陕西老官台文化等发展起来的，这一点就动摇了"仰韶文化西来说"，而严文明后来的一项工作更加从实证的角度推翻了"西来说"——青岗岔遗址发掘和甘肃省彩陶研究。

二　难忘青岗岔

编导：青岗岔遗址位于兰州市七里河区西果园乡青岗岔村，遗址面积为 8 万多平方米。1945 年 3 月 19 日夏鼐先生首先发现这一遗址，并采集了一些陶片和石器等实物标本，认为那个遗址属马厂类型。1959 年马承源先生对该遗址进行了调查，认为青岗岔遗址属半山类型。1963 年北京大学历史系与甘肃省博物馆开始联合对遗址进行发掘，发现有半山类型、马厂类型和齐家文化的遗存。严文明主持了这次发掘。他说这一次的经历是他考古生涯中最难忘的一次。

严文明：当时是 1963 年，别的地方三年困难时期都已经过去了，但是甘肃仍然很苦。在那里二十几天都是吃土豆，桌子上放一碟生盐，连咸菜都没有。白天忙着发掘，晚上还要记工作日记。没有煤油灯，把墨水瓶做成了煤油灯。很少雇民工，主要是靠自己挖。能省钱的地方尽量节省。花钱这么少的考古发掘应该再不会有第二次了。

安特生曾经把甘肃的远古文化分了六期，其中有一期叫作半山期或仰韶期，他提出一个观点说半山期的彩陶都是制作出来用来陪葬的，半山式彩陶上的锯齿纹被认为是一种"丧纹"。直到 20 世纪 60 年代，考古学界还有人认同这样一个观点。这需要用事实来加以辨明。

编导：有一天，严文明在青岗岔的一片断崖上来回地看，他猛然看到在陡峭的悬崖上有一片非常明显的火烧土，其中还夹杂有一些陶片，看到这些陶片，严文明确认这些东西属于半山期。他推测这里要么有烧陶器的窑址，要么就是被火烧毁的房子。当即决定进行发掘。开始挖了一条探沟，竟然真的挖到房子的一部分，再扩方，整个房子就露出来了，确实是一座被火烧毁的房屋。严文明说，这种被火烧毁的房屋，对于考古来说是最好的，因为房屋内的原样基本上能保存下来。在这座房屋中，共发现了 12 件陶器，其中 3 件是彩陶，而且从形态和花纹上判定肯定都是半山时期的陶器，很明显它们都是给活人用的，不是用来陪葬的。这是首次发现了半山时期的房屋遗址，意义重大，否定了半山式陶器只是专门给死人随葬的说法。

青岗岔发掘之后，严文明还在甘肃做了大量的调查研究，他把甘肃有彩陶的文化重新做了年代分析和分期，并且把每一期的遗址在地图上标示出来，发现随着时间的推移，彩陶文化遗存是从中原一步一步向西扩展的，绝没有相反的情况。这对于推翻"仰韶文化西来说"是一个有力的证据，后来严文明写了一篇文章《甘肃彩陶的源流》，因为"文化大革命"的耽搁直到 1979 年《考古》第 1 期才发表。

编导：对于安特生，严文明不赞成那种不分青红皂白地批判的态度，安特生是个地质学家，应中国政府的聘请帮助中国找矿和发展地质学，后来转入田野考古学。对中国的地质学和考古学有着不可磨灭的贡献，对中国人民怀有深厚的感情。仰韶村当时的发掘分期比较粗糙，安特生挖到彩陶不懂，他就去问西方的有关专家，这些专家就说没准是西方传过去的，这种学术上的假设是完全正常的，至于某些人拿这个来做文章者又当别论。

严先生每年都要去很多遗址发掘、调研，掌握一手的研究材料，从不轻信他人的结论，碰到问题总要自己重新琢磨。他认为考古是一门科学，要有证据，经得起反复检验才行，不能仅仅是推测，更不能是想当然。严先生还认为，教学始终是他做研究的重要动力。教学相长，学生可以帮助老师开拓研究的思路，而研究反过来又丰富了教学的内容！

严文明：从对仰韶文化的研究我好像找到了一把钥匙，进而可以对整个中国新石器文化进行全面性研究。这需要做许多具体的工作。我花了很多时间分别对长城以北地区、甘青地区、山东地区、长江中游、江浙地区乃至广东等地的新石器文化进行研究，最后把整个中国的新石器文化做一个综合性研究，写成了《中国史前文化的统一性与多样性》。那篇文章包括我很多思考，第一次把从旧石器以来的文化谱系通盘梳理了一下，年代分期、地方分区、文化关系，各个方面都谈到了；第一次提出整个中国史前文化的大框架谱系，在这个谱系里面主要体现几个思想：一是中国史前文化既是多样的又是有联系的；不是一般的联系，是有核心有主体又有外围的，我形容它为"重瓣花朵式的结构"。当然花心是后来慢慢形成的，中原地区的核心地位是后来才慢慢体现出来，史前还不是很明显。但是重瓣花朵很清楚，主体为黄河、长江流域，外围就有不同的文化区系，这是在苏秉琦先生的"文化区系类型"思想基础上的进一步思考。所谓重瓣花朵，就是有花心，花瓣有内圈和外圈，总体是一朵完整而不可分离的花，不是简单的几个区系。这个格局对以后的文化有很大的影响。中国文明起源的格局，也是这时打下的基础。二是我注意到中国地形的特点，以及各个地方的自然环境的差别。中国整个地形的特点就是外围有屏障，比较核心的地区环境最好，容易产生文化上的向心作用。与外面的交流不是没有，只能保持有限的水平，所以中国文化"外来说"没法成立。我们说"多元化"，也是因为各个地方自然环境不一样。这是我把自然环境和文化发展联系起来观察的思路。考虑到自然环境对史前文化的影响，我把中国史前经济文化分了三块，就是稻作农业经济文化区、粟作农业经济文化区和狩猎采集经济文化区。这不是光说经济类型而是经济文化的问题，经济类型对文化有很大影响。比如做水田，田里必须要平，要有田埂，能关得住水，能灌能排，这比旱地农业复杂得多，所以水田农业的居民稳定性比较强，村落也不会很大；北方旱地就没关系，早期耕作比较粗放，地力衰减到不行就抛荒，重新找地方，就会造成人群的移动。但比起狩猎游牧民族，旱地民族也是相对稳定的。中国历史上常有北方民族大规模南迁的记载而没有相反的情况，所以中国的南方，特别是长江流域，对于中国历史长期稳定的发展起了非常巨大的作用。

聚落和环境有关系，我也比较注意环境的研究，环境又和经济形态有关系，和农业有关系，这又和后来的文明起源有关系。几个世界上最早发生的文明都是在农业起源中心发生的，所以文明和农业的研究我是同时进行的。

编导：从仰韶文化到中国新石器时代文化再到中国文明起源问题的研究，这是严文明研究的一个轨迹。

三　红花套遗址和稻作农业研究

严文明：全世界有三个主要的农业起源地，一个在西亚，是小麦和大麦的起源地；

一个是中国，是小米和大米的起源地；还有一个是中美洲，是玉米的起源地。而这三个农业起源中心对于古代文明的诞生，起了决定性的作用，中国所代表的东方文明与中国农业的起源和发展有非常大的关系。

那么中国农业的起源到底是怎样的？

让我们先看黄河流域。

20世纪50年代，在发掘西安半坡遗址的时候，在陶罐和窖穴里发现了大量粟的朽壳，表明至少在公元前5000～前3000年已经有小米了。1976年在河北武安磁山遗址发现了几百个粮食窖穴，其中80多个里面还存有粟的朽壳，后来知道还有黍等作物的朽灰。它们的年代应该是公元前6000多年，一下子把黄河流域农业的起源提前了1000多年。前不久，北大参与发掘了北京西郊门头沟的东胡林遗址，距今一万多年，在整理资料的时候发现也有小米。所以，据至今掌握的考古资料看，黄河流域至少在一万多年前就已经有农业起源了。

编导：那么，长江流域的情况如何呢？

也是在20世纪50年代，考古学家在湖北京山和天门屈家岭文化遗存中发现了大量稻谷壳的遗存，年代为公元前2000多年。1974年，严文明带着北大的工农兵学员去湖北宜都葛洲坝附近的红花套遗址实习，那里紧靠着长江岸边。当时的发掘工作有很多单位参加。在那里发现了大量的制造石器过程中的废料、半成品和少量成品，成千上万的，很多材料都来自于江边的鹅卵石，这表明当年这里曾有一个石器制造厂，这是第一次发现中国新石器时代的石器制造厂。

严文明注意到那些被火烧毁房子的残余堆积所谓红烧土里有很多稻谷壳。房子是用竹篾编成的，外面糊一层泥，然后再糊一层谷糠泥，当地直到近代还有这种做法。这些房址属于大溪文化，基本与仰韶文化同期，大约在公元前5000～前3000年。发现比屈家岭文化更早的稻作农业，这在当时是一个重大的突破。

严文明：此后长江流域的考古工作有了很大的发展。在农业起源方面，1976年发掘的浙江余姚河姆渡遗址属于公元前5000～前4500年，考古人员发现了大量的稻谷壳，而且在一个陶釜的底部，人们甚至发现了一块锅巴，河姆渡人都能吃上大米饭了。这显然不是最早的稻作农业。20世纪80年代，考古人员在湖南澧县彭头山等地发现了许多稻谷遗存，年代在公元前7000～前6000年。1993年和1995年，在湖南道县玉蟾岩和江西万年仙人洞等处遗址发现了公元前一万年以前的稻谷和稻草的植物硅酸体，这些发现都在长江流域，稻作农业的长江起源说基本确立了。

在文明起源方面，湖北天门石家河屈家岭文化大型城址和浙江余杭良渚文化中心聚落和大型城址的发现，把长江流域文明起源的年代推进到与黄河流域基本同时。在青铜文化方面，有四川广汉三星堆的发现，江西新干大洋洲的发现和湖南宁乡黄材的发现等，知道长江流域早期文明的发展水平也跟黄河流域不相上下。

编导：上述工作有些是严文明参加或主持过的。为了说明长江流域在中国史前和早期文明发展中的地位和贡献，2004年出版了《长江文明的曙光》一书。

四　中国史前文化的发展与文明的起源

严文明：现在看来，中国大约在公元前一万年左右进入新石器时代，同时出现了农业的萌芽。到公元前六七千年初步形成了两个农业体系和不同的经济文化区，即黄河流域以粟作农业为主的旱地农业经济文化区，长江流域以稻作农业为主的水田农业经济文化区，长城以北以狩猎采集和畜牧为主的经济文化区，南岭以南以采集渔猎为主的经济文化区。由于农业经济的发展，使得黄河流域和长江流域的文化发展水平明显高于周围的文化，成为中国史前和早期文明的主体，成为花心和内圈花瓣之所在。从而就产生了巨大的凝聚力和向心力，使得中国文明能够长期稳定地发展而不中断，这在世界史上是独一无二的。

中国文明的起源不是一个早上就完成的，它有一个过程。大致说来，公元前4000年主体地区的社会开始出现分化，那也就是文明化的开始。公元前3000年开始普遍文明化的进程，公元前2000年正式进入文明社会。为了把这个问题说清楚，我主持了一个"聚落演变与早期文明"的重点项目，很快就要出版。同时参与主持了《中华文明史》的重大项目，四卷本的书已经由北京大学出版社出版。

（本篇为中央电视台"大家"节目摄制前，
于2009年3月25日与编导共同准备的文稿）

中国史前考古研究的新进展（提纲）

一 20世纪中国史前考古的回顾

1. 20~40年代

起步晚，但是有很好的开头。

旧石器时代考古：主要是发掘周口店，它是中外合作和多学科合作的典范，为中国旧石器时代考古打下了坚实的基础，并且培养了裴文中和贾兰坡两位世界级的学者。

新石器时代考古：20年代安特生等对仰韶文化的研究，也是中外合作和多学科合作的典范，为中国新石器时代考古打下了初步的基础。30年代梁思永等的研究开启了中国文明起源的探索。

可惜时间短，后被抗日战争和国内战争所打断。

2. 50~70年代

考古规模扩大，与国外极少交流，自力更生做出了不少成绩。受教条主义和极左思潮影响，但庆幸没有接受苏联专家。

旧石器时代考古：增加了不少分布点，有蓝田猿人和丁村遗址等重要发现，但没有形成体系。

新石器时代考古：调查和大规模发掘许多遗址，发现不少新的考古学文化，但没有形成体系。积极开展了社会形态的研究，走了弯路，取得的成绩有限。

这段时间也不长，被"文化大革命"破坏了。

3. 80年代至今

有几个特点：

1）思想活跃，摆脱了教条主义和极左思潮的束缚。

2）强调与世界接轨。从研究的内容来说，认识到中国是世界的一部分。从学科发展来说，要在理论、方法和技术上进行调整。

3）积极开展多学科合作，特别是现代科技的广泛应用。

4）学科意识增强了，不仅是单纯配合基本建设。

5）学校和地方力量相对加强了。

在以上条件下，中国史前考古有了比较大的进展。

二　中国史前考古的新进展

（1）关于人类起源和早期发展：过去人类起源是大一元论，猿人—古人—新人直线发展；现在倾向非洲起源，不排除亚洲起源，发展中有分支，有不平衡。现代人有非洲夏娃说和多元说，中国的资料似乎支持后者。

（2）关于旧石器时代文化发展谱系的研究：过去是早中晚三阶段，现在早期明显分早晚，分别与更新世早期和中期相对应。更新世晚期早段为过渡期，晚段为旧石器时代晚期。每期又分为若干地区。

（3）关于人类行为和相关遗迹的研究：注意活动面上遗迹遗物的布局，发现大窑和鸡公山等石器制造场，注意了石器的拼合，有的地方有火塘，马圈沟有大象足印。

（4）关于从旧石器向新石器时代过渡和农业起源的研究：前者进展很小，后者日益明确。确知黄河流域和长江流域分别是黍、粟和水稻的起源地和两种农业体系形成地。

（5）关于新石器时代文化发展谱系的研究：第一次建立了一个比较完整的分期分区系统，理清了几个主要考古学文化发展演变的谱系关系。但是还有比较多的缺环，文化的命名比较混乱。

（6）关于聚落演变与文明起源的研究：从新石器时代早期开始聚落演变的轨迹已经比较清楚，文明起源的过程和模式也逐渐明朗起来。过去的许多说法需要调整。

三　今后的任务

（1）加强人与自然关系的研究。

（2）完善文化谱系和社会发展轨迹的研究。

（3）建立具有中国特色的史前考古学的理论、方法和技术体系，建立中国考古学派。

以考古学研究为基础，多学科探讨中国文明起源

——在张家港中国文明起源与形成学术研讨会闭幕式上的讲话

（2012 年 5 月 22 日）

时间挺晚了，我不想讲太多话耽误大家时间。这次会我觉得总体来讲，开的还是不错的。各种不同的意见都发表了，而且还有一些交锋。过去我们开类似的会，主要是考古学界的先生们在一起，所以共同语言比较多一些，争论没有这么多，这次呢，有历史学界的，有哲学界的，我们课题组里面还包含很多做科技研究的同志，这样势必会有一些看法不一致，这本身是一个好的现象。我过去提出过，我们这个探源应该以考古学研究为基础，结合其他相关学科做一种全方位的探讨。为什么这么提呢？我回忆了一下，我们中国真正探索文明起源和考古学的开始几乎是同步的，考古学在中国怎么开始的？前面有一段时间，因为要整理国故，要清理古代的历史，特别是在古史辨派提出了很多质疑的情况下。中国古代的历史到底怎么样，很多人就寄希望于考古学，包括古史辨派的领军人物顾颉刚先生，他也觉得解决古史问题应该靠考古学。也确确实实是因为考古学的开展，中国的古代文明以及文明的起源的研究和探索一步一步推进了。我们可以回忆一下历史，先说殷墟发掘，那是在 1928 年，当时的中央研究院历史语言研究所考古组第一件大事就是挖掘殷墟，殷墟的发掘不但是发现了宫殿、王陵、大量的青铜器和其他的文物，还出土了很多甲骨文，年代也比较容易确定，就是商代晚期。由于有这些遗迹、遗物的出现，那么商代已经是进入文明社会了，一下子，有些怀疑论者立刻就没什么可说了，这个时候肯定是已经进入文明社会了。下一步呢，商代文明是不是最早的文明呢？因为看到小屯那样发达的情况（商文明）显然不是最早的。到了 20 世纪 50 年代，发现了郑州商城，郑州商城规模宏大，也出土了很多规格很高的青铜器，而且无论如何它比安阳殷墟要早。只是早到什么时候，有各种各样的说法，不管怎么样，郑州商城是商代早期的，而且是一个都城性质的遗址，这个大家也没什么怀疑可说了。那么，郑州商城那么大一个城，现在又发现了一个外郭城，那就非常大了，显然也不像一个文

明刚起源的样子，所以再往前推，那就推到了夏朝。在寻找夏墟的过程中，发现了二里头遗址。二里头遗址做了很多年的工作，以后，对二里头它是夏还是夏的后期，还是半夏半商，都还不好定，这都无所谓，但不管怎么样，它是一个都城级的遗址。许宏写过一本小书，叫作《最早的中国》，他认为那儿就可以代表最早的中国。它的那种体量，那种性质，很显然是一个中枢性的都城，建中立极。那它是不是就是中国文明起源的头了，显然还不是头。对二里头是夏还是商啊，是全部是夏，还是一半是夏、一半是商啊？对这样的问题，考古学者是很慎重的，不是一下子随便做出结论的。我们回想一下历史学界对一些考古发现的解读，那就离题比较远了。我们开始发现仰韶文化的时候，徐中舒先生，一位很有名的历史学家，就认为仰韶是夏。后来，也是很有名的历史学家，范文澜先生认为仰韶文化不行，应该是龙山文化，龙山文化为什么是夏，因为《墨子》上说，禹作祭器，朱绘其内而墨染其外，可能是指龙山文化的黑陶，就因为这么一个理由，断定龙山是夏。吕振羽先生也是很有名的历史学家，他认为齐家文化是夏，跑到西北去了，在我们看起来那是一点谱都没有的。这就是不同学科的区别，对于这些考古材料，他拿捏不准确。考古界的人就没有这么简单的想法，要一步一步来，即便是推测也要有一定的证据。所以，为什么我们要提出以考古学为基础，不能以文献历史学为基础，这个道理是非常清楚的。从 20 世纪 50 年代以后到现在，我们都一直在对中国文明的起源进行探索。我记得 1989 年，在长沙召开全国考古学会的时候，苏秉琦先生在闭幕词中郑重地提出来，今后考古学会和全国的考古学工作者，应该以探索中国文明的起源作为头等重要的课题来进行工作。但是这只是一个学会，学会只能提出一个号召，谈不上有什么规划。实际上大家都在做，但是力量比较分散，经费有时候也受到限制。在夏商周断代工程进行到差不多结项的时候，启动一个"探源工程"，就是探索中国文明的起源。探源工程从预研究到现在，经过一期、二期、三期，十年了，这十年我的感觉是，进展非常好。到底是有了一个规划，有了一个组织，所以有些工作进展就比较快了。像良渚这个遗址，我记得非常清楚，以前我们都是把它作为新石器时代的一种文化，良渚文化，而且也是一种黑陶文化，是龙山文化的一部分，因为它不在黄河流域，不在中原地区，所以呢，就把它叫作龙山文化，认为它应该是比山东龙山文化晚的一种文化，它的水平也不如龙山文化，就是这么一个逻辑推理。通过多年的考古工作发现那显然就不是如此。从反山、瑶山贵族墓地发现以后，我当时就提出，既然有这样的墓地，它的聚落遗址能是一般的吗？所以，一定要以聚落考古的观念来进行良渚遗址的考古工作。就按照这么一个思路，一步一步推进，接着就是莫角山的发现。莫角山发现以后我就思考，应该有城，后面又发现了城，城以后呢，遗址是一个一个出来，你看现在，茅山那么大面积的水田，那能是个体农民的水田嘛？那都是有组织的社会。如果拿社会发展史的说法，起码是一个农村公社规模的农田。在良渚的核心区，就是莫角山的东边，发现了两个浅坑，里面堆满被烧成炭的大米，如果换算成新鲜大米得有两三万斤，如果有两三万斤的稻米被烧掉后倒在那里，旁边应该有一个大粮仓。一般的人能有这么一个大粮仓吗？我想在那里应该有一个很重要的机构，比如说宫廷之类才配得上，那得有相当多的人口，才需要有这么多的粮食嘛。烧坏倒掉的就有这么多，那没有烧掉的呢？所以，仅从良渚这个角度来看，它还是一般的所谓氏族部落吗？或者仅仅拿一个酋邦来概括得了吗？这都是可以思考的问题。良渚是这样，陶寺也是如此。陶寺那么大规模的建筑，那么大规模的墓葬，显然就不是一般的聚落遗址。在陶寺早先发现的1000多座墓葬中，90%的人是没有任何东西的，大概10%左右是随葬有几件、十几件或二十几件器物的所谓中等的墓，不到1%的墓才是大墓，随葬物品又多又好，这很明显是一个金字塔式的社会结构，这样的一个社会结构还可能是一种平等的社会吗？显然不是。经过这些年进一步的探索，陶寺那么大一个城，里面有宫殿似的遗迹，还有这样那样的功能分区，不是有点像个都城级的遗址吗？你说我们的探源工程把这三个地方当作重点，不是很有战略眼光吗？我觉得探源工程启动以后，整个的规划和重点的安排都是经过深思熟虑的，工作做得不错。但是，要知道考古工作是一个细致的工作，不能性急，因为它都在地下，谁也不可能一眼就看得很清楚。我经常拿安阳殷墟的考古工作做例子，这是我们考古工作最早倾全国的重要力量做的，而且很早就发现了宫殿，发现了王陵，发现了青铜器，发现了甲骨文，一个大都城的规格就出来了，可是规格出来是一回事，你把它完全弄清楚又是另一回事。你看裴安平今天讲的，那它里面名堂还挺多的。良渚也好，陶寺也好，二里头也好，这以后的工作还多着呢。但是，我们探源工程进行了这么多年，认识到了，中国文明的起源，不是一个中心，是有多头的，所以叫作多元，是多元起源。到底有多少元呢？从大的方面来讲，比如刚才提到的，江浙地区就有良渚。其实这个地区的文明起源也不是从良渚开始的，良渚前面还有崧泽，崧泽文化的一个重要中心就在我们开会的地方，叫东山村遗址。还有安徽含山的凌家滩，一座大墓里就有300多件精美的玉器，那能是一般人的墓葬吗？所以，这个地方的文明起源就不能从良渚算起了，还要往前推。山东那边，大汶口文化也很厉害；辽宁、内蒙古那边，红山文化也很厉害嘛。现在大家不太清楚的是四川地区，成都平原前些年就发现了一系列城址，史前的城址。这个所谓史前大体上相当于龙山时代这个阶段，暂时还不能说得很确切。其中的宝墩遗址，过去发现了一个有60万平方米的城，觉得不小了，可是最近又发现了一个外城，有将近300万平方米，和陶寺、良渚的规模差不多，那里显然也应该是一个文明起源的中心了。湖北天门的石家河也很厉害，北大赵辉、张弛等和当地的考古工作者在那里做过多年的工作，也出来几本报告了。所以中国文明的起源是多元的，这点已经是没有怀疑的了，成为大家的共识了。但是，为什么又说是多元一体呢？因为这些文化相互之间还是有很多的联系，有很多的沟通，在发展过程中，又逐步出现很多不平衡,再发展,最后逐步走到一块来了。当然,最早出来露面的,恐怕还是在中原地区。中原地区为什么最后走在前面了呢?有很多原因,我就不去展开说了。它为什么会走在前面,而且走在前面以后,相当长的时间相当稳定地把握着这个中心的位置,这是中国文明发展过程中一个很重大的特点,也正是因为有中心、有主体、有外围这么一种结构,便成为一个有凝聚力的非常稳定的结构,这就是中国文明为什么几千年没有中断的一个最重要原因。你们想一想,世界上别的文化,别的古代文明有没有这个结构呢?一个也没有。可是我如果要把这个道理讲清楚,还得要讲很多话,在这里不便展开了。我只是把这个问题给点出来。我们不是仅仅讲中国文明的起源,而是要将中国文明是怎样起源的,起源中间有什么特点,这些特点又怎么影响到后来中国文明的发展,我觉得我们应该研究这个问题,因为这个问题本身就有非常重要的现实意义。实际上,我们现在的中国还是一个多元一体的中国,不是一个单纯的民族国家。西方有一些学者喜欢拿我们中国这种结构来说事,说你们中国不是一个单纯的民族国家,说什么西藏就是一个国家,新疆又是一个国家,那根本就是一种谬论。中国的历史本身就说明它就是一个逐步由多元走向多元一体的过程。而文明化的进程呢?按照过去苏秉琦先生说的,也是有一个过程的,不是一下子就全部文明化了的,它是靠中间的地区先走向文明,并且同外围的文化不断地进行交流。中国文明的起源是在以中原地区为核心,以黄河、长江流域的文化为主体,同时带动其他地区逐步走向文明的过程。在探讨中国文明起源的时候,这个特点应该注意把握,不要过多地在名称上来回折腾。哪个是夏和夏是不是文明的问题固然重要,但我们不应从这里出发,而是从那些实实在在的考古遗存出发。什么时候那些遗址达到了都城级的规模,它所代表的文化有相当高的发展水平,它影响的范围又比较大,就应该作为研究文明起源的重点。过去我们划文化有一个毛病,就只划一个圈,比如说,仰韶文化划一个圈,大汶口文化划一个圈,良渚文化划一个圈。现在仔细琢磨,以良渚文化为例,它有中心,就是良渚遗址群;有主体范围,就是太湖周围;还有影响区或者说外围区、扩张区,文化因素影响到半个中国了。别的文化也类似。这样,我们才能理解为什么这些文化最后会走到一块,为什么多元会融为一体。我想从这么一个思路出发,我们的研究会逐步地向前推进。在这个过程中间,其他的学科也起了非常大的作用。比如说环境考古的研究,我们在讨论中国文明进程的时候,环境的研究是一个很重要的因素,过去我们重视得不够,启动这个工程以后呢,环境的研究、年代学的研究都起了很大的作用。当然,我们也会注意中国的历史传说,但是我们不能以传说为基础,要以考古学文化研究的结果为基础来重新整理传说,这才是我们应该遵循的路线。

中国新石器时代的分期问题

中国新石器时代的考古是从1921年仰韶文化的发现开始的。发现者安特生在1925年发表的《中华远古之文化》一书中，将仰韶文化定为铜石并用时代。后来他又把在甘肃和青海考古调查的情况发表为《甘肃考古记》一书，其中将齐家、仰韶和马厂三期定为新石器时代晚期和铜石并用时代。中国的考古学者梁思永等在20世纪30年代发现了一系列仰韶文化和龙山文化的遗存，认为都是属于新石器时代晚期的。50年代陆续发现了青莲岗文化、屈家岭文化、大溪文化，加上以前发现的红山文化等，一般都认为属于新石器时代晚期。直到1960年，贾兰坡先生根据广东地区发现的一些洞穴遗址的资料，认为应属于新石器时代早期，并将其细分为三段①。同年安志敏先生谈到仰韶文化和龙山文化的文章中，认为"应该把仰韶文化上提到新石器时代中期"②，但没有人赞同他的看法。十多年后，彭适凡根据江西万年仙人洞等新的资料，再次提出划分新石器时代早期的问题，并将其划分为四段③。但他和贾先生的意见也没有受到应有的关注。安先生则认为石灰岩洞穴遗址的碳－14年代误差较大，不可轻易置信④。直到1976年河北武安磁山和河南新郑裴李岗两处重要遗址的发现，并被命名为磁山文化和裴李岗文化或磁山·裴李岗文化。碳－14测定年代距今7000多年，明显早于仰韶文化，文化面貌也大不相同。我随即写了一篇短文，认为与早先在陕西发现的老官台文化属于同一时期，应该定为新石器时代早期的较晚阶段⑤，得到一些学者的响应。1981年我写了一篇《论中国的铜石并用时代》⑥，认为仰韶文化晚期和龙山时代应分别属于铜石并用时代的早期和晚期，但没有受到应有的关注。1984年出版的《新中国的考古发现和研究》

① 贾兰坡：《广东地区古人类及考古学研究的未来希望》，《理论与实践》1960年3期。
② 安志敏：《中国新石器时代的仰韶文化和龙山文化》，《历史教学》1960年8期。
③ 彭适凡：《试论华南地区新石器时代早期文化——兼论有关的几个问题》，《文物》1976年12期。
④ 安志敏：《关于华南早期新石器的几个问题》，《文物集刊》(3)，1981年。
⑤ 严文明：《黄河流域新石器时代早期文化的新发现》，《考古》1977年1期。
⑥ 严文明：《论中国的铜石并用时代》，《史前研究》1981年1期。

一书中，在新石器时代部分首先按地区划分为黄河流域、长江流域、东南沿海和北方地区等，而没有进行通盘的分期，仅在黄河流域部分提到磁山、裴李岗、老官台、李家村等处的遗存，将其列入新石器时代早期①。我在 1986 年 6 月出席在美国弗吉尼亚州艾尔莱的学术讨论会上发表的《中国史前文化的统一性与多样性》② 一文中，首次全面梳理了中国旧石器时代和新石器时代文化的谱系，并制成了两个谱系表。其中将新石器时代划分为早期、晚期和铜石并用时代，年代分别为距今 10000 ~ 7000 年、7000 ~ 5500 年和5500 ~ 4000 年。其中早期又分为前后两个阶段。1987 年我赴德国美因兹出席"国际史前和原史学联盟第 11 届大会"时，发表《中国新石器时代聚落形态的考察》，进一步将中国新石器时代划分为早中晚三期和铜石并用时代早晚两期③。其中早期是指江西万年仙人洞和广西桂林甑皮岩等洞穴和贝丘等遗址，年代约为公元前 7500 ~ 前 6000 年。中期是指华北的磁山·裴李岗文化、东北的兴隆洼文化、华中的城背溪文化等，年代约为公元前 6000 ~ 前 5000 年。晚期是指仰韶文化、大汶口文化和红山文化等的前期和马家浜文化等，年代约为公元前 5000 ~ 前 3500 年。铜石并用时代早期相当于仰韶文化后期，年代约为公元前 3500 ~ 前 2600 年。铜石并用时代晚期相当于龙山时代，年代约为公元前 2600 ~ 前 2000 年。20 世纪 90 年代，牟永抗和吴汝祚等提出在中国新石器时代之后应该划分一个玉器时代④，并引起了热烈的讨论，但也未取得学术界的共识。前不久由中国社会科学院考古研究所编著的《中国考古学·新石器时代卷》，将中国新石器时代划分为早中晚末四期，并制成了一个《中国新石器时代主要考古学文化年代简表》列入附录 1。该表将新石器时代早期定为公元前 10000 ~ 前 7500 年，中期为公元前 7500 ~ 前 5000 年，晚期为公元前 5000 ~ 前 3000 年，末期为公元前 3000 ~ 前 2000 年⑤。其中的末期大体上相当于铜石并用时代或玉器时代，只是各自强调的重点不同罢了。这个分期跟我 1987 年提出的分期方案大致相合，只是具体年代有所调整。原因是有了一些新的发现和新的测年数据。

　　之所以把新石器时代划分为若干文化期，是为了说明文化发展的阶段性和连续前进

① 中国社会科学院考古研究所编：《新中国的考古发现和研究》，文物出版社，1984 年，第 35 ~ 41 页。
② 严文明：《中国史前文化的统一性与多样性》，《文物》1987 年 3 期。
③ 严文明：《中国新石器时代聚落形态的考察》，《庆祝苏秉琦考古五十五年论文集》，文物出版社，1989 年。
④ 牟永抗、吴汝祚：《试论玉器时代——中国文明时代产生的一个重要标志》，《考古学文化论集》（四），文物出版社，1997 年。
⑤ 中国社会科学院考古研究所编著：《中国考古学·新石器时代卷》附录 1，中国社会科学出版社，2010 年。

性，不是随意分割。每一阶段应该有明确的标志，与其前后应该既有区别又相衔接，一步一步向前发展。

中国新石器时代的文化究竟是怎样发展的呢？根据目前所了解的情况，可以简单地说明如下：

中国新石器时代大约是从公元前12000年开始的，到公元前7000年的漫长时间内都属于新石器时代早期。此时出现了农业和养畜业，但比重很小，经济上仍以采集和渔猎为主。开始磨制石器，但数量少，且多局部磨制。打制石器仍然占有绝大多数。发明了陶器，但数量少，造型简单。出现了定居的小型聚落，同时还有不少洞穴遗址。

中期大约为公元前7000～前5000年，农业和养畜业已有较大发展，出现了不同类型的经济文化区。磨制石器增多且已成套，并出现少量玉器。陶器的数量和种类增加，造型和纹饰复杂化，已能基本满足日常生活的各种需要。聚落数量增多，规模也有所扩大。

晚期大约为公元前5000～前3500年，由于农业的进一步发展，黄河流域和长江流域的主体地位进一步确立。石器以磨制为主，较多地方出现玉器。陶器发达，彩陶盛行，普遍出现陶窑。聚落多为向心式结构，且内部略有分化。个别地方出现了较大的中心聚落。

下一步进入铜石并用时代早期，年代约为公元前3500～前2500年。此时出现小件铜器，石器磨制更精。玉器发达，普遍采用切割、管钻和抛光的技术。一些地方出现漆器和丝绸等高档手工业品。农业发达，个别地方已采用犁耕。社会明显分化，到处出现设防的城堡。墓葬的大小和等级分明。普遍出现了文明化的趋势。

铜石并用时代晚期的年代约为公元前2500～前2000年，铜器略有增加，个别地方发现有铜容器的残块。玉器、丝绸、漆器和象牙器等高档手工业品进一步发展。城市有所发展，个别地方出现了都城的迹象。社会文明化进一步加深了。

由于中国的铜器出现得比较晚，在整个铜石并用时代的数量也很少，而玉器特别发达，成为社会复杂化和文明化的重要标志。如果强调中国自身的特点而称为玉器时代，也许是更为恰当的。

（2017年10月13日于蓝旗营）

总结经验，拓展视野，开辟未来

——新年寄语聚落考古

前几天中国社会科学院考古研究所聚落考古中心给我打电话，邀请我来参加一个座谈会，他们告诉我这个会议的主题是聚落考古的新进展。说到聚落考古，我应该算是比较早关注的，也多少做过一些聚落考古研究。但正如吴卫红说的，每一代人有每一代人的任务，我们这一代人的任务完成得怎么样另当别论，你们中青年应该有新的任务和新的思想，这样我就可以靠边站了（大家笑，王巍所长：您还应该指导田野考古）。指导谈不上，最多还可以做点顾问的事。事实就是这样，一代人总要胜过一代人，这是毋庸讳言的。你比前人做得好也不要骄傲。我历来不主张翻老先生的旧账，老先生的起点跟我们的起点不一样，某些学术上的失误有时候避免不了，应该着重看他的贡献，看他给我们留下了什么样的遗产。反过来说，作为年纪比较大的人，我经常告诫自己，我吸收先进知识已经不像年轻人那么容易，思想难免有些保守，有些看法很可能过时了。怎么办？人们常说要活到老学到老。我不想固步自封，也要不断学习，跟年轻人学习，跟有学问的人学习。

考古研究所成立这样一个聚落考古中心是个好事，我们的聚落考古是什么时候开始的？讲历史的话，我们什么时候开展考古就开始了聚落考古，快一百年了。因为我们调查发掘的古代遗址本来就是聚落，无非是那时候我们没有聚落考古的概念，我们是从不自觉逐步走向自觉。在民族学上讲民族，有一个自在民族和自为民族的区别。有些民族实际上已经形成，但自己不知道，叫作自在民族。后来有民族自觉了，开展民族运动，甚至提出民族自觉或民族独立之类的政治口号，就成了自为民族或自觉民族。我们搞聚落考古也有这样一个过程。实际上我们以前挖的一些遗址，比如最早大规模发掘的殷墟，把宫殿、王陵区都弄出来了，还有很多祭祀坑和甲骨坑，一个都城遗址的雏形就揭示出来了，那还不是聚落考古啊？但那时没有这个概念，没有这个意识，是处于自发的阶段而不是自觉的阶段。我们现在是不是自觉了呢？现在很多人已经有意识地开展聚落考古研究，应该说是走到自觉的阶段了。但也还有好多问题不清楚，所以有必要创造一些条件，以便更好地推进聚落考古研究。建立这样一个聚落考古中心就是很必要的了。我们这个中心，首先可以起一个相互交流的作用，开会啊，出集子啊，交流各方面情况，在交流情况的基础上要总结经验，我们不是为交流而交流。前面我听到有些先生讲的很有道理，他根据自己的实践，总结出来的方法，大家可以参照来共同总结经验。我们应该走一步前进一步，不应该总在一个地方打转转。

聚落考古是田野考古学发展到一定阶段的产物。田野考古学中，包括地层学概念也有一些变化，刚刚赵辉提到了。我回忆一下，20 世纪 50 年代出的考古报告和某些文章中，提到房址、灰坑或墓葬的层位关系时，往往说在哪一层，或者说应该归属哪一层。你想一个墓葬或房址怎么能在哪一层呢？你说他不对，可是还有人反驳说，仰韶房子不在仰韶层、西周墓葬不在西周层又在哪一层呢，这些概念都糊涂到家了。现在进步了，不说那些房址、灰坑在哪一层，而说开口在哪一层下面，或者在哪一层下面开口。现在很流行这个说法。你们琢磨一下，这样说正确吗？我看至少不准确。我们现在发现的灰坑也好，房址或其他遗迹也好，见到的口部往往不是原来的开口。因为开口必须在地面上，原来的地面难免有很大的变化。保存原有地面的情况很少，很难找到原来的开口。再说上面的地层还没有形成，你怎么在它下面开口呢？所以不是在哪一层下面开口，而应该是哪一层压着哪一个单位，它原来的口还在是压着它，不在了也是压着它，这么说不是更准确一点吗？有好多事咱们没有动脑子，人云亦云，这样就不对了。还有些把文化层跟文化期混同的情况。比如说二里岗上层、二里岗下层这种概念，在商周考古里实际上是一个分期概念。二里岗上层也好，下层也好，里面还包括有好多层、好多单位呢，而且各自持续的时间也不短。现在开始分了，二里岗上层分一期、二期，二里岗下层也分一期、二期，一个文化层分两期，这不太糊涂了吗？这些都是田野考古学发展中出现的问题。所以我们每走一步都应该总结一步的经验，过去不合适的我们得改一改，过去做得对的要继承下来，还要发展新的方法。我想搞聚落考古中心就要交流情况，总结经验，改进方法。主要是总结田野考古方法的经验，要考虑怎么样使调查结果更符合实际情况，怎么样使发掘更符合地层形成过程的实际情况。现在调查方法有比较大的变化，一些部门引进了区域系统调查的方法。有的做得比较好，有的在采样和解读方面还存在一些问题。应该结合中国的情况在实践中加以改进。考古发掘就像读一本地书，这个书是一部破旧的老书，几乎没有一页是完整的。即使有的地方有些粘连，我也得要一页一页地翻看，不能一页读几句话就跳到下一页去了，那样能够读得懂吗？肯定读不懂的嘛。所以田野发掘的任务，首先要把地层关系分清楚，把一页一页的地书分清楚。若是分不清楚，这部书就读不下去了。

什么是聚落？聚落就是若干家户的人们聚集居住的地方，只有几户人家居住就是一个小的聚落，一个大的村镇也是一个聚落，更大一些，一个城市或者都城也是一个聚落，聚落这个概念最早是在地理学上使用的，地理学上也就是这样定义的。但是我们现在研究的聚落多半是新石器时代的，下面跨点商周。实际上应该是有人聚居就有聚落，所以到后代，到秦汉以后我们还应该研究聚落。秦汉以后的考古工作，由于历史的原因，大部分是研究都城和相关的墓葬，以及一些专题性研究，比如瓷窑啊、古建啊、石窟寺啊，方面很多，但对聚落的研究关注不够。秦汉以后的社会结构比较清楚，都城下面还有郡县和乡村，有好几级聚落，不少有明确的文献记载，这是很宝贵的资料。我们能不能通过考古工作把这些遗址揭示出来，看它有些什么特点，再看跟文献是否吻合，反过来可以检验我们的考古方法是否正确。有些外国人说我们的考古不纯粹，总是借助文献。我说这是我们的优点，不是缺点啊，你怎么说借助文献的考古学就不是纯粹的考古学呢？纯粹的考古学是什么？考古学不是研究历史吗？我们这里有明摆着的另外一套东西——历史文献记载，非得不用才叫作纯粹的考古学？我还怀疑你那一套单纯通过物质遗存构建的理论是否符合历史哩！你们用什么检验？你们拿所谓的民族志检验考古学，或者拿现在的垃圾堆检验考古学，那不是一个范畴的东西啊。我现在研究仰韶文化，你拿印第安人的东西检验，或者拿佤族或纳西族的情况去比照，那能检验吗？年代、环境、文化传承都不一样，那能得出正确的结论吗？我看最多能受点启发，有助于拓宽思路而已。我认为我们中国历史时期的考古学如果在这方面做些努力，对考古学的理论和方法都会做出重要的贡献。

下一步怎么走？要拓展视野，从两个方面着手。一方面是开展功能性的聚落研究，比如手工业作坊、矿冶遗址等，我们很少做，或做得不够深入。比如陕西杨官寨遗址南面一个陡坡，并排十几个房址，每个房子旁边有一个陶窑，西头还有一个库房放有完整的陶器，光是尖底瓶就有两套，每套九个，共 18 个，很整齐。还有一些其他的陶器和制陶工具，那是陶器作坊的储藏库，明显是有组织的，不然怎么会排得这么整齐？这种制陶手工业作坊不止一处，较早发现的有甘肃兰州白道沟坪的马厂期窑场，山西新石器时代也有很大的窑场。新石器时代还有石器制造作坊，我最早注意到的是湖北宜都红花套，1974 年我们在那里发掘的时候，发现那是一个很大的石器制造场，制造石器的一整套工具都有，原料就是采自江边的卵石，大的像冬瓜，我们叫它冬瓜石，小的各种尺寸的都有。冬瓜石上面有酥点，是作为石砧在打制石器时留下的疤痕。还有各种各样的石锤，大的石锤上面的疤很粗糙，小的上面的疤就比较细，很明显大的是开始打坯的时候用的，小的是加工修理时候用的。还有磨制的半成品，打的碎片都有多少万。还有管钻留下来的石芯，那应当是制作石钺一类器物的下脚料。我们发现有少量残破的石钺，就是没有发现完整的，可能是钻孔的时候钻破了，成了废品。在湖北江汉平原和湖南洞庭湖西北部平原发现很多同时期的墓葬，其中不少随葬有磨制很好管钻的石钺，与墓地相关的遗址中却没有任何制造石钺过程中使用的工具和抛弃的半成品和废料。把两者联系起来看，就知道那应该是一个巨大的运销范围。实际上像红花套那样的遗址，在长江的峡江地区很多，那是一个石器制造中心，这也应该是聚落考古研究的内容嘛。还有与矿冶相关的聚落遗址。中条山那儿就发现十几处铜矿遗址，采矿的那些人住在哪里？矿石有没有初步的加工冶炼？都值得进一步调查。安徽铜陵也有炼铜的小型聚落遗址。安阳殷墟有个孝民屯，以前在那里发现过铜器。可是安阳钢铁厂要扩建，花了几个亿把整个村子迁走了。我们要求先做考古工作。经过大面积发掘，发现了很多房子，应该是冶炼工人的住房。旁边有很多不规则的土坑，应该是做模型用土所挖的坑。还有很多泥模和陶模。有一个圆形内模，直径 1.53 米，这么大的商代铜器我们没有见过。有一个鼎腿的内模，比司母戊鼎的腿还粗。遗址北面还有祭坛，环绕祭坛埋了几十个人，我想是为了祷告上帝，以求得冶铸的成功。这应该是王室的青铜作坊遗址。这也是一种聚落，是手工业作坊的聚落。后来的许多瓷窑遗址也是这种性质的聚落。此外还有宗教性聚落和军事性聚落等等。对这些我们研究得很不够，有的还没有怎么开始。

第二方面是要拓展聚落考古研究的地理范围，研究聚落的地域分野问题，这与自然环境和气候有很大关系。比如干栏式建筑不会建到东北或内蒙古去，窑洞和半地穴房子也不会建到广东和海南岛去。华北平原的村落往往都很大，几百户上千户人家。山西的王家大院、乔家大院更大。南方上哪里能找到那样大的村落？南方因为要接近水田以便耕种，多半是一户或几户人家住在一起。如果是江河岸边，也有排成一长条的，这是与环境有关系的。那么再远一点，北方草原游牧民族的聚落形态是什么样的？我们有人研究吗？长期没有人研究。现在西北大学的王建新在天山北麓搞了一点，我就很感兴趣，特别去看。过去以为游牧人没有聚落，都是逐水草而居。其实他们冬天有一个定居的地方，今年冬天住在那里，明年冬天还是住在那里，他们还是有一个相对定居的地方的。厦门大学的吴春明研究百越，研究民族考古，后来搞水下考古，他说我不能只搞水下考古，我得搞海洋考古，水下考古只是一个手段。他提出一个百越—南岛一体化的概念。太平洋上那么多小岛很早就有人居住，岛民的语言属于南岛语系。他认为这些人很可能是百越人过去的，百越人的语言跟南岛语是相通的。百越人是怎么过去的，这不得通过一步一步的考古工作来探究明白吗？哥伦布 1492 年"发现"美洲大陆，西方人看成是人类历史上的巨大成就。其实那算什么发现啊，印第安人早就在那里生活了一万多年。再说美洲那么大，船往西边开总能碰到一个地方是不是。可是太平洋上那么多小岛，稀稀拉拉，船一晃就过去了。你怎么找到那些小岛的，怎么在那里安家落户的？这一系列的都是问题。一个岛就是一个聚落，较大的岛有几个聚落。一个群岛就构成一个聚落群。这也是聚落考古研究的应有之义。这个问题如果真像吴春明说的百越—南岛一体化，我们中国学者就应该好好来研究。中国跟西方国家不同，历年到海外去很多人，就不建殖民地。你看东南亚那么多华人，对当地的经济文化建设做出了很大的贡献，没有建一个殖民地，而是融入当地的社会，现在都算华裔了。太平洋上的岛民是不是也保留有中国文化的根？这也是值得研究的一个课题。

总之我们做聚落考古要勤于实践，总结经验，改进方法，拓展视野，开辟未来。目的是什么？考古学的目的应该是尽可能揭示人类历史发展的真相，进而为当前和今后的发展寻找正确的方向。我想我们建立这个中心的终极目的也是如此。很高兴考古所给大家提供这么一个学术平台，相信对我国聚落考古的发展会起到相当的促进作用。

（2012 年 1 月 28 日在中国社会科学院考古研究所聚落考古中心举办的"2012 年聚落考古的新进展"座谈会上的讲话，原载《南方文物》2013 年 1 期）

拓展视野，继往开来

——在第八届红山文化国际学术研讨会上的总结发言

(2013 年 8 月 13 日)

大会要我做学术总结，我这个发言谈不上总结，谈点感想。记得第一次红山文化学术研讨会是 1993 年 8 月 12 日在赤峰召开的，到现在整整过了二十年。我应苏赫先生的邀请有幸参加了那次会，今天在会上还特别把我在那次会上发言的情况放映出来了，非常感谢。那个会开得很不错，是一个很好的开头。我感触很深的是赤峰把这件事情坚持下来，连续开了八次会议，这次是第八届红山文化学术研讨会，一次比一次有新的内容，有新的发现和新的研究成果。在全国来讲，没有第二个考古学文化能做到这样。这首先是因为红山文化的考古工作不断有新的进展，与红山文化相关的考古学文化也有不少新的发现，使我们的研究材料越来越丰富，思路越来越宽广，研究方法也有不少改进。赤峰市政府和赤峰学院把这件事情坚持下来，花了很多力量来组织，实在是很不容易。外面的反响也很好，不但国内很多单位的学者来参加，国外也有很多学者来参加，进行广泛的学术交流，同时还出版了不少学术著作。所以这是一个非常成功的连续性的学术会议。

任何一个方面的学术研究，往往不是一次完成，总是要有传承的。学术研究又必须不断地有新的研究内容、新的研究方法和研究成果，也就是说要不断创新。前不久，有两位中国社会科学报记者到我家采访。我当时谈了一些从事学术研究的情况和体会，他们觉得很好，最后还一定要我题词，我就提笔写了这么几句话："学术有传承，发展靠创新。传承知根脉，创新是生命。"我是有感而发，因为现在有一些所谓研究根本不注意传承。人家过去都讲过了，他又来一次，而且讲的还没有人家讲的好。学术浮躁是当前的一大病根，所以我特别强调学术研究是要有传承的。红山文化几十年，每一个阶段都有一些新的研究成果，我们应该在那个基础上前进，不是从空地上前进。学术有传承就能知根脉，知道这些说法是怎么来的。哪些是正确的，要肯定；哪些还有问题，要继续研究。传承不是吃老本，总该有点新的发现、新的创造、新的研究成果。要发展就得靠创新，创新才有生命。我觉得红山文化的研究历史就是这样，既注意了学术的传承，也注意了学术的创新。这次会，原来想邀请更多国外的学者。我知道有一些以前来过的外国朋友这次也是想来参加的，不知道为什么没有来，他们可能有他们的一些事，这没有什么关系。我更高兴的是每一次会都看到了一些新的面孔。要发展就不能只靠那些老先生，总是那么几位老先生唱老调不行。一定要有一些新的面孔、新的学者参加进来。年青一代不断地成长，我们的学术才有前途。就这方面来讲，我觉得这次会还是很不错的，在组织上也做得很不错。当然，任何学术讨论会或者学术研讨会，总会有不同的观点，不同的学术见解。中国在战国时期就出现了百家争鸣，思想活跃，学术昌明。这是非常好的一个传统。虽然并不是什么时候都能做得很好，但是我们还是应该发扬这个优良传统。这次学术讨论会有很多学者参加，当然水平也不一样。有的确实有很高的水平，大家很受教育；有的水平不一定很高，也有自己的见解。但是我们会议的组织者和参与者都是非常尊重每一位学者的。大家都是虚心地听、认真地听、认真地提意见。这一点做得很好，我也很欣赏。

红山文化的研究今后还要继续下去，我们应该朝着什么样的方向前进呢？红山文化到底在中国的史前文化中处在一个什么样的地位，自己有些什么样的特点？它对周围的文化，对全国文化的发展乃至于周边别的相关邻国文化的发展起过什么样的作用、有什么贡献？都是我们应该继续研究的课题。总之要有全局观点，又要做比较研究。我第一次参加讨论会的时候，就提出了一个中国史前文化发展三系统说，把中国史前文化划了三个系统，一个是鼎文化系统，大体上是在中国的华中和华东地区，以长江流域为主。那是最早出现陶鼎的地方，以后鼎也长期作为最主要的炊器。第二个是鬲文化系统，主要分布在华北地区。那里在仰韶文化以后就出现了陶鬲，到商周时期更成为一个非常流行的标准器物。但有意思的是，再发展下去，鼎鬲合流。原来的鼎文化区也出现了很多陶鬲，鬲文化区也出现了很多陶鼎乃至青铜鼎，而且在青铜礼器中最尊贵的就是鼎。我当时提出这个问题，我们中国文化怎么会这么发展呢？因为我们追溯先商文化或者是先周文化的时候，基本上都是用陶鬲做炊器，很少有陶鼎。但是，到了他们建立王朝成为统治阶级之后，就把铜鼎拿过来当作礼器、当作最高等级的代表。他们把鼎捧得那么高，而自己传统的鬲仍旧做一般的炊器，这个现象很值得注意。著名历史学家翦伯赞先生过去专门写过中国的鼎鬲文化的文章，他认为中国商周实际是不同文化的融合，主体就是鼎鬲文化。我在赤峰开会时谈到这个问题，想到中国不只是有两个文化系统，还应该有个大的文化系统，可以叫作罐文化系统。为什么我想到要有一个罐文化系统？因为从小河西文化起，经过兴隆洼文化到赵宝沟文化，然后到红山文化，都是以筒形罐为主要炊器。在那么长的时期，传承的都是那种直筒形罐，这是非常清楚的。你如果把眼光再放大一点，整个东北地区，乃至俄罗斯的东西伯利亚和远东区、朝鲜半岛和日本全都是这种陶罐，只是底部的形制有所不同。这是很大的一个文化区，而这个文化区的中心可能就在赤峰地区。赤峰地区的这个文化系统继续发展，到后面就出现了东胡、鲜卑，它们在中国历史上扮演了非常重要的角色。当然，研究一个所谓系统的时候总会有不周全的地方。不是说这样三个圈一划，就把中国的文化整个包括进来了，但是有些地方即使包括不进去，也跟这三个系统存在或多或少的联系，所以说这是主要的三个文化系统。三个文化系统的竞争、融合与发展，构成了中国古代历史的主要内容。

我现在为什么又提到这件事呢？我们在研究红山文化的时候，注意了红山文化的传承，它有个前红山文化、后红山文化，我们也应该注意红山文化的周边，也就是它跟周边文化的关系。在这次会上注意到一些什么事情呢？一个，注意小米、糜子怎么样在敖汉旗最早发生，然后又怎么传到欧洲去了。过去我们总是注意小麦怎么样东传，没有注意中国有什么谷类作物向西传，还能传到欧洲去？这是根据现在的一些线索做的一种设想。是不是那样？以后恐怕还得要多找一点证据。但是，欧亚北方，这是一个大的文化区，它有很多的文化交流，我已经注意到在这一地区各个考古学文化的石人、陶人、玉人中，红山文化聚落的人在所有的文化里做的人像是最好的。形态逼真，材料用的也很多，而且接近人本身大小。别的文化也有人的造像，比如说仰韶文化、良渚文化，湖北石家河文化也有，但他们都把它模式化、神化，好像离开真实的人比较远。我就想到当时在东山嘴发现陶塑人，俞伟超先生很兴奋，说我们等了三十年啦。这种人像欧洲把它叫作妇女雕像，其实绝大部分不是雕而是塑。如果我们把目光放得再远一些，整个北方，比如最近陕北发现了很多的人的雕塑。郭物写了一篇文章，把它跟整个欧亚北方文化联系在一起，他认为不是一个局部现象。我想，红山文化的这些人体造像可以把这个连在一块。我还想到另外一点：西亚和埃及在陶器产生以前和陶器产生以后的一段时期，曾经用很多的石容器，包括石罐和石钵等。其实中国也有石容器，在赤峰周围的地区，兴隆洼文化就开始有了，红山文化也有。从这个角度来讲，也可以把红山文化跟欧亚北方地区的文化联系在一起。什么意思呢？就像郭大顺先生讲的，要从世界的视野来研究中国的红山文化，看待红山文化的研究。我们要打开这个窗口。这样我们以后的研究会更加深入，对于红山文化在历史上的地位及意义，我们会看得更加清楚。

关于现代科学技术的应用，在这次会上也有相当的反应。不管是研究玉器还是研究别的文化因素，都应用了现代的科学技术。农业的研究也是这样，农业过去的研究非得找出什么种子来，现在还可以研究淀粉粒或植物硅酸体等，可以有很多新的手段。这是我们学术发展有新的生命力的表现。选择这么一条路走下去，我想，我们对红山文化的研究会越来越深入，越来越清晰地了解它的重要地位。这是我的一些感受。

最后，我希望这次会议后能够把大家的发言和提交的论文整理出来，编成文集正式出版，让学术界有更多的人了解红山文化。参加这次会议的学者也有研究历史的，研究世界史的，不完全是研究考古的，这是好现象，我们的文集中当然要包括他们的文章。除了出版会议文集，还应该出一些综合性和通俗性的著作。过去也做过一些，我们的于建设先生就写过红山文化研究的著作，受到学术界的好评。今后希望再坚持下去。

　　谢谢！谢谢东道主，谢谢大家！

伦福儒《考古学：理论、方法、实践》读后

（1）本书在引论中试图对考古学的学科定位提出自己独特的见解，即作为历史学的考古学、作为人类学的考古学和作为科学的考古学。三驾马车齐头并进，显然不大合适。应该说考古学主要是研究人类历史的，但是它和传统的历史学相比，在研究的时间、空间和内容三个维度上都有大幅度的扩展，因此是历史学发展的新阶段，而不宜纳入人类学或自然科学之中。不过由于考古学研究的资料主要是古代人类社会的实物遗存，要正确获取和研究这些实物遗存，必须有科学的方法和技术手段。而且随着科学技术的发展，在考古学中的应用会越来越广泛而深入，从而大大提高考古学的研究水平。但不能因此就说考古学也是一门自然科学。人类学主要是研究近现代的人类社会的学科，它的某些理论、方法和概念有与考古学相通的地方，在考古学研究中也可以适当地引用，但不能说考古学就是人类学。

（2）由于有以上缺陷，所以在许多问题的研究上缺乏历史性的把握。例如关于农业起源、社会演进等方面的叙述就是这样。

（3）本书最大的优点是用了大量篇幅介绍科学技术在考古学研究中的应用，有许多生动的例子。在第二次世界大战后，特别是在 20 世纪 60 年代以后，科学技术在考古学中的广泛应用，确实在尽量少挖的情况下而获得了尽可能多的信息，使人们大开眼界，尤其是环境考古十分精彩。中国学者也做了不少努力，相比之下还是做得很不够，许多考古人员也缺乏这方面的素养，今后必须大力加强。

工业化进程中的文物保护

最近，湖北荆州八岭山楚国高级贵族墓群和山西曲沃曲村墓地，先后遭遇严重盗掘，盗墓者都使用了炸药，所用方法之隐蔽、精确，令人惊讶。而类似的情况非一两处。盗墓到了明目张胆的地步，文物部门却无能为力，个别政府部门也难辞看管不力之责。现在文物保护形势已经到了非常严重的地步。

与盗墓相比，大遗址的保护状况更是堪忧。

相对墓葬和地面建筑来讲，地下遗址蕴藏的历史文化信息量是最全面最丰富的，更能反映历史的真实。但遗址又最不起眼，非专业人员难以了解其重要性，即使施工挖到了也不认识。20世纪后半叶，地下遗址曾陆续遭到几次大的噩运。第一次是50年代"大跃进"时期平整土地，遗址一般分布在较高的岗、墩、堌堆上，成为平整土地的主要目标，不知毁掉了多少遗址。改革开放以后城乡大量盖砖房，砖窑也专找高岗地，并且遗址里的土被认为烧砖最好。湖北天门石家河的肖家屋脊遗址、四川三星堆遗址所在地都是大窑场。现代砖厂附近常常可以找到遗址。几次劫难下来，历史悠久的中国，古遗址留下的实际并不太多。一些国保、省保、县保单位保存已经很差。最近的破坏来自开发区的建设。一些部门不是想方设法保护文物，而是有意识地吸引房地产开发介入。中国很多城市都经历了历史的延续发展，新城叠压旧城。而开发商往往成片开发，耕地、民房以及遗址一起被推掉。

另一方面，文物保护一些好的事例也需要大力宣传，例如杭州市和广州市。近年杭州新发现的南宋太庙、临安府治、恭圣仁烈皇后宅、严官巷御道等重要遗址，都位于城中心黄金地段，拆迁费极高。工程项目避让遗址、改建公园绿地，涉及房地产商和当地居民的巨大利益，矛盾非常尖锐。政府要负担高达几个亿的赔偿费用和艰难的安抚工作。新的规划将城市重心向钱塘江边转移，老城区不做大的发展。这是一个有眼光的决策，对城市发展和文物保护都是好事。类似情况也发生在广州，广州老城中心先后发现了许多南越国都城的遗迹，为了保护好这些遗迹，市政府决定今后城市的发展重心逐渐移向天河区，老城区只做减法，不做加法，避免了很多矛盾。最近郑州市的规划也将城市重心挪到城东，慢慢将郑州商城让出来。

应该说，现在好些政府意识到了保护的重要，采取了措施，但并非所有政府负责人都这样重视。文物保护牵涉很多利益相关的部门，需要政府下决心来调整关系。因为我们的文物保护方针是"保护为主，抢救第一"，现在很多遗址就涉及能不能保得住，能不能抢救出来的问题。其中最近的一件大事就是南水北调。

南水北调工程尽管议论多年，但工程路线的走向直到最近才确定下来，而工期又非常紧迫。其中中线输水线经过湖北、河南、河北、天津到北京，文物古迹极为丰富，是中国古代文明最发达的地区。东线经过的地方也很重要，其中有一段经过大运河。大运河线路长，开凿时代早，隋唐以来一直是南北漕运的主要渠道，到今天还在发挥作用，这样的运河全世界没有第二条，沿线的相关古迹也非常多。另外，在山东调水支线上的寿光双王城水库周围，已经发现30多处制盐遗址，包含盐井、水池、窑、吸卤或盛盐的圜底罐等制盐各个流程的遗存，时代可以早到商代晚期。选在那里修水库是因为居民少，农田少，成本低。但是，现代经济是成本，古代遗址也是成本，而且是无法估价的成本，怎么不算算这笔账呢？

所以，怎么处理当前经济利益和保护古迹的关系，应该权衡一下。如果遗迹特别重要，那么工程建设就要设法避让。有些是无法避让的，例如三峡水库，文物部门提前介入，从全国调集人力物力，尽量把损失降低到最小限度。现在文物保护有了《文物保护法》，有文物工作方针，政府部门还有文物工作"五纳入"的规定，关键在于提高认识，真正负起责来，千方百计把文物古迹保护好，让古老的中华文明永远放射出灿烂的光辉！

庙底沟遗址的考古研究与保护问题

　　仰韶文化是中国最早命名的考古学文化，也是中国史前文化中最重要的一支，是中国文明起源地区的核心。中华文明探源如果不把仰韶文化搞清楚是不行的。仰韶文化早期为半坡期，主体是半坡类型，主要分布在关中地区；庙底沟期以庙底沟遗址为代表，是继半坡期发展起来的，分布范围比半坡期广，发展水平也比半坡期高。关于半坡期，我们已经挖了好几个聚落遗址和墓地，比如西安半坡、宝鸡北首岭、临潼姜寨一期等，此外还发掘了许多半坡期的墓地，比如华县元君庙墓地、华阴横阵墓地和渭南史家墓地等，通过这些遗址和墓地的发掘与研究，对当时的社会面貌已经了解得比较清楚。可以看出，半坡期的社会基本是平等的。可是，到了庙底沟期，我们从灵宝西坡遗址发现有大房子和较大型的墓葬等得知，此时的社会发生了很大变化。西坡遗址发掘出的大房子，面积最大的一座达500多平方米，而且建造得很讲究，这些大房子不会是民族志材料所见的集会房屋，而应该是上层人物使用的礼制性建筑。由此可见，社会的分化是从庙底沟期开始的。我们正在开展中华文明探源工程，如果不把这些问题搞清楚，怎么能行？

　　在仰韶文化的各类型当中，以庙底沟遗址发现的彩陶最丰富，可以说庙底沟遗址的彩陶是仰韶文化的一绝。仰韶文化最发达的地区就在于三省交界处，即西坡、北阳平、泉护、白水下河等遗址所在的地域。其中，庙底沟即使不是最高级的也是最重要的遗址之一。它出那么多的彩陶绝不会是普通的聚落，会不会是个专门制作彩陶的聚落？换言之，庙底沟期的聚落是否已经有了分工？

　　不过，庙底沟遗址虽然出土的彩陶很多，但聚落布局不是很清楚。它的墓地在哪里？大房子在哪里？这些都不清楚。

　　从半坡期到庙底沟期，有几个遗址，比如河南灵宝西坡、陕西白水下河和华县泉护等，都发现了大房子。我估计河南的其他一些仰韶文化遗址也应该有这样的大房子。我听说巩县有一个名叫双槐树的仰韶文化遗址，面积就很大，它坐落在黄河边上，黄河把它冲掉了一部分，我们动员相关考古部门去挖一下。因为我们要了解一个社会的发展水平，还得从整个聚落来看一看，观察当时聚落里的人们生前是怎么生活的，死后是怎么埋葬的？一些地位比较高的人往往死后葬入比较大的墓葬，随葬品用些比较好的东西。由此观察当时的社会有没有分层？有没有等级出现？达到了一个什么程度？即可以看出来。

从聚落结构可以看它的布局特征。作为一个聚落，它的布局是一种非常有规矩的？凝聚的？还是比较散漫的？这往往与当时社会的控制能力怎么样有关。打个比方，现在的都市，像北京、西安那些地方，它的布局会非常规矩；如果不是官方所为的地方，尽管经济比较发达，它的布局往往会是散漫的，像上海、汉口、广州这些地方就可以看出来。我们讲聚落就得讲这套东西。一个聚落里面如果发现了非常高等级的房子，就要分析这个等级高到了什么程度？是不是到了有贵族了？再进一步分析，是不是有国家了？有了国家就进入有王时代了。我们就应当观察是不是有宫殿或宗庙了？西坡最大的房子500多平方米，相当于我们现在的一个会场那么大。房子做得比较讲究，有人拿来跟现代少数民族的大房子比，现代少数民族的房子，包括云南的那个，都很落后，是集会场所的，并不是高等级的房屋，不过就是房子大一点；而像西坡那个房子是高等级的房子，不光是大，那如果是仅仅为了大家一块集会的话，用不着盖那么好的房子。所以我们从这些考古迹象，慢慢摸索着看它到了一个什么水平。从庙底沟来看，它的彩陶、它的制陶技术很发达，它的艺术很发达，别的呢，不是特别清楚。从西坡、白水，再联系过去发现的华县泉护、华阴的西关堡，然后，再加上其他几处遗址可以看出，庙底沟期这个阶段非常强势，到东北，红山文化很明显受到它的影响；山东，大汶口文化很明显受到它的影响；湖北，大溪文化很明显受到它的影响；至于西北就更不用说了，马家窑文化是仰韶文化向西发展的结果。所以，仰韶文化非常强势，这样谈论中国文明的起源，一个核心地区大体搞清楚了，这不是件好事吗？所以，在这次会上，我希望大家就这些问题多交换意见，这些都是开展中国文明起源研究当中十分重要的话题。正在进行的中华文明探源工程，重点弄了三个遗址，都是已经有苗头了。一个是良渚，那是很厉害；第二个是陶寺，第三个是二里头，这都是都城级的。但是，良渚不管怎样发达，毕竟偏远，对以后的影响绝对不如中原，所以，仰韶文化做到这个阶段以后，虽然摸到了一些核心的东西，但是还没有完全弄清楚，下面的工作还多着呢。从西坡看，西坡发现了20多座墓葬，它是第一次发现庙底沟时期高等级的墓地，以前没有怎么发现过庙底沟时期的墓葬，但是，北阳平遗址比西坡大多了，北阳平剖面暴露的房子非常大，比西坡一点也不小。所以，我更看好北阳平，如果挖一挖，可能会有更惊人的发现。而这个地方呢，正好是位于仰韶文化的中部，整个仰韶文化西边到甘肃，东边到河南东部，北边到内蒙古，南边到了汉水。

庙底沟的墓葬可以探一探，找到墓地就好办了。庙底沟遗址因被现代城市建筑所包围，因而保护的难度更大了。应该建成国家考古遗址公园，以利于遗址的保护。

从另外一个角度讲，庙底沟遗址出了那么多的彩陶，它的房子就没有像样的房子？可能没有挖到中心地方。

现在越来越清楚，仰韶文化是中国文明起源的核心地区，仰韶文化比较中心的地区就是三门峡地区，包括西坡、北阳平这些遗址，庙底沟隔得也不远。从现在发掘情况来看，庙底沟的彩陶在仰韶文化里面没有第二个遗址发现得这么多，但是，我要说没有挖到核心地区，所以这个遗址，它的核心地区应该有比较高等级的房子，有比较高等级的墓葬，现在这些都还没有。现在的发掘等于敲了个边，它的核心不见得有北阳平那么高级的，但是也不会太差。要不然，一个遗址里面怎么会出这么多彩陶，这些彩陶也不是全部，你要再挖，也还有啊，它也不是一般的遗址。所以总之来讲，我们要把中国文明的起源这篇文章做好，庙底沟有它的位置。我们最大的课题是要把中国文明的起源弄清楚，不是空口几句话，一定要用实际去分析。考古学的特点就是那样，考古学者也不是一下子就能够看得很清楚，也是一步一步的来探索，现在应该说比较明白了，只能这么讲。以前，时任全国政协主席的李瑞环同志，曾经提出那么一个保护文物的方针，叫作"保护为主，抢救第一，有效保护，合理利用"。为什么要保护为主？遗存没有了，你的文章就没法做了，我们自己要做一点，还要给子孙后代留一点，不是一下就能弄完的。现在我非常发毛，第一，我们的建设是突飞猛进，免不了就要破坏文物，我们是变法子的抢，整个考古、文物部门就是个救火队，那也是没办法，所以我们要选重点，认识清楚了，比如说庙底沟这个，你知道这个情况了，政府就得保它。要下决心保护好，有的是因为一个高铁一修，一个南水北调，有的还不清楚，三门峡水库和三峡大水库修的时候有好多情况我们调查是调查了，不是太清楚，实际上破坏的文物，不知道有多少。但如果是已经知道了的，我们还不保护，那我们就不好交代了。所以，庙底沟遗址要我说几句话呢，仰韶文化是中国文明起源核心，仰韶文化很重要，对周围遗址的影响很大，中国文明起源过程中有些很重要的阶段，庙底沟时期是其中很强势的阶段。仰韶文化的第一阶段即半坡时期不是很强势，在庙底沟期它的重要性出来了，这个强势的发展阶段，三省交界我们能够点出来的有那么几个，庙底沟可能不是头号，但也是最重要的遗址之一，至少我们现在已经知道出的彩陶来讲，它是第一号。你想西坡挖了半天，有几个彩陶？这说明会不会由于当时有某种分工啊？这个地方是不是制作彩陶的中心呢？我们分析问题往往要把周围的情况联系起来比较看，才能看得比较清楚。比如，它可能不是北京，会不会是天津，它陶器做得那么多，那么好，它是怎么回事呢？

总而言之，听说市里面有决心保护，作为一个考古学者来说，我表示衷心的感谢。对于一个重要的遗址，到底重要在什么地方，作为学者有责任说清楚。这个事不能靠地方政府，政府官员的事情那么多，他对一个考古的东西怎么能说得那么清楚？他说不了那么清楚。但是，遗址的重要性在哪里，这是我们学者的责任。我们说了，下一步就得保护。遗址的保护最主要的责任在政府，如果政府下了大决心，采取措施保护遗址，作为学者我们是非常感谢的。因此，每到一个地方，我常常感谢地方政府，因为要保护也是很难的，保护文物弄不好会制约经济的发展，所以我们在经常考虑文物保护的同时往往也考虑经济的发展。我们也不是说考古第一，别的都可以不管了，比如说良渚遗址，我们在保护的时候碰到的问题是，它的面积非常大，有四十几平方千米，现在看来还不止这么大，而它又那么重要，怎么保护？这个遗址上有 5 万多人口，包括两个镇、一个乡，而且你要知道在良渚那个地方是经济比较发达的地方，那里的农民都盖了三、四层楼房，楼房里头还安装了电梯。我说那么小的房子也要电梯，他们回答，就许你们城里人用电梯啊，我把粮食储存在屋顶上，电梯一开，"呜"就上去了。这里的经济很发达，还有工厂。后面我们非常感谢当时的杭州市委书记王国平，他知道良渚的重要，划了一个特区，200 平方千米，200 平方千米成为一个特区，然后中间的这一块是采取做减法不做加法，你要发展你往边上去，迁也不能一下子把这些人迁走，一步一步来，你要发展往那边去，工厂盖房子往那里盖，不要往中心盖房子，这样才能保护。你不能让人家不发展经济，老百姓你天天养活他们？所以，我们见了王国平就说你这招太好了，他这个人挺有思想。他把西湖风景区划作一个特区，免费开放，不收门票。一般人认为，西湖怎么能收门票呢？实际上，游客来西湖参观游玩就要在这里吃饭，在这里要住宿，在这里买东西，在这里玩，这不都是收入吗？他就算这个账，最后从经济上来讲更划算了。

搞好文物保护，从业务人员讲，要把遗址的重要性讲清楚，一定要讲到点子上，比如说三门峡市你们自己清楚，别人也清楚，别人清楚了还有可能去投资呢。你找国家文物局拨款，得说出个道理来，你说不出什么重要的理由，谁给你出钱？谁给你成立文保所？这个遗址农民照样取土，照样破坏了，你也不知道，你还管不了，因为你说不出个一二三来。回过来再讲仰韶文化，仰韶文化如果没有弄出西坡、姜寨、半坡、庙底沟这几个遗址，我们说不清楚，所以，庙底沟遗址重要性在哪里，这周围的几个遗址重要性在哪里，要放到这个位置来看。如果我们这几个遗址都保护不好，那么，以后我们讲中国文明起源，想进一步弄明白点，就没有基础，没东西了。所以，想想它的重要性在哪里？我们该如何来保护和研究？我想在这次会议上一定有很多高见，我就不啰唆了。

（2013 年 6 月 19 日与赵春青及河南省三门峡文物局同志的谈话记录）

西北地区先秦的自然环境与文化发展

　　《中国西北地区先秦时期的自然环境与文化发展》是2004年国家社会科学基金支持的项目。千禧年伊始，国家启动了西部大开发战略的环境背景研究，主要工作由中国工程院担当，下分若干课题组，有关部门积极配合。国家社会科学基金在课题指南中也列入了西北古代文化与自然环境演变关系的项目。韩建业申请的课题正好与课题指南相合，他本人又是最有条件完成这一课题的，申请被顺利通过。

　　这事跟我也有一点关系。记得2001年秋，西部大开发战略的研究刚刚启动。担任其中重要项目的刘东生先生亲临寒舍，邀请我参与部分工作，具体任务是研究全新世以来西北地区的文化发展与自然环境演变的关系。刘先生是第四纪地学的泰斗，对考古学十分关注，对我本人也多有教益。如此盛情实在难以推却。12月13日课题组召开第一次会议，我做了《从新石器时代文化演变看4~8千年前黄土高原的自然环境》的报告，得到了积极的评价，同时要求把研究的范围扩大，内容要更加深化。我感到有点力不从心，于是找了我的两个博士生韩建业和陈洪海帮忙。因为韩建业曾经参与内蒙古岱海地区的考古工作和《岱海考古》报告的编写，又曾经对冀北、晋北、陕北等地做过广泛的考古调查，与地学界也多有接触，对北方地区史前时期的人地关系颇有研究。陈洪海多年在陕西、甘肃和青海做考古工作，对那里的情况也比较了解。经过多次会议和研究，最后完成了《黄土高原新石器时代—青铜时代环境变迁的考古学观察》，收入钱正英主编的《西北地区水资源配置、生态环境建设和可持续发展战略研究》共14卷中的《自然历史卷》（刘东生主编）中。不但如此，韩建业在这些研究的基础上，将博士论文修改与充实，于2003年发表了《中国北方地区新石器时代文化研究》的专著。其中除详细讨论北方地区新石器时代文化的分期、谱系关系、聚落形态演变及其所反映的社会发展的特殊道路以外，还特别注意文化发展与自然环境的关系，几乎可以看作是本书的预演。当时没有涉及新疆，所以后来又专程到新疆进行考古调查，于2007年发表了《新疆的青铜时代和早期铁器时代文化》的专著。在这期间还发表了多篇相关的学术论文，从而为本课题的研究打下了坚实的基础。

　　本书将西北地区划分为三区，即半干旱半湿润的黄土高原区、贺兰山以东的内蒙古半干旱草原区和贺兰山以西直到新疆的西北内陆干旱区。首先考察了每一区的自然环境及其在全新世期间演变的情况，接着考察各区考古学文化演变发展的状况，最后讨论自然环境与文化发展的关系，为西部大开发提供某些对策性意见。所以本书既是一部环境考古的综合性著作，又对当前西北地区的经济文化建设具有一定的参考价值。

　　根据本书的研究，无论是黄土高原区、内蒙古半干旱草原区还是西北内陆干旱区，都经历了早全新世回暖期、中全新世暖湿期和晚全新世降温干旱期，每个时期中又还有一些较小的波动。由于各区所处地理位置和地貌、水文特征等情况不同，对气候的敏感程度不同，因而对文化发展的影响也大不相同。

　　黄土高原尽管也是半干旱半湿润地区，但是在三区中毕竟所处纬度较低，又处于黄河中游地带，水热条件相对较好。从史前文化分布的态势来看又最接近于中原文化区，有些甚至可视为中原文化区的组成部分。所以从新石器时代中期起，在中原地区的裴李岗文化等的影响下，逐渐发展了以粟和黍为主要作物的旱地农业。开始仅限于渭河盆地，到新石器时代晚期的仰韶文化前期，正值气候最适宜期，旱作农业几乎遍及整个黄土高原的河谷地带，部分甚至到达内蒙古半干旱草原的边缘。不过黄土高原的自然生态环境毕竟比较脆弱，一遇较大的气候波动，农业文化就会萎缩，边缘地区就会转变为半农半牧文化或畜牧文化。例如距今5500年左右，整个欧亚大陆北部气候趋于冷湿，距今5000年左右更趋寒冷，黄土高原北部的岱海—黄旗海一带原有的农业文化突然中断或纷纷南移，或者增加狩猎与养畜业的比重以补农业生产之不足。到青铜时代，文化格局发生了很大的变化。一是各地文化的分化加剧，中原的商文明进入黄土高原南部的渭河流域，促进了先周和周文化的发展，从而率先进入文明社会。其他地区的社会发展则相对滞后，这还是与各地的自然环境有关。因为黄土极易侵蚀，高原地区历来水土流失严重。地形破碎，到处是沟谷梁峁，难得形成较大的经济政治中心。与此同时，远在中亚的青铜文化通过新疆、甘肃带来了羊、马和北方式青铜器，促进了高原地区畜牧业和半农半牧文化的发展，对商周文化也有一定的影响。

　　黄土高原腹地的文化是在仰韶文化后期才逐渐发展起来的。在庙底沟期文化大发展之后，人口随之大幅度增长，需要开辟新的生活空间。最近的地方就是黄土高原腹地。例如陕北一带以前很少有居址，从仰韶后期到龙山时期就出现了大批遗址。这时恰遇气候转向干冷，人们只可能在沟沟坎坎的狭窄地带种植有限的粟、黍等耐旱作物，兼营养畜、狩猎和采集。这样的经济虽然难以发展扩大，却足以维持生计。这里缺乏森林资源，不大可能像在渭河盆地那样用大量木料来建造房屋。人们注意到无所不在的黄土坡，开始在坡上打主意。那些黄土质地比较均匀而松软，很容易掏挖；黄土又具有垂直节理，挖出的窑洞不会垮塌，完全不用木质建材也能够保证安全。这里气候干燥，不用担心洞内过于潮湿，而且冬暖夏凉，防沙避风，可说是黄土高原居民的天才发明，是人类适应和利用环境以发展自己的极好例证，直到近代仍然是当地人民重要的居住场所。

内蒙古半干旱草原区对气候最为敏感。气候最适宜期南部有些地方会有少量农业，气候干冷期则基本上只有狩猎或游牧经济。人口流动性大，一方面有利于某些文化因素的远地传播，如较早从西北传来羊、马和草原风格的青铜器等；另一方面又时常对南方农业区造成冲击。为了应对这种局面，早在距今 5000 年左右，在南部与农业区交界的地方就先后出现了几条大致呈东西向的石城带，可以说是后来长城的原型。战国以来多次修筑长城，位置南北时有变动，一方面是反映南北力量的消长，而主要还是反映因气候的变化而形成的农牧交界的变化。

西北内陆干旱区面积最大，又深处内陆，高山、盆地相间分布。降水稀少，气候严酷。尽管在旧石器时代就有人居住，但人烟稀少，发展缓慢，整个新石器时代都还处在采食经济的阶段而没有农业。不过在这广阔的内陆区还有许多由高山雪水浇灌而形成的绿洲，新疆北部和柴达木等地还有很大的草原，有发展农牧业的潜力。大约距今 5000 年，农业文化首先进入东部的河西走廊等地，进而影响到新疆的部分地区。大约从距今 4000 年或稍晚，中亚等地的青铜文化传入新疆乃至甘肃等地，从而在本区出现了一系列兼营农牧业的青铜文化。之后又再次受到中亚的影响而较早地进入铁器时代。

由于降水稀少，这里的农牧业和生活用水要靠高山雪水，受气候波动的影响反而较小，形成一种相对稳定的绿洲文化。由于每个绿洲的面积都不很大，难得形成大规模的经济文化中心。但各绿洲多分布在山前地带，跟着山脉的走势便形成连珠状的排列，成为东西交通的重要渠道。汉唐以来的丝绸之路就是走的这个渠道。而在丝绸之路形成以前，实际上已经有许多来往。从东往西，最早有彩陶和粟、黍等旱地作物；从西往东则有小麦、羊、马、铜器和铁器等。而新疆本身的特产和田玉等也成为远地交往的重要物品。由此可见，由于本区特殊的地理位置和特殊的自然环境，在中西文化交流上曾经长期起着不可替代的积极作用。而在某些绿洲的过度开发方面，也曾发生过惨重的教训，对当前进行西部大开发也是一种有益的警示。

总起来说，黄土高原的自然环境支持了旱作农业的发展，气候的波动虽然有一些影响但不严重，经济文化还是得到了稳步的发展而较早地步入文明社会。由于资源有限，生态环境比较脆弱，到一定阶段必然会向环境更加优越的东南部发展，这就是从西周到东周和秦代统一所走过的道路。内蒙古草原区对气候的敏感度最高，人口流动性大，时常对南部农业区造成冲击，但在传播文化上还是起过不少积极的作用。西北内陆干旱区虽然环境比较严酷，却有许多天然的绿洲。在东西文化相继传入的情况下却可以得到比较稳定而缓慢的发展。而特殊的地理位置和社会的相对稳定则为东西方文化之间长距离交流提供了契机。在相当长时期内，这里几乎是东方与西方两大古文明之间唯一的交通渠道，对于促进整个人类文化的发展起了不可替代的作用。

　　最后作者在结语中还对西北地区先秦时期的自然环境和文化发展归纳出五条显著的特征，每一条都是经过深思熟虑的。以上就是本书的基本内容。

　　本书收集的资料既全面又十分丰富，而且差不多对每项资料都进行了认真地鉴别与分析。同时又非常注意前人和当代学者研究的成果。扎扎实实，既不追求标新立异，又勇于提出自己的创见。在多年研究的基础上初步形成了自己的体系。我在上面简单的概括不一定准确，但大致可以看出本书的基本内容和作者研究的着力点之所在。要了解详细的内容，还是请看全书吧！

（原为韩建业著《中国西北地区先秦时期的自然环境与文化发展》

序，文物出版社，2008年）

解读自然与人文

周昆叔先生继《花粉分析与环境考古》文集出版之后，又在将近耄耋之年推出一部分量更重的《自然与人文》论文集，可谓老当益壮。他是我的老朋友，又是老乡，在文集付梓之前要我写几句话。我想他这本书的精义，就是试图解读自然与人文的关系，解读中国的自然环境与传统人文精神的关系，所以用这个题目作序。

周先生本来是学高等植物的，因为工作需要，在20世纪50年代开始做孢粉分析。考古界凡是谈到西安半坡仰韶文化聚落的古环境时，莫不引用周先生的报告。但周先生觉得单就孢粉分析来研究古环境有很大的局限性。于是从80年代起就着手从事环境考古的研究，从北京的平谷上宅文化到整个北京地区，进而到全国的各个地区，几乎踏遍了神州大地广阔的原野和山山水水。他注意到全新世黄土与马兰黄土之间普遍存在一个不整合的地层现象，认为这一现象应该与气候剧烈的变化有关，并且对人类文化产生了极大的影响，考古学上从旧石器时代向新石器时代的转变就是发生在这个时期。他对陕西周原和河南洛阳皂角树的全新世地层进行了详细的调查，发现全新世黄土可以明确地分层，并且与文化层的演进有耦合关系。由此提出了周原黄土的概念。我个人因为在周原做过考古工作，又应周先生的邀请，与俞伟超和刘东生先生一道对皂角树的地层进行过仔细观察。一致认为他把自然地层与考古学地层结合起来研究的思路十分正确，并且在实际工作中找到了突破口，把一盘棋下活了，具有开创性质。他在此基础上进一步把周原的全新世地层划分为杂色黄土、褐红色古土壤、褐色古土壤、新近黄土和表土五层，代表从早到晚的五个时期，每期都与考古学文化的分期相对应，在华北黄土地带具有普遍意义。

周先生是我国环境考古的开拓者和领导者，在他和有关先生的努力下，1990年在西安召开了首届中国环境考古学术讨论会，首次出版了《环境考古研究》，此后每隔几年就召开一次环境考古讨论会并出版论文集，大大促进了环境考古学的发展，从而也促进了考古学本身的发展。更为重要的是在1994年成立了中国第四纪研究委员会环境考古专业委员会，周先生在众望所归的情况下出任委员会主任。从此环境考古作为一门独立的边缘学科在我国正式宣告成立，并且有了正式的研究机构。

　　周先生关于环境考古的研究不但是脚踏实地，一步一个脚印，而且是步步深入的。按照他自己的说法，大致可以分为四个阶段。每个阶段都有新的研究成果，随之认识也不断深化。他认为环境考古实际上是研究人与自然关系演变的历史，因此他不是单纯地做考察和研究，而是时刻思考中国环境的特点，在这个特殊的大环境下又是如何对铸造伟大的中华文明持续地起着巨大的作用。为此他在对全国环境考古研究的基础上，又特别关注中原地区的历史作用，并且以处于中原地区中心位置的中岳嵩山为标志，提出了嵩山文化圈的概念。这个文化圈的内容可说是博大精深，但她又不是孤立的，不单是全国的中心，还是与全国各地多种多样的文化有机地结合在一起的一个中心。她所孕育的文化具有中道的特点，成为中华民族传统文化的精髓。兹事体大，不是一下子就能够阐释清楚的，需要有关方面的学者进行更加深入地研究，也希望周先生继续做出新的更大的贡献。

（原载周昆叔著《自然与人文》，科学出版社，2012 年）

《嵩山文化文集》序

奉献给读者的这本文集，内容沉甸甸的。书中讲的是山——著名的中岳嵩山，看到的是文化——嵩山文化，体悟到的是这文化的核心精神——中：道中庸，行中道，致中和。它是伟大的中华文明的象征和长盛不衰的精神支柱！

中华文明，多元一体。有中心，有主体，有不同层次的重圈式结构，形成一个有机的整体，从而产生无比的凝聚力和向心力。历经磨难而从未中断，创造了人类历史上伟大的奇迹。人们著书立说，试图从不同角度来解读"何以中国"。本书作者周昆叔先生有感于斯，从最基础的工作做起，一步一个脚印，一步一番思考。他是中国环境考古的开拓者和领导者，认识到一方水土养一方人，有什么样的自然环境会产生什么样的文化。他不疲倦的足迹踏遍了祖国的千山万水，首先研究了北京地区的古环境，继而深入研究了陕西的周原和河南洛阳地区的全新世黄土，看出黄土演变与文化发展阶段有密切的耦合关系。后来又长时期地考察嵩山及其周围地区，认识到作为中国中心地区的嵩山乃是维系整个中华文化的擎天柱，从而提出了嵩山文化圈的概念。

作者回顾了自己艰难跋涉的漫长历程，注意到中国人选择生存环境有鲜明的特点，就是依山傍水。既有资源优势，又有安全保障，是文化得以稳步发展的基本条件。不像世界其他古老文明主要是濒临大河，即所谓大河文明。虽有高度发展，仍然经不起严重的冲击而早早地陨落了。这个分析是十分精到的。他认为嵩山文化之所以崇高，应是山、水、土、生、气、位六大生态环境共同作用的结果。再加上有区位的优势，就是古人所说的天下之中，有利于掌控全局。这在世界上是独一无二的。

作为一位学者，当然要力求攀登学术高峰，但不能忘记自己从事学术研究的目的。综观周先生的学术生涯，处处体现着深深的爱国情怀，对辉煌的中华文明无限崇敬。这使他不畏艰难险阻，坚忍不拔，做出了如此重要的贡献，不愧为当今学者的楷模。是为序。

（原载《中国文物报》2016 年 7 月 19 日，又载周昆叔
《嵩山文化文集》，文物出版社，2016 年）

广东与环境考古

——在第六届全国环境考古大会上的讲话

（2016 年 11 月 6 日）

大家早上好！

　　首先感谢东道主邀请我参加第六届环境考古学会大会。要我讲话，我却没有什么准备，我慢慢说吧。要是有什么说的不对，还请大家帮我纠正。

　　我开始注意环境考古，记得好像是 1964 年的时候。那时我们内部翻印了一本美国巴泽尔著的《环境与考古学》①，我随即买了一本，看了很受启发。在那本书里，他讲到人类为什么在非洲起源，农业为什么在中东地区起源，他说都有环境的因素，并且做了很有说服力的分析。所以，我就认识到环境考古对于考古学，尤其是史前考古学关系重大，不可或缺。正是在这个时候，我认识了著名的地质学家、中国第四纪科学研究学会的主席刘东生先生，也结识了周昆叔先生。周昆叔先生最初是研究高等植物孢粉分析的，后来因为侯仁之先生的引导和建议，他就在刘东生先生的指导下，慢慢地转入环境考古研究，成为我国环境考古的开拓者。我们都是湖南人，湖南老乡，加上业务上的联系，使我们成了好朋友。周先生的那股敬业精神非常令人感动，他走遍了中国的山山水水，动脚又动脑，老是琢磨中国文化为什么那么古老？为什么发展连续不断？又为什么是以中原为中心？他觉得这些都与中国的自然环境有关。他的这些理念与我的一些想法很合拍，我们经常在一起交流。后来环境考古越来越受到大家的重视，从事的学者也越来越多，就在中国第四纪科学研究学会下成立了一个环境考古的专业委员会，周先生就是这个环境考古专业委员会的主任，后来接任的是北京大学的莫多闻先生，我们几个都是湖南人。

　　环境考古专业委员会自成立以来，不仅团结直接从事环境考古的一些学者，还团结了相当多相关学科的学者，开展了卓有成效的工作。现在研究考古学的人，特别是研究

---

① Karl W. Butzer, 1964, *Environment and Archeology*, Chicago.

史前考古学的人，恐怕没有不关心环境考古的。

中国为什么在一二百万年以前就有古人类活动？这里究竟是否也是现代人起源的地方之一？学者们见仁见智，说法不一。反正中国一二百万年前就有古人类活动了，几万年以前也已经有现代人的足迹。中国又是一个农业起源的重要地区，而且是世界上三大农业起源区中唯一有水旱两种农业起源地相伴共生的地区。这都是跟整个中国的自然环境密切相关的。在中国文化的发展过程中，为什么会形成一个既有中心又有多元的所谓多元一体的格局？为什么在全世界范围内，只有中国古代的文化是连续不断的？这些也都是跟中国的具体环境有密切关系的。

国家的探源工程，探索文明起源。探索文明起源能离得开环境的研究吗？我们有些学者，原来主要从事考古学研究，后来慢慢自己也熟悉了环境考古，比如张居中，就是一个典型的例子。他在这一方面做了很多事情，使环境研究和考古研究完全不可分割了。有些研究，如果离开了对环境的研究，几乎很难理解，比如我们说大禹治水。谁都知道这个传说，有没有这么回事？我记得夏正楷先生在中国史前有没有大规模的洪水方面做过很仔细的研究。有些传说阶段的事情我们慢慢地落实下来了，而且经过科学的研究和解释，为整个中国的史前文化以及后来历史发展的研究起了非常重要的作用，这就是环境考古。尽管我对环境考古一知半解，但是我确实是特别重视环境考古。

这次会议选在广州开，是很有战略意义的！为什么呢？广东的环境非常特殊，也非常复杂，它有很多特点是别的地方不具备的。广东北面依靠南岭山脉，可以阻挡北来的寒风。广东的纬度又很低，有的在南亚热带，有的已经到了热带的边缘，很多地方的气候是长夏无冬。所以这儿植被就比较丰富，有各种各样可以采食的植物，动物同样也很丰富，在很长时期内，狩猎采集经济都非常发达。广东还有很长的海岸线，而且曲曲弯弯，有好多港湾，好多沙滩，渔业资源非常丰富。广东人是喜欢吃生猛海鲜的，这与他们生活的自然环境有密切的关系。

从文化上来讲，广东的北部，南岭山脉的南面，因为喀斯特地形的发育，有很多山洞，有很多的洞穴遗址；广东南部海边有沙丘遗址和贝丘遗址。广东还有几条大河，比如西江——珠江的主流，从广西流过来，过梧州以后就是一条大河了。广东还有北江、东江和韩江，有各种各样的生态环境，经济类型也多种多样。广东的文化也很有特色，既自成单元，又有广泛的联系。比如珠江三角洲一带的咸头岭文化以彩陶为特征，是比较早的新石器时代文化。其中很多因素都和湖南那边的高庙文化和大溪文化有关系，可见它与北面的长江流域有交流。粤北的石峡文化几乎与江西的樊城堆文化不可区分。以前两省的考古学者互相争论，江西有学者要把广东的石峡文化叫作樊城堆文化，广东的学者说江西的樊城堆也可以叫石峡文化。这就是说，它们的关系十分密切！石峡文化里也有很多良渚文化的因素，跟浙江那边也有联系。还有粤东的考古学文化，与福建那边也有联系。广东的这些文化特点，都与广东自然环境密切相关。一方面文化自成单元，一方面又与周边各地区有相当大的关系。

广东的海岸线是各省中最长的，十分有利于向海外的拓殖。古代百越是一个擅长水性的民族。百越里面的南越，就主要活动在广东这一带。我经常注意的一个问题，就是广东福建这一带的文化是怎么走向东南亚，怎么走向太平洋的？现在有些学者也在研究这一课题，也都没有说清楚。太平洋上有那么多小岛，成千上万，星罗棋布，差不多都有人居住。那些人怎么上去的？什么时候从什么地方去的？都是大家很关心的问题。现在知道那里很早就有人了——在美拉尼西亚，就是比较靠西的一片，公元前三四千年就已经有人了；到东面一点，密克罗尼西亚，公元前一两千年就有人了；再往东的波利尼西亚，太平洋上岛最多的地方，是公元 1000 年左右有人类活动。很明显，这些人是从亚洲这边，从西边往东边走的，像波浪一样逐步推进。可是你们看看地图，那些岛都很小，星星点点，岛与岛隔得好远，人怎么知道哪里有岛，怎么知道自己可以上去，并且在那里长期生活下去？这是个奇迹！西方人在 15 世纪的时候开始探险。葡萄牙的迪亚士、达伽马等人探索印度，绕过非洲的好望角，好像很了不起；哥伦布 1492 年跑到了中美洲一个小岛上，说是发现了印度。现在还叫作西印度群岛，美洲的原住民被称为印第安人，意思就是印度人，其实完全错误。他们的那些航行被说成是重大的地理发现，说是发现了新大陆。其实在他们之前，美洲早就有人了，起码有一万多年，并且缔造了很有特色的玛雅文明和安第斯文明等。再说北欧的维京人，主要是挪威的那些人，也比哥伦布早很多年就到了北美加拿大的某些地方。即使是大规模远航，也远不如中国明代郑和的壮举。郑和率领几十艘大船两万多人，从 1405～1433 年七下西洋，经历亚非 30 多个国家。既不殖民也不炫耀武力。那才是泱泱大国的风范！我倒是觉得几千年中有那么多人持续不断地跑到太平洋上寻找和开发那些无人的荒岛，才是真正的地理大发现！那些人是怎么去的呢？

我想，首先要解决怎么航海的问题。在公元前三四千年、一两千年，能有什么船？不就是小独木舟么，这个独木舟能航海吗？我看了一些材料，原来太平洋岛上的某些居民，他们比较晚近的时候依然在用独木舟，只是独木舟旁边有个木架，一边有的叫作边架艇，两边有的叫作双架艇。旁边有个木架子，浪就打翻不了独木舟，可以航海了。但跑那么远，靠人力划，能行吗？有那么大的精力吗？所以必须有帆，必须解决动力问题。有帆了，才可以远距离航行。前些年在浙江萧山跨湖桥发现了一个独木舟，旁边有一些木杆，很像是做边架用的，旁边还有一个篾编的扇面，吴春明说像帆，说明 8000 多年以前的先民就发明了有帆的边架艇，可以航海了，那是了不起的成就！解决了航海的问题，航行到哪里去呢？怎么找到那些小岛呢？我看过有些著作里讲，一个是洋流，总是往一个方向流；一个是贸易风。这些都是很大的生存环境，当时的人能了解这些事么？而且，人跟着这些洋流能流到哪儿去？跟贸易风能吹到哪儿去？人还要找岛的。后来我想到了海鸟。鸟是能飞的，但不能一直在天上飞，总要落脚在陆地上。船跟着鸟走就能在汪洋大海上找到一块陆地。一些岛屿就是这样一个接着一个被发现的，这要有多么大的勇气、毅力和智慧啊！所以我认为哥伦布的那个探险精神还不够格，这才是真正的探险精神！

为什么讲这么多？这些具有探险精神的人从哪儿来？现在有些学者研究认为，这些人可能是广东和福建的先民，我看很有道理。所以，广东的考古要拓展到环境考古，包括海洋考古。我觉得把环境考古的第六次大会选在广东开很有意思。但是我翻了一下会议手册，环境考古的文章很多，有关广东方面的却不多。所以，我讲这一套，是希望环境考古学者更多的关心广东，这是个研究环境考古的宝地，希望大家多多的注意。

我就拉拉扯扯讲这么多，谢谢大家！

中国文明的起源

大家下午好！我讲的题目是"中国文明的起源"。分四个小题来讲。

一　为什么要研究中国文明的起源？

按照传统的说法，世界上有四大古代文明，中国古代文明是其中之一。虽然中国文明起源的时间比古代埃及、古代两河流域和古代印度都晚一些，但她从诞生之日起就一直连续发展而从来没有中断，并且曾经影响到整个东方，从而也影响到世界历史的进程。这样一个伟大文明是如何发生的？她有什么特点？对现代中国的发展会有什么影响？这些问题都是人们所普遍关注的。我们知道古代埃及等三大古老文明都是通过考古发现才得以确立的，中国虽然有不少先秦文献，但时间早不过殷周之际。更早的历史也需要通过考古学来探索。中国考古学是在 20 世纪 20 年代才开始的，50 年代以后才有较大的发展，对中国古代文明的探索一直没有中断。特别是近十年来"探源工程"的启动，对中国文明起源的认识又有相当的进展。我这个讲话希望尽可能反映大家研究的成果，如果有不对的地方，当然由我个人负责。

二　中国文明起源的地理环境和历史背景是什么？

中国位于欧亚大陆的东部，地势西高东低，背靠世界屋脊而面向太平洋。中国的四周有高山、沙漠和大海作为屏障，又远离世界其他地区的古代文明。因此中国文明只能是独立起源的。在起源过程中固然也存在同外部的交往，有些外来因素还很重要，但却难以影响中国文明的基本特质和发展方向。考古发现表明，大约在 200 万年以前，在中国大地上就已经有人类居住。从直立人到早期智人和晚期智人都留下了他们的足迹。在晚期智人生活的旧石器时代晚期遗址已发现数百处，发现同期石器的地点更多得多。由于中国幅员广大，各地的自然环境有很大的差别。进入全新世以后，中国最适于人类生活的环境在长江流域和黄河流域，两地的分界线在秦岭与淮河，大约是北纬 33°～34°之间。虽然都是季风地带，水热同步，适于农业的发展。但黄河流域雨量较少，黄土发育，比较适于旱地农业。而长江流域雨量丰沛，水网密布，特别适于水田农业。因而两地分别成为稻作农业和粟作农业的起源地和发展中心，是史前文化最发达的地方。大约在公元前1万年，两地几乎同时进入新石器时代。经过一段时期的发展，便进而成为古代文明诞生的摇篮。

三　中国文明是什么时候起源的？

中国有文字记载的历史只能追溯到殷周之际。文明起源的问题是由考古工作一步一步地向前探索出来的。20世纪30年代因为殷墟的发掘，知道商代晚期已进入文明时期；50年代因为郑州商城的发现，知道商代早期也已进入文明时期。从60年代起河南偃师二里头的发掘，把文明起源的时期提早到了夏代。著名考古学家夏鼐先生提出文明的起源还要早些，应该到新石器时代晚期去寻找，现在已经成为大家的共识。但还是有人要问：中国文明到底是什么时候起源的？是5000年还是8000年甚至1万年？因为有些著名学者（当然不是考古学者）就认为中国文明的起源应该提前到1万年前。如果是后者，那就比新石器时代晚期还要早许多，那是不可能的。而且我认为文明起源是一个过程，不是一个早上就能够实现的。从现有的证据来看，中国文明的起源大致经历了以下几个阶段：

（1）大约公元前4000年是文明化起步阶段。少数主要文化区出现了中心聚落。

（2）公元前第四千年后期是普遍文明化时期，社会明显开始分化，中心聚落和贵族坟墓出现，牛河梁、西坡、大汶口、大地湾等是很好的例子。

（3）到公元前第三千年的时期则已进入初级文明或原始文明。这时农业经济有了较大的发展，部分手工业从家庭中分化出来，出现了专门制造特殊陶器、玉器、漆器、丝绸、象牙雕刻等高级产品的手工业作坊，贫富分化加剧，战争频仍，出现了许多城堡和都城遗址，例如良渚、石家河等便是。到龙山时代又有较大的变化，陶寺、西朱封等是其代表。这很像是传说中五帝时代天下万国的情形。

（4）从夏代开始正式进入文明时代；商周则是古代文明的兴盛时期。

四　中国文明起源的模式是什么？

这里讲模式有两层意思。一是整个文明起源的模式是什么？是单中心还是多中心？是一元还是多元？是直线发展还是曲折发展？二是各个地区文明起源的模式是什么？各自具有什么特色？又为什么能够结成一体？现在看来，比较早显出文明迹象的辽宁凌源牛河梁、甘肃秦安大地湾、湖北天门石家河和浙江余杭良渚等遗址都不在中原，文明起源的中原中心论显然不大符合事实。不过中原在这个时期并不落后，最近发现的河南灵宝西坡遗址就是一个很好的例子。而且中原本来就是一个地理中心，可以同周围各个文化区进行交流，吸收各方面的优秀成分以充实自己，同时还有一定的回旋余地，所以能够比较稳定地发展。在观察中国文明起源的全面情况时，这一点应该特别关注。

下面打算就各个主要地区文明起源的情况或模式作一简单的介绍和讨论。我们首先注意到在新石器时代晚期，黄河流域和长江流域已经形成了五个或六个比较稳定的文化区。那就是黄河中游的中原文化区，黄河下游的海岱文化区，长江中游的湘鄂文化区，长江下游的江浙文化区和燕北辽西的燕辽文化区。历史上黄河是从天津入海的，所以燕辽文化区也是靠近黄河下游的。稍晚一些，在长江上游还形成了一个巴蜀文化区。

1. 中原文化区

在新石器时代晚期主要是仰韶文化。在它的早期即半坡期，曾经发现有几个比较完整的聚落和墓地，无论从聚落内部还是聚落之间，都表现出一种基本平等的状态，看不出明显的社会分化。但是到公元前 4000～前 3500 年的仰韶文化中期即庙底沟期，就发生了很大的变化。有些聚落变得很大，例如河南灵宝北阳平有 90 万平方米，陕西华阴西关堡有 100 多万平方米。灵宝西坡虽然只有 40 万平方米，但发现有多座大型房屋，其中最大的 F105 有 372 平方米，室内地面有 204 平方米。如果加上四周回廊和门棚的面积，总共达 516 平方米。F106 室内面积更大，有 240 平方米，只是没有发现回廊。这些房屋都略呈方形或五边形，没有隔间，地面和四周墙壁构筑都很讲究，有的还隐约有彩绘，显然不可能是居室，也不像是一般村寨的公共用房。倒有些像是一个中心聚落的原始殿堂或庙堂。作为居室的房屋则小得多。西坡还有一个专门的墓地，可分南北两区。北区墓葬虽有大小，但多有二层台，死者应该有较高的身份。其中较大的墓坑上盖木板，木板上再铺麻布，显得规格更高一些。特别是有些墓随葬玉钺，而钺是首次出现的专门性武器。一般战士使用石钺，只有贵族才有资格使用玉钺。南区的墓葬很小，几乎没有随葬品，身份明显较低。说明这时的社会已经有所分化，为着贵族的利益而出现了真正意义上的战争。正是在这个时候，仰韶文化的势力大为扩张，并且对周围的文化产生了明显的影响。不过就在同一时期，像西坡那样的大房子还见于陕西白水和华县泉护村，后者也有像西坡那样的大墓。可见这时的社会只是初步的分化，出现了几个规格较高的聚落，还没有形成整个文化的主要中心。

仰韶文化晚期应该有进一步的发展，但因考古工作做得不够，具体情况还不大明朗。郑州大河村有一座四间套的房子，有两间居室和一间储藏室，只可能住一个家庭。中间的大房间好像是客厅，那里出土了许多陶器，单是陶鼎就有 12 件。鼎既可以做炊器又可以做食器，一个家庭用不了这么多，可能是宴饮宾客之用，那这个家庭就是比较富有，并且有一定人望和社会地位的。该处的另一座套间房 F19—F20 也有同样的情况，当是社会复杂化的一种表现。陕西临潼杨官寨在聚落南边的坡地上一字排开有十几座窑洞式房屋，几乎每座房屋旁边都有陶窑，旁边有一个集中放置陶器和工具的库房，其中完整的两套尖底瓶就有 18 个，还有制造陶器的圆盘等。说明这是一处颇具规模的陶器作坊。这种专业化生产的出现也是社会复杂化的表现。这时在西部有更多重要的发现，甘肃秦安大地湾和庆阳南佐疙瘩的聚落遗址中，都有规模很大、规格很高的房屋建筑。总起来说，仰韶文化的中晚期农业有较大的发展，社会出现了初步的分化。为了拓殖耕地而向周围扩张，因而比较看重军权，这从河南汝州阎村一座首领瓮棺上画的鹳鱼石斧图或鹳鱼玉钺图上也可以看出端倪。而军权乃是走向最初王权的阶梯。

2. 海岱文化区

在新石器时代晚期主要是大汶口文化，一般可分为早、中、晚三期，或者称为刘林期、花厅期和景芝期，分别与仰韶文化的庙底沟期、秦王寨期和庙底沟二期对应。两者东西并列，互有消长。在仰韶文化大发展的庙底沟期对大汶口文化有明显的影响，到大汶口文化晚期则对仰韶文化有较大的影响。这个文化的聚落在早期就有所分化，到晚期更加明显。从早到晚，其中心聚落都在山东泰安大汶口。中期出现地方中心，最著名的是江苏新沂花厅村。晚期各地出现多个次中心聚落，特别在鲁东南比较发达。大汶口文化聚落的房屋建筑至今发现甚少，墓地资料则十分丰富。早期墓葬已经出现分化，大墓中出土器物多，也比较精致，还有少量石钺，这跟仰韶文化的发展基本是同步的。而晚期的发展势头明显强于仰韶文化。特别是手工业也比较发达，一些大墓中往往随葬玉器、象牙雕刻器等高档物品和大量陶器，后者的品种和形态都呈现多样化的倾向，一些黑陶和白陶也做得比较精致，这跟仰韶文化是明显不同的。显贵人物不但掌握军权，更注意聚敛和夸耀财富。例如曲阜西夏侯的 M1 随葬器物 124 件，其中陶鼎和陶豆分别有32 和 42 件之多。莒县大朱村一座大墓随葬的黑陶高柄酒杯竟达 103 件之多，这说明死者在生前就很富有，死后在阴间还要大摆排场，那些物品是为了举行盛大宴会之需。在鲁南和皖北的一些墓地随葬的大陶尊上往往有刻划的象形符号，可能是一种图画文字，已经离创造真正的文字不远了。

3. 燕辽文化区

位于中国的西北干旱区和东部季风区的交接地带，经济上长期属于半农半牧状态。这个地区的新石器文化有自身的发展序列，到仰韶文化时期出现了红山文化，其中心在辽宁凌源牛河梁，那里以"女神庙"为中心，集聚了数十座积石冢和若干祭坛。"女神庙"有主室和几个侧室，出土有多尊大小不一的泥塑神人。如果复原起来，小的和真实人体相近，大的可能比真人大两三倍，好像有意表现出等级差别。积石冢一般有一座石砌的主墓，用石头砌成边长约 20 米上下的方形冢界，还在上面筑成三级台阶，表面堆满石头，又在积石上面开凿若干小墓。冢台的外边紧贴着摆放成百个彩陶筒形器，规模巨大而壮观。主墓和小墓的差别显然也是社会等级差别的反映。红山文化的分布范围内至少还有十几处积石冢，每处有一座或数座，规模远不如牛河梁。在喀左东山嘴、巴右那斯台、敖汉草帽山和兴隆沟等地也出土神人的雕像或塑像，成为红山文化的一大特色，但个体都比牛河梁神人像小得多，可见牛河梁乃是红山文化最重要的宗教祭祀中心和贵族聚葬的坟山，是社会开始分化和初步文明化的表现。红山文化的玉器比较发达，是中国史前三大玉器系统之一。其特点是重造型而少纹饰，只有别具风格的起地阳纹。多为宗教用品和装饰品，少见工具和武器。其中最富特色的是猪龙或熊龙、勾云形器、斜口箍形器、梳篦形器和三联璧等。还有许多动物形象如鸮、龟、蝉、鱼等，也有玉人和人面。前者可能是巫师使用的法器，后者则可能是穿缀在法衣上的物品。不同身份的死者随葬玉器的品类和数量都有明显的区别，应该是社会初步复杂化的表现。红山文化的经济并不十分发达，却能够营建大规模的积石冢、祭坛和神庙等，制造许多工艺精湛而并非实用的玉器，所可能依赖的只能是强烈的宗教信仰和强大的组织力量。这是红山文化初期文明化的显著特点。

4. 江浙文化区

位于江苏南部和浙江北部，主要在环太湖的区域。这个地区有发达的新石器文化。大约从崧泽文化起就开始了文明化的进程，年代大致相当于仰韶文化中期。这时出现的个别中心聚落内部已有初步的分化，例如江苏张家港的东山村遗址，在居住区两边各有一片墓地，西边的墓葬都比较大，随葬器物多，并有数量不等的石钺。东边的墓葬都比较小，随葬器物也少。说明已出现贵族与贫民的分化，以致在埋葬时也要严格分开。但多数遗址的分化则并不明显。紧接崧泽文化之后的良渚文化出现了几乎是飞跃式的发展。最显著的表现是出现了整个文化的最高统治中心——良渚古城。该城位于杭州市西北约 20 千米，略呈长方形，面积约 300 万平方米，有巨大的城墙和城壕。中间的莫角山为一 30 万平方米的长方形土台，可能是内城，里面有大面积的夯土基址，当为宫殿或宗庙之类的遗存。城内的反山和城外的瑶山与汇观山三处都是祭坛兼贵族墓地。墓葬中随葬有大量品位极高的玉器和漆器等，仅反山 M12 一墓便有玉器 647 件之多。其中的玉琮、玉钺、玉权杖头等刻划的神人兽面纹，当为良渚文化的族徽。此墓死者生前很可能是一位掌握军权、财权、神权和行政权的国王。而良渚古城则可能是中国最早的都城。我们注意到在环太湖地区还有一些良渚文化的次中心聚落，其中在江苏有常州寺墩、江阴高城墩、无锡邱城墩、苏州草鞋山等，在上海有福泉山等。这些地方都有人工筑造的高土墩作为贵族专用的坟山。墓中出土的玉器在造型和纹饰上都跟良渚古城的玉器十分相似，只是规格稍低一点。这说明良渚文化的都城对这些地方有相当的影响力和控制力。说明良渚文化确实已进入初级文明社会的阶段。

这里要补充说明的是，良渚文化玉器工艺那么发达，不像是从崧泽文化继承过来的，很可能是受到安徽含山凌家滩文化的赐予。凌家滩文化与崧泽文化大致同时，分布区紧邻崧泽文化的西北。那里有一个大型聚落，北边有一片墓地。墓葬排列密集，并有比较明确的分区。从早到晚，最大的墓葬都在南区的中央。最大的一墓出土器物达330件，仅玉器就有200件。墓上还放置一头重88千克的玉猪，这在新石器时代的墓葬中是极为罕见的。玉器中有一件玉龟和两件斜口玉筒，中间盛放着玉签，显然是占卜用具。死者胸部佩挂一连串玉璜，两臂各套10件玉镯，身上还佩挂有许多玉饰。墓中还随葬许多玉钺和石钺，墓底更平铺26件大型石锛。说明此墓主人应该是一位集军权、神权、财权于一身的显贵和领袖人物。同区几座大墓死者的身份大致相同，可能是该聚落世袭的首领。墓地西北各墓的死者多为玉石工匠，东部各墓随葬较多陶器，墓主人也许与制造陶器有关。而中部和北部的墓葬最小，死者应该是下层的穷人。由于整个墓地基本营建在一个祭坛上，死者很可能属于同一血缘团体，也许就是一个氏族。其中各家族不但有明确的分工，社会地位和贫富的差别也已十分明显。只是凌家滩的后续文化至今还不清楚，而它对良渚文化的影响则是不可忽视的。

5. 湘鄂文化区

主要分布在湖北的江汉平原和湖南的洞庭湖平原，古代是云梦泽的所在地。这里在大溪文化时期就出现了中国最早的城址——湖南澧县城头山和湖北江陵阴湘城。两者都呈圆形，有土筑城垣和护城壕，只是规模不大。年代大致与仰韶文化相当。接着到屈家岭—石家河文化时期便出现了大量城址，除少量圆形外，大多数为方形或长方形，年代大致与良渚文化相当。其中以湖北天门石家河古城为最大，面积达120万平方米，周围有宽阔的护城壕。城的中心在谭家岭，那里发现有许多房屋遗迹，个别房屋的夯土墙壁厚达1米，可能是高等级的礼制性建筑。城内西北的邓家湾是宗教活动区，在那里发现有祭坛，象征陶祖的柱形器，树立起来有一人多高。有数百件象征丰收的陶臼，数百件象征祭司的陶偶，数千件各种各样的陶塑动物。陶臼上还有多种刻划的图形文字。所有这一切都应与宗教活动相关，其规模在屈家岭—石家河文化中独一无二。说明石家河古城的统治者掌握举行大型宗教仪式和祭典的能力和权力。在古城东南的肖家屋脊出土的一件陶罐上，刻划着一位头戴花翎帽、身着短裙和长筒靴、手举大钺的军事统帅的形象，生动地说明石家河古城的统治者不但掌握神权，同时还掌握军权和调集大量人力物力以建造巨大城防设施的权力，说明湘鄂地区在这时也已步入文明化的轨道。

五个主要文化区的情况大致如此，它们是各有特色的，也就是具有不同的发展模式，以致影响到其后续演变的历史。这五个地区全部集中在黄河流域中下游和长江流域中下游，是中国文明起源的主体地区。受这些地区的影响，周围有些地区也发生了明显的变化。例如广东北部的曲江石峡遗址就有很大的分间式房屋，中间的墓地中大小墓分化也比较显著。陕西北部出现了石砌的城址，还出土不少具有鲜明特色的玉器，都已出现文明化的迹象。

以上是公元前3500～前2500年的情况，此后进入龙山时代，整个局面发生了很大变化，长江流域和燕辽地区的文化迅速衰落而走向低谷。原因比较复杂，有自然因素也有人为因素。与此同时黄河流域的文化则继续发展，进入了初级文明社会的阶段。

在中原地区发现了一系列城址，说明这时战争频仍，各地都注意自我防卫。各城的情况不同，其中以山西南部的陶寺古城为最大，大约有 300 万平方米。城中发现有宫殿区、手工业作坊区和墓葬区等，宫殿基址的残迹中发现有白灰墙皮和壁画，还有中国最早的瓦。墓葬的分化十分显著，90% 的墓没有任何随葬品，约 10% 的墓才有少量随葬品，不到 1% 的大墓则有木棺，随葬鼍鼓、特磬、龙纹陶盘以及玉钺、漆木器和彩绘陶器等，说明当时的社会已经形成金字塔式的等级结构。论者多认为陶寺应该是某个古国的都城。陶寺以及河南的不少遗址都发现有少量铜器，包括铜环、铜铃和某些容器的残片，其中有些是青铜，预示行将进入青铜时代。有些遗址发现有用人牲为房屋奠基的情况，有些墓地有少量人殉，河北涧沟更发现有用人头盖做碗和剥头皮的风俗，说明这时的社会正在发生剧烈的变化。

在黄河下游的山东地区，继大汶口文化之后的龙山文化也出现了城子崖、桐林、丁公等一系列城址，墓葬也有更显著的分化。在临朐西朱封和泗水尹家城发现的大墓有一棺二椁多重葬具，还有一棺一椁或仅有一棺者，说明贵族阶层本身也已出现了不同的等级，而一般平民则没有任何葬具。在寿光边线王还有用人和狗为城墙奠基的情况，说明社会的分化明显加剧了。这是在经济进一步发展的基础上实现的。龙山文化的手工业明显高于中原地区，玉器制作技术有了新的提高，不少地方发现了小件铜器。在陶器制作技术上更有惊人的表现，出现了一种极为精致的蛋壳黑陶，全器多仅厚 1 毫米，造型优美，漆黑发亮，是专为贵族享用的酒器。在邹平丁公古城发现了一块陶片，上面刻写了 12 个文字。这是迄今在中国发现最早的文字和文书，尽管至今还难以释读。

龙山时代之后便进入了中国历史上的第一个王朝夏代。夏朝的统治区在中原，而山东地区则是夷人的天下，从此发生了有名的夷夏斗争。夷人首领后羿还一度夺取了夏的政权，历史上称为"后羿代夏"。直到夏王的第五代少康才在别人帮助下恢复了夏朝的统治，史称"少康中兴"。考古发现河南新密新寨古城除有中原文化的成分外，还有一些山东文化的某些因素，论者推测可能是后羿代夏时期的都城。而河南偃师二里头遗址则是少康中兴以后的夏代都城。

二里头遗址有 400 万平方米，发现有宫城和多座宫庙建筑，有大型铸铜作坊。出土了青铜铸造的鼎、斝、爵、盉和铃等成套的礼乐器和戈、钺、镞等兵器，说明已经进入青铜时代。宫庙和青铜礼器等代表中国古代特有的礼制并为往后的商周王朝所继承。二里头无疑是一座颇具规模的都城遗址，它所代表的二里头文化分布在中原的广大地区，其影响更及于整个黄河流域和长江流域，北部更达燕辽地区。一个以中原为核心的华夏文化圈初步形成，到商周时代更加扩大和发展。即使在这个时候，它的周围也还有其他青铜文明，例如在山东有岳石文化和珍珠门文化，燕辽地区有夏家店下层文化和夏家店上层文化，甘肃青海地区有齐家文化和四坝文化，四川有三星堆文化，江西有吴城文化等，只是出现的时间略晚，发展水平也较低，并且或多或少都受到以中原为核心的华夏文明的影响。由此可见中国文明的起源是多元的，中国古代文明是以黄河、长江的中下游为主体、以中原地区为核心的多中心联合体，其格局有如一个重瓣花朵。这是一个具有自身活力的超稳定结构，保证了中国文明延绵不断地发展，成为世界几大文明古国中唯一没有中断的一个。

（2012 年 4 月 28 日在北京大学考古 90 周年和考古专业 60 周年
学术研讨会上的发言，10 月 19 日作了补充和修改）

中国古代文化三系统说

中国古代文化究竟是一个系统还是几个系统，是一元还是多元，长期存在着不同的看法。在考古学界，似乎一开始就是二元或多元发展论占据优势。例如中国考古学的先驱、著名后岗三叠层的发现者梁思永先生 1935 年 1 月发表的《小屯、龙山与仰韶》一文中，就明确指出仰韶文化、龙山文化和以小屯为代表的殷文化不单是先后关系，而是各有其起源和发展序列的。这大概是考古界最早提出的三系说①。最早担任中国考古机构领导者的李济先生也有同样的看法。他在 1953 年第八届太平洋学术会议上宣读的论文中指出："彩陶民族首先在西北与蒙古交界沿线地方发展其文化，这种文化可能为夏朝所继承而后再予发扬。第二个文化地区位于东部沿海一带，以黑陶民族为代表，亦即历史上的东夷。但是无论是历史方法或是考古学的方法，都不能证实商朝的祖先具有上述的两种传统。"他认为商文化的传统应该源自当时还没有发现的"原商文化"②。这种认识，是与当时历史学界江汉、河洛、海岱三民族说③，或华夏、东夷、苗蛮三集团说④和夷夏东西说⑤相呼应的。到 20 世纪 50 ~ 60 年代，以中原为中心的一元论似乎颇为流行，不过随着田野考古工作的进一步开展，中国史前文化的区域性特征越来越明显地表现出来，一元论难以做出合理的解释。夏鼐先生在其《碳十四测定年代和中国史前考古学》一文中指出，长江流域和东南沿海的史前文化与黄河流域史前文化的类型不

① 梁思永：《小屯、龙山与仰韶》，《庆祝蔡元培先生六十五岁论文集》，中央研究院历史语言研究所集刊外编第一种，1935 年。
② Li Chi, 1955, *Diverse Background of the Decorative Art of the Shang Dynasty*，第八届太平洋学术会议记录，菲律宾奎松市。
③ 蒙文通：《古史甄微》，商务印书馆，1933 年。
④ 徐旭生：《中国古史的传说时代》增订本，科学出版社，1960 年。
⑤ 傅斯年：《夷夏东西说》，《庆祝蔡元培先生六十五岁论文集》，中央研究院历史语言研究所集刊外编第一种，1935 年。

同，并且有不同的来源和发展过程①。再次确认中国史前文化是多元的。苏秉琦先生不但把中国古代文化划分为六大区域十大区，而且力图在理论上加以说明，首次提出了划分文化区系类型的理论②，此后多元论差不多已成了大家的共识。不过在主张多元论的学者中，实际上存在着两种不同的认识。一种是区块式或散点式的，各文化系统相互并列与相对独立，彼此虽有各种各样的联系，但在整个中国古代文化中的地位和作用上不分伯仲。另一种是有机结构式的，各文化系统既是相对独立的，又是有机地结合在一起的。在这个有机整体中，各文化系统的地位和作用是不尽相同的，好像一个重瓣花朵，有的文化系统处在花心的位置，有的好像是里圈的花瓣，有的则好像外圈的花瓣。是一个有核心、有主体、有不同层次、不同文化结合成的整体。这就是我过去曾经提出来的重瓣花理论或多元一体说③。此后不久，费孝通先生从中国民族发展史的角度也提出了多元一体格局的学说④，得到学术界普遍的响应。不过中国古代文化究竟应该划分为几大系统，各人的看法并不一致，而且同一作者从不同的角度也可以有不同的划分方法。我个人认为，从考古学文化的主要成分来进行分析，似乎划分为三元或三个大的文化系统更能反映历史的实际。这就是（1）以中原为核心的华北系统。这里最早产生陶鬲，在龙山时代和夏商周三代，鬲都是最具有代表性的一种器物，所以也可以称为鬲文化系统；（2）以长江中下游为主体，包括淮河流域、山东及东南沿海地区的东南系统。这里最早发明陶釜，而后又最早发明陶鼎并长期广泛使用这种器物，所以可称为鼎文化系统；（3）以辽河流域为中心，包括整个东北、内蒙古东部和河北东北部的东北系统。这里在史前时代一直以直筒形平底罐作为炊器和主要的盛储器，所以也可以称为直筒罐文化系统，或简称为罐文化系统。除了这三个文化系统之外，自然也还有别的文化系统，例如位于西北、华南和西南地区的一些文化系统，但它们在中国历史上的作用和影响都远不如上述三个系统。从这个意义上来说，三个文化系统的成立及其相互关系的演变，构成了中国古代历史的主要内容。

一　华北的鬲文化系统

这个文化系统所分布的地区，大体上位于长城以南，黄河和渭河以北，大运河以西和甘青边境以东的广大区域，与著名的黄土高原和华北平原的分布范围大致相当。这个地区曾经有过非常发达的旧石器文化，从旧石器时代向新石器时代过渡时期，近年来已

---

① 夏鼐：《碳十四测定年代和中国史前考古学》，《考古》1977 年 4 期。
② 苏秉琦：《关于考古学文化的区系类型问题》，《文物》1981 年 5 期；又载《苏秉琦考古学论述选集》，文物出版社，1984 年。
③ 严文明：《中国史前文化的统一性与多样性》，《文物》1987 年 3 期。
④ 费孝通：《中华民族的多元一体格局》，《北京大学学报》（哲学社会科学版）1989 年 4 期。

有一系列的发现，包括山西吉县柿子滩、陕西宜川龙王辿、河北徐水南庄头、北京门头沟东胡林和怀柔转年、山东沂源扁扁洞以及河南新密李家沟等，其中尤以李家沟最为重要。前两处和李家沟南区第 4 层[①]也许可以划归中石器时代；后四处和李家沟北区上文化层（4～6 层）[②] 则应属新石器时代早期。在此之后，华北地区进入新石器时代中期，其代表性文化是白家文化和裴李岗文化。白家文化主要分布于陕西省和甘肃省东部的渭河流域，裴李岗文化分布于河南省的大部分地区。大约在公元前 5000 年开始进入新石器时代晚期，此时文化的统一性明显加强，出现了几乎涵盖华北全区的考古学文化即仰韶文化，而其最具有代表性的陶器则是小口尖底瓶。仰韶文化很明显是继承白家文化而发展起来的，也有一部分继承了裴李岗文化[③]。大约在公元前 3000 年进入铜石并用时代，其代表性文化即中原龙山文化。这个文化是直接继承仰韶文化而发展起来的。由于这个文化内部有所分化，故又被划分为庙底沟二期、后岗二期、王湾三期、陶寺文化、客省庄文化和老虎山文化等。称谓虽然颇不一致，其地位大致都相当于亚文化。它们之间有很多相同或相似的文化特征，其中最突出的一种就是陶鬲。

1. 鬲的起源

鬲之为物，曾经引起许多学者的注意。中国近代考古学的先驱安特生（J. G. Andersson）最早提出"鬲为中国文化上之一种表征"，并且认为"对于早期鬲族之考求，实可以阐明华北文化起源之疑问"[④]。最早对陶鬲进行过专门研究的苏秉琦先生也曾指出："瓦鬲不但可以目为中华古文化的代表化石，对于追溯中华古文化的始原与流变问题更具有特别的意义。"[⑤] 为什么把鬲看得如此重要，而鬲又是怎样起源的呢？

如前所述，在华北地区进入铜石并用时代之时，也就是中国文明起源之时，鬲就成为普遍使用的炊器。以后历经夏、商、周三代，鬲的地位更为突出，其形制变化的轨迹在很大程度上反映了它所流行的地区的文化发展变化进程。所以考古学家往往从研究鬲的谱系出发，进而探讨文化的谱系与文化关系。这就是为什么许多研究中国文明起源和夏商周考古的著作，都把鬲的研究放在重要位置的原因。

关于鬲的起源，曾经有几种说法。安特生认为鬲是专门为安插尖底器而作，因为有

① 北京大学考古学研究中心等：《河南新密李家沟遗址南区 2009 年发掘报告》，《古代文明》（第 9 卷），文物出版社，2013 年。
② 郑州市文物考古研究院等：《河南新密李家沟遗址北区 2009 年发掘报告》，《古代文明》（第 9 卷），文物出版社，2013 年。
③ 严文明：《略论仰韶文化的起源和发展阶段》，《仰韶文化研究》，文物出版社，1989 年。
④ 安特生：《甘肃考古记》，《地质专报》甲种第 5 号，1925 年，41 页。
⑤ 苏秉琦：《陕西省宝鸡县斗鸡台发掘所得瓦鬲的研究》，《苏秉琦考古学论述选集》，文物出版社，1984 年，105 页。

三足，可以解决放置平稳的问题；如用作炊器，又加大了受热面积，使其易于烹煮①。裴文中对此表示怀疑，认为可能由鼎演化而来，由实足改为空足也是为了加大受热面积②。苏秉琦认为鬲是起源于斝形袋足器的③。柯昊认为鬲起于斝，同时吸收了釜灶的某些特点；斝起于鼎，同时吸收了釜和尖底瓶的某些特征④。以上诸说，代表了研究的不断深化。但对作为鬲前身的"斝"的命名，则容有重新考虑之必要。

按斝原是与爵同类的一种酒器。《说文解字》谓："斝，玉爵也。夏曰琖，殷曰斝，周曰爵。"《韩诗外传》更谓"爵、觚、觯、角、斝，总名曰爵"。这是说斝的功用同爵一样，都是酒器。至于器形，经过罗振玉、李济等考证，认为斝与爵都是有两柱一把和三足的，区别只在于爵有流或更有尾而斝无流无尾，爵把在倾倒方向（即流的方向）的右侧，两者的延长线相交呈直角，而斝把在倾倒方向的正后方，两者的延长线重合为一条等分器物的直线。

鬲的情况则颇为不同。《尔雅·释器》说："鼎款足者谓之鬲"，索引曰："款者空也，言其足中空也。"《汉书·郊祀志》更明白地说"鼎空足曰鬲"，是知鼎、鬲有密切关系，差别仅在于实足与空足。鼎、鬲的用途也很相近，都是炊器，只是到商周铜鼎出现后才有所分化。《仪礼·士丧礼》云："夏祝鬻余饭，用二鬲于西墙下"，《说苑·反质篇》云："鲁有俭者，瓦鬲煮食"，都说明鬲是煮饭食的。陕西省周原庄白一号窖藏中出土的伯先父鬲和微伯鬲等，都是自铭为鬲的，它们的形态正与通常所称的陶鬲相近而与铜斝相去甚远。

现在考古中所出土最早的"陶斝"，不论是见于庙底沟二期、陶寺早期还是老虎山文化者，形态大多似鼎下加三空足，其功能无疑是炊器而非酒器。如按《汉书·郊祀志》的说法就应该称为鬲。从类型学的角度来说，之所以称之为斝，无非是因为有一个平底，空足相对较小。其实并不恰当。从小空足演变为大空足，主要是为了加大受热面积，平底自然就会不断缩小而变为裆。再说它们又都是大家所公认的鬲的前身，那么把它称为鬲而不称为斝不是更符合历史的实际吗？如果一定要同以后出现的鬲相区别，尽可以称之为原始鬲，而不宜称之为斝。如果这一看法不至于大错，则鬲的起源可一直追溯到公元前3000年左右。

现知原始鬲的分布地区主要有以下几处：

① 安特生：《甘肃考古记》，《地质专报》甲种第5号，1925年，41页。
② 裴文中：《中国古代陶鬲及陶鼎之研究》，《裴文中史前考古学论文集》，文物出版社，1987年，118页注①。
③ 苏秉琦：《陕西省宝鸡县斗鸡台发掘所得瓦鬲的研究》补序，《苏秉琦考古学论述选集》，文物出版社，1984年，95页。
④ 柯昊：《斝、鬲渊源试探》，《北方文物》1990年4期。

（1）渭河流域：主要见于陕西省华县泉护村①、武功浒西庄②和扶风案板等地③，它如华阴、临潼、洛南等地也有发现。

（2）汾河与河曲地区：主要见于河南省陕县庙底沟④、山西省襄汾陶寺等地⑤，它如垣曲古城和万荣荆村等地也有发现。

（3）伊河与洛河流域：主要见于河南偃师二里头⑥和宜阳水沟庙等处。

（4）内蒙古中南部：主要见于凉城岱海岸边的老虎山、西白玉、园子沟等处⑦。此外在湖北省西北部的郧县青龙泉遗址也出过原始鬲，当是受上述地区文化影响的结果。

上述几个地区基本上是连在一起的，其范围大致是东西 500 千米，南北约 700 千米，适当黄土高原的主要分布区。

这些原始鬲所属的文化遗存，在渭河流域与河曲地带为庙底沟二期文化，在汾河流域为陶寺早期，在伊洛流域为谷水河类型，在内蒙古中南部为老虎山文化。它们都属于中原龙山文化的早期，绝对年代大约相当于公元前 3000～前 2600 年。目前对于这些文化类型本身的分期还不够完善和细密，无法进行更加精确的年代对比，从而难以确定这些原始鬲究竟是首先在一个地区发生，然后在一个不很长的时期内传布到整个华北地区，还是基本上同时在整个地区发生的。

原始鬲的形态可大别为三种，一种是直腹釜下加三空足。腹壁常有一对鋬手，其上腹很像同时期的鼎，武功浒西庄的一件（H33：17）袋足做得很细，外形也很像鼎足，这是原始鬲起源于鼎的有力证据。不过这种鼎形制特别，只见于渭河流域，尤以浒西庄为多，并不是普遍流行的形式，因而仅此一例还不能证明所有原始鬲都是从鼎演变而来的。第二种是侈口高领鼓腹釜下加三空足，见于渭河流域、黄河河曲和伊洛流域，湖北郧县青龙泉的一件也属于这种类型，是当时最流行的一种形态。它在浒西庄与第一种原始鬲共存，可证是同时期的产物。第三种是侈口鼓腹釜下加三空足，其特征与第二种比较相近，只是釜身比较矮，影响全器也显得矮。其分布主要在汾河的陶寺早期和内蒙古中南部的老虎山文化，位置比较偏北。同一个地点存在着明显不同的类型，说明这种器

① 黄河水库考古队华县队：《陕西华县柳子镇考古发掘简报》，《考古》1959 年 2 期。
② 中国社会科学院考古研究所：《武功发掘报告》，文物出版社，1988 年，图版 16：1–4。
③ 西北大学历史系考古专业：《陕西扶风案板遗址第二次发掘》，《考古》1987 年 10 期。
④ 中国科学院考古研究所：《庙底沟与三里桥》，科学出版社，1959 年。
⑤ 中国社会科学院考古研究所山西队：《山西襄汾县陶寺遗址发掘简报》，《考古》1980 年 1 期。
⑥ 中国社会科学院考古研究所二里头队：《河南偃师二里头遗址发现龙山文化早期遗存》，《考古》1992 年 5 期。
⑦ 田广金：《内蒙古中南部龙山时代文化遗存研究》，《内蒙古中南部原始文化研究文集》，海洋出版社，1991 年。

物刚刚产生，还在进行各种试验；而同一种形态差不多同时出现在广大地区的许多遗址中，则说明这种器物很受欢迎，说明在中原龙山文化的范围内存在着密切的文化交流与互动效应。这是我们把华北地区划分为一个文化系统，并且以鬲为这个系统的代表性器物的一个重要原因。

2. 鬲的发展

铜石并用时代晚期，鬲在华北地区得到广泛的发展，其中尤以渭河流域、汾河流域与海河水系所在地区为最。在陕西省临潼县康家遗址 1987 年的发掘资料中，鬲片占陶片总数的 23.78%，斝（其实是另一种鬲）占 10.88%，两者合计占 34.16%[①]。可见这种器物在当时人们的日常生活中达到了何等重要的地位。从原始鬲发展为比较成熟的鬲，是沿着两个方向进行的。一个是将上腹逐渐缩小，足部逐渐增大，并使底逐渐缩小而终成为裆，从而变为通常所说的鬲。这一过程无论在内蒙古中南部、山西中南部或渭河流域都可清楚地看出来。另一个是保持上身的釜形，足部较小而互不靠近，这就是通常被称为斝的一种陶鬲。这一分化是每个地方都发生的。其所以会有这种情形，大概与功用的分化有些关系，即炊煮不同的食物，或用不同的方式行炊。例如大袋足鬲上可以置甑，而小空足鬲则不便置甑，只能自炊。在比例上大袋足鬲远多于小空足鬲。大袋足鬲又可分为两个系统。一个是单把鬲系统，主要流行于渭河流域和黄河河曲一带，例如在临潼康家发现的数十件陶鬲，几乎全都是这一类型的。稍后这种单把鬲也曾向山西和内蒙古中南部发展。另一个是双鋬鬲系统，主要分布于内蒙古中南部、海河水系和汾河流域，个别的进入黄河河曲一带，但始终未进入渭河流域。这两种鬲在功能上应无多大区别，只是一种地方性文化传统的反映。

小空足鬲形态变化较多。一般地说，渭河流域者陶质较粗，器形较大，多饰篮纹和附加堆纹，上腹有双耳；山西、河北和内蒙古中南部者多饰绳纹，上腹有双鋬；而伊洛郑州地区者则多泥质，器身磨光，足部有时饰篮纹或绳纹。这种情况同样是地区性文化传统的反映，并且与大袋足鬲有一定的对应关系。

除形制上的变化外，这一时期的陶鬲与铜石并用时代早期的相比还有几项发展。一是陶鬲的分布范围有所扩大，北到长城，南到黄河与渭河岸边，西到甘青边境，齐家文化中也出现少量陶鬲。东到大运河，个别地方已伸入到山东地区的龙山文化中去。二是鬲在炊器上的主导地位进一步确立，在前一阶段，与原始鬲共存的还有釜灶和砂罐，有的地方还有鼎；这时上述炊器大多消失，鬲的数量大增，从而担负了主要的炊事任务。三是一个以鬲为主并且与鬲有极为密切关系的新炊器群的出现，这个炊器群可称之为鬲

---

① 陕西省考古研究所康家考古队：《陕西省临潼县康家遗址 1987 年发掘简报》，《考古与文物》1992年 4 期。

族陶器，它包括甗（它是与鬲合用的配套器物）和甗（它是把鬲和甑连接起来的一种新器物）。这几种器物直到整个商周时代都是主要的炊器。至此，一个以鬲为标志的文化系统就基本上形成了。

3. 鬲文化系统的基本特征

由于鬲文化系统大体分布于黄土高原，黄土的特征加上半干旱半湿润的暖温带大陆性季风气候，因而成为我国旱地农业起源区，而且在新石器时代就已初步形成以种粟和黍为主的旱地农业体系[1]，流行石铲（耜）和爪镰（包括石刀、陶刀和蚌刀）等农具，人们充分利用黄土较为松软和具有垂直节理的特点，广泛地发展了窑洞居室。例如山西的石楼岔沟、太谷白燕、襄汾陶寺、夏县东下冯，内蒙古的凉城园子沟和老虎山，宁夏的海原菜园，甘肃的宁县阳坬，陕西的武功赵家来、宝鸡石咀头等处便都发现过若干窑洞居址，其年代从仰韶晚期到龙山时代，而且此后经夏商周直到现代，窑洞式居室连绵不断，成为黄土高原的一大特色[2]。此外这里还流行半地穴式的圆形或方形的单间房屋。也是与黄土的特性和半干旱的大陆性气候有关的。

这个系统史前居民的体质是研究得最详细的。韩康信和潘其风在一篇全面考察中国古代人种成分的文章中指出："黄河流域一些地点发现的新石器时代居民的遗骸一般地接近东亚或南亚人种。青铜时代居民接近东亚人种，与现代华北人有相当的明显的关系。"[3] 又说："大约在公元前第五—四千年，生活在黄河中游的具有中颅型，高颅，中等面宽和面高，中等偏低的眶型，较宽的鼻型，比较扁平的面和上齿槽突颌，中等身高等特征占优势的新石器时代居民可能与传说中的华夏集团有关。"[4] 这个论点是值得注意的，因为传说中华夏族的始祖黄帝出生和活动的主要领域就在华北地区。

这个系统的史前居民一般为中等偏矮的身材，据张振标的计算[5]，属于仰韶文化几处墓地的男性人骨统计是（单位：厘米），半坡组 167.78，宝鸡组（北首岭）167.69，华县组（元君庙）165.42，横阵组 167.70，以上均属半坡类型；庙底沟组（庙底沟二期）166.00，平均身高为 166.92 厘米。他（她）们一般总挽发髻，遗址中发现许多骨笄即是证明。身上很少佩玉，在三大文化系统中华北的鬲文化系统是用玉最少也最晚的，直到商周时代才有了根本的变化。而铜器的发明则较其他系统为早。

---

① 严文明：《中国农业和养畜业的起源》，《史前考古论集》，科学出版社，1998 年。

② 埃韦丽娜：《中国新石器时代至早期青铜时代黄土地区的民居建筑》，北京大学博士论文，1992 年。

③ 韩康信、潘其风：《古代中国人种成分研究》，《考古学报》1984 年 2 期，257 页。

④ 韩康信、潘其风：《古代中国人种成分研究》，《考古学报》1984 年 2 期，258～259 页。

⑤ 张振标：《中国新石器时代人类遗骸》，《中国远古人类》，科学出版社，1989 年，第五章 70 页表 5－5。

这个系统的陶器始终以平底器为多。同时有少量尖底、圜底、三足、圈足等类器物，而尖底器乃是这一系统的仰韶文化时期所特有的。鬲之所以在这个文化系统中发生，可能是与从白家文化到仰韶文化的三足器与尖底器的工艺传统有关，而东南文化系统的鼎和鬶的影响则可能是一种催化剂。陶器的种类在各时期有较大变化，在白家文化和磁山·裴李岗文化时期，主要是碗（平底或圈足）、钵（圜底或三足）、罐（平底或三足）三种；仰韶文化时期则主要是钵（碗）、盆、瓶（尖底或平底）、罐（平底夹砂罐多为炊器，泥质罐多为盛器）、瓮五种，兼有少量釜、灶、甑、壶、盂等器；中原龙山文化时期除鬲族器物外，还有罐、碗、盆、双腹盆、瓮等器物。先后流行绳纹、篮纹和方格纹等拍印纹饰。在仰韶文化时期，这里是彩陶最发达的地区，其西部的甘肃、青海地区，彩陶持续到整个青铜时代，论者多以黄土地带宜于发展彩陶为说。

二　东南地区的鼎文化系统

鼎文化系统大致分布于长江中下游、淮河流域和山东半岛，其外围可达东南沿海。这个地区的旧石器时代文化近年已有较多的发现，其特点是大型石器较多，同华北旧石器有所不同。新石器时代早期文化在广东、广西较为发达，在江西、湖南也曾发现过一些洞穴遗址，浙江有上山文化和跨湖桥文化。属于新石器时代中期的主要有湖南的彭头山文化和湖北的城背溪文化。其后的大溪文化大概是在这两个文化的基础上发展起来的。长江下游的序列则是河姆渡文化、马家浜文化和崧泽文化，江西有樊城堆文化，安徽有侯家寨文化和薛家岗文化，而山东则为后李文化、北辛文化和大汶口文化。大约到公元前 3000 年进入龙山时代，在长江中游有屈家岭文化和石家河文化，在长江下游有良渚文化、钱山漾文化和广富林文化，在山东、苏北则为龙山文化。不难看出，这个地区的考古学文化比华北地区复杂得多，但同时也有不少共同的文化特征。就陶器方面而言，最有代表性的就是鼎。

1. 鼎的起源

《玉篇》：“鼎，所以熟食器也”，说明鼎是炊器。《说文》：“鼎，三足两耳，和五味之宝器也”。说明其形态是三足两耳，没有说明是什么样的足。至于其功用也没有说得十分明确，从文意似可理解为可供炊煮，又可做上等食具的宝器。这大概是单指商周以来的铜鼎而言。不少有铭文的周代铜鼎上，往往铸有某某作宝鼎的字样，无例外是三实足，口沿上有对称的两耳。而陶鼎因其质地远没有铜鼎那么坚固，无法安环形耳（仿铜陶鼎例外），只有极少数腹部有一对鋬手。

现知最早的陶鼎出自山东的北辛文化和河南的裴李岗文化晚期，湖北的城背溪文化晚期也曾见个别陶鼎。到新石器时代晚期和铜石并用时代，鼎便成为整个东南地区最主要的炊器。在此以前的新石器时代早期和中期，这个地区的炊器是圜底陶釜，或者是陶釜加陶支脚。最早的陶釜见于湖南道县玉蟾岩和江西万年仙人洞①，那时还没有出现陶支脚。到新石器时代中期，山东的后李文化有圜底陶釜，并多用自然石头作为支脚，偶尔也见陶支脚②，这是用陶支脚的开始。稍后的北辛文化以及湖北的城背溪文化和湖南的彭头山文化，还有新石器时代中晚期之交的河姆渡文化等也已广泛地使用圜底陶釜和陶支脚，到新石器时代晚期的大汶口文化早期、后岗一期文化、马家浜文化和大溪文化仍然大量地使用陶釜和陶支脚③。

最早用鼎的当数裴李岗文化，但数量很少。最早大量用鼎的是山东境内的北辛文化，此后的大汶口文化、后岗一期文化、马家浜文化和大溪文化等都有一个同时用釜、支脚和用鼎的交替过程，就是釜和支脚逐渐减少而鼎逐渐加多，最后则几乎都为鼎所代替了。

在陶釜、支脚和陶鼎的关系上，我们注意到以下几点基本的事实：

第一，史前陶鼎和陶釜、陶支脚的分布地区基本相同。

第二，在所有同出陶鼎和陶釜、陶支脚的地区，陶鼎出现的时间都比后两者出现的时间为晚。

第三，在原先使用陶釜和支脚的地方，只要出现了陶鼎，前者总是逐渐减少而后者相应地逐渐增加，终至完全取代前者。

由此可以得出结论，陶鼎最初就是起源于陶釜和支脚。只要将支脚形状适当改变并且大大减轻重量，三个一组地连接在釜的底部，陶鼎就出现了。不过在陶鼎产生之初，渭河流域的白家文化和河南的裴李岗文化已有不少三足罐和三足钵，因足部甚矮，还不能说是鼎。裴李岗文化中的个别陶器则可以认为是鼎了。在这种复杂的情况之下，是否可以设想大批陶鼎的产生，是原先用釜和支脚的人们在西部三足器的启发下把两者结合起来才得以实现的。有趣的是，原先用三足器的人们后来抛弃了三足而热衷于平底器，过了很长时间才造出三空足的陶鬲，形成鬲文化系统，而东南部则走上了以陶鼎为主要炊器的道路，逐步形成为鼎文化系统。

2. 鼎的谱系

鼎文化系统是非常复杂的。在史前时期，至少有（1）北辛文化—大汶口文化—龙山文化，（2）马家浜文化—崧泽文化—良渚文化，（3）大溪文化—屈家岭文化—石家河文化这样三个亚系统，此外还有再次一级的系统。而每一亚系统中的鼎也并非单纯一系，有时还可分出若干支系或局部性变异，以至要做出一个比较完整的陶鼎谱系图显得

---

① 江西省文物管理委员会：《江西万年大源仙人洞洞穴遗址试掘》，《考古学报》1963 年 1 期。

② 栾丰实：《试论后李文化》，《海岱地区考古研究》，山东大学出版社，1997 年。

③ 严文明：《中国古代的陶支脚》，《考古》1982 年 6 期。

十分困难。在此就只能勾画出一个大致的轮廓了。

在北辛文化的系统中，早期鼎多为圜底釜形，由于安装三足使器身抬高，故釜身相应地稍稍变矮，有的已接近圜底盆了。足多为圆锥形，个别为侧扁形。受北辛文化影响的后岗一期文化（仰韶文化的后岗类型）的鼎则多圆柱形。到大汶口文化时期明显地出现两类鼎，一种是继承北辛文化而发展起来的釜形鼎。其釜身有诸多变化，并由圜底演变为平底，足部则变为凿形。另一种则是继承磁山·裴李岗文化而发展起来的钵形鼎，钵身多为泥质陶，足部亦为凿形或鸭嘴形。这明显是一种食器，故有的著作中称之为三足钵。到龙山文化时期，鼎的形制变化更为复杂，但大致仍可分为两大类，一种是平底釜形，其中又有深浅之别。深者可称罐形鼎，浅者或可称盆形鼎，均系夹砂陶制，是专门的炊器。另一种是泥质陶质，器身呈盆形或盒形，当是食器。鼎足则从窄铲形演变为鸟头形（鬼脸式）和侧扁三角形。

马家浜文化系统中，马家浜文化时期才出现鼎，较北辛文化略晚。这时的鼎为釜形，足多为扁方柱形。崧泽文化时期鼎已成为主要炊器，但仍有釜和支脚，这时的鼎身仍为圜底釜形，有较深和较浅两种，同时也有少量钵形鼎。足则多为窄铲形，也有个别凿形或侧扁形者。到良渚文化时期鼎身仍多为圜底釜形，仅个别为平底者。足多为横剖面呈"T"字形，少数为鱼鳍形。有些大墓中随葬的陶鼎上有非常复杂而美丽的针刻花纹，则很可能是一种祭器或礼器。

在大溪文化系统中，大体也是在大溪文化时期才出现鼎的。这时鼎身多呈圜底釜形，足以扁方柱形和扁方锥形者为多。屈家岭文化的鼎也分两类，一种器身呈釜形或罐形，另一种呈盘形或钵形，足多为窄铲形。石家河文化的陶鼎器身仍为圜底釜形，有深腹与浅腹两种。足多为铲形，少数为侧扁三角形。

在安徽，大约相当于大汶口文化时期的侯家寨二期即已有许多陶鼎，其造型也和大汶口文化的陶鼎相近，而侯家寨一期仅有陶釜和陶支脚。长江沿岸的薛家岗文化则以刻划铲形足鼎为其特征。江西的樊城堆文化和广东的石峡文化鼎身可分釜形和盒形两种，鼎足变化甚多，以窄铲形和三棱形者较为普遍。福建的昙石山文化也有少量陶鼎。

上述情况表明，我国史前陶鼎尽管谱系复杂，但仍存在着相似的发展规律。一般器身以釜形为主，钵形较少，早期形制比较简单，晚期则变得复杂多样，早期足部多柱形或锥形，稍晚多凿形，最后多铲形、侧扁三角形或三棱形等。其分布面则从北往南逐渐扩大，相互连接为一个椭圆形区域，同鬲文化系统的分布区明显不同，仅在河南等地有某些交错的情况。

在陶鼎发展的同时，还出现了一些与鼎有密切关系的器物，如在大汶口文化和良渚文化中都有少量的鼎形甗，其外形像鼎而腹内中段有隔，可以放箅子蒸饭。与鼎配套的器物有甑，它是放在鼎上用来蒸饭的。有的则把鼎和甑连接起来成为鼎式甗，这种器物不大普遍，在龙山文化中有一些；而更多的是袋足鬲，那是受了中原龙山文化影响的结果。

3. 鼎文化系统的基本特征

鼎文化系统的居民在历史上曾被分别称为夷、越和苗，他们同华夏族发生过非常密切或比较密切的关系，而他们自身之间的关系及文化上的共同性则一直没有得到充分的注意。据近年来的考古学和古人类学研究，这里的居民比较接近于远东蒙古人种的南亚类型。他们普遍流行拔牙的风俗[①]，据不完全统计，在山东发现拔牙标本的地点有泰安大汶口、兖州王因、曲阜西夏侯、邹县野店、泗水尹家城、茌平尚庄、莱阳于家店、诸城呈子、长岛北庄（以上属大汶口文化）、章丘城子崖（龙山文化）和胶县三里河（大汶口文化和龙山文化均有）等处，在江苏有邳县大墩子（大汶口文化）、常州圩墩（马家浜文化），安徽有亳县富庄，上海有青浦崧泽，湖北有房县七里河，河南有淅川下王岗（屈家岭文化），广东有增城金兰寺、南海鱿鱼岗和佛山河宕，福建有闽侯县石山，台湾有恒春垦丁寮、鹅銮鼻，台北圆山、芝山岩，台东卑南和澎湖锁港等处[②]。不少地方有人工头骨枕部变形的风俗，如山东兖州王因、泰安大汶口、曲阜西夏侯、邹县野店、诸城呈子、胶县三里河和江苏邳县大墩子的大汶口文化遗存中，以及江苏南部的常州圩墩、河南淅川下王岗等处都有这样的标本。据文献记载，这个地区的居民还流行拔发文身的风俗。

近年来的研究证明，早在公元前 1 万年以前，长江中下游便已种植水稻，是稻作农业的起源地区。从那以后，稻作农业的工具主要有用牛等大动物肩胛骨做的骨锹，以后又发明了石犁等。基本上不见华北系统的那种收割工具陶刀，也很少见到石刀和石镰。谷物加工也不用石磨盘和石磨棒，而多用杵臼。

石器中的木工工具斧、锛、凿等比较发达，加工也比较精致，其中有段石锛和有肩石斧乃是本区所特有的石器。

这个系统的玉器特别发达，早在新石器时代晚期的大溪文化、马家浜文化和江苏北阴阳营、安徽凌家滩等地就出土许多玉器，以璜、玦、环、镯等佩饰和坠饰为多，在大汶口文化和崧泽文化中也有一些。到铜石并用时代玉器有极大的发展，最突出的是良渚文化，以琮、璧、钺及装饰品等为代表，种类繁多，雕工精细。龙山文化和石家河文化等虽没有良渚文化的那样多，但所出一些钺、锛、笄、人头像、动物形饰品和牌饰等，雕工都极精致，远远超过华北系统和东北系统者。

---

① 严文明：《大汶口文化居民的拔牙风俗和族属问题》，《大汶口文化讨论文集》，齐鲁书社，1979 年。
② 韩康信、潘其风：《我国拔牙风俗的源流及其意义》，《考古》1981 年 1 期。

这个系统的房屋也很有特色，由于气候炎热多雨而潮湿，所以房子不能像华北那样挖窑洞或做成半地穴式的，一般都由地面起建，有的更筑起高出地面的房基。有些沼泽或河湖边沿有时要先打许多木桩，在上面架空铺起地板，再在上面盖起房屋，通常称为高脚屋，也就是中国古籍上所说的干栏式建筑。这两种房屋都往往建成包含许多房间的长屋。例如浙江河姆渡文化和马家浜文化就都有干栏式长屋，大汶口文化和屈家岭文化等都有地面起建的长屋。

这个系统的陶器在新石器时代早期和中期多饰绳纹，流行圜底器，中期开始即流行圈足器。从新石器时代晚期到铜石并用时代，陶器风格为之一变，一般都是素面无纹或打磨光滑，再辅以局部性镂孔、戳印纹或刻划纹，显得素雅大方。这时器形也变得非常复杂，其中三足器以鼎为主，包括釜式、罐式、盆式、钵式和盒式，还有鬶、甗和鼎式甗等，圈足器数量更多，有豆、碗、盘、簋、罐、壶等，还有平底器和圜底器。许多器物有嘴、流、耳、把、鼻等附件，还有各式各样的盖，显得精巧别致。特别是到了铜石并用时代，绝大部分器物都用快轮制造，显得规整匀称，是我国史前时期制陶水平最高的一个地区。

三　东北地区的罐文化系统

罐的形态颇为复杂，这里主要指一种直筒形平底罐。以罐为标志的文化系统主要分布于东部地区，包括东北三省、内蒙古东部和河北省北部。这里在旧石器时代也已广泛地为人类所居住，但向新石器时代过渡的情况还不大清楚。过去曾把内蒙古的札赉诺尔和黑龙江的顾乡屯的细石器遗存列入中石器时代，但至今无法确认。

在这个区域内现知最早的新石器时代文化是北京地区的东胡林文化[①]和河北徐水南庄头遗址等，两者都属于新石器时代早期。其次是内蒙古敖汉旗一带的小河西文化，现仅发现十几处遗址，也许可划入新石器时代早期之末。继承小河西文化的是兴隆洼文化，其后是赵宝沟文化，它们都属于新石器时代中期。大体相当于这一时期的还有北京地区的上宅文化、下辽河流域的新乐文化、吉林的左家山下层文化和黑龙江的新开流文化等。继赵宝沟文化发展起来的是红山文化，大体相当于这一时期的有辽东的后洼文化、吉林的左家山中层文化、黑龙江的亚布力文化等，年代约当新石器时代晚期。相当于铜石并用时代的则有小河沿文化、偏堡子文化和昂昂溪文化等[②]。所有这些文化的共同特征就是大量地使用直筒形平底罐，所以我们把它称为罐文化系统。

---

① 赵朝洪等：《北京东胡林遗址 2005 年发掘又获重要成果》，《2005 中国重要考古发现》，文物出版社，2006 年。
② 赵宾福：《东北石器时代考古》，吉林大学出版社，2003 年。

1. 直筒形平底罐的谱系

河北徐水南庄头所出新石器时代早期陶片中，有几片带平底者，腹壁较直，素面无纹或饰浅绳纹和附加堆纹。而北京东胡林和转年都有直壁平底的盆，形制应与南庄头的陶器相近。到新石器时代中期的河北易县北福地一期文化，这种直壁平底盆成为主要的陶器，同时有个别的直筒形罐①。这种直壁盆与直筒罐的造型十分相近，应该是直筒罐的一个别支。直到目前，可确认为东北系直筒形罐中最早的标本是出自内蒙古敖汉旗小河西和榆树山等处属于小河西文化的素面筒形罐。这种罐一般为褐陶或灰褐陶，通体素面，有些则在口沿下饰戳点纹或附加小条堆纹。兴隆洼文化的筒形罐在形制上与小河西文化者基本相同，唯唇部加厚，通体有纹饰。纹饰常分三段，靠近口沿一段多弦纹，稍下有一凸起的环带，再下面才是主体纹饰。往往是用小棍之类的东西交叉压划，有的则压划成横行"之"字纹。赵宝沟文化的筒形罐在形制上变得粗矮一些，除有横行和竖行"之"字纹外，还有双线勾画的曲折纹和似菱形纹等。有的罐有两层纹饰，即以篦点"之"字纹为地纹，上面再用双线勾画曲折纹等。红山文化的筒形罐更加粗矮，口沿外有时有乳丁或一道附加堆纹，通体饰竖行或横行篦点"之"字纹、交叉篦刷纹。小河沿文化筒形罐已经逐渐衰落，数量较少，有时口沿附加一道堆纹，或于腹部安一对鸡冠耳或半环耳，有时通体饰交叉划纹，有时仅腹部中段有纹饰。以内蒙古奈曼旗福盛泉为代表的遗存显然晚于小河沿文化，其筒形罐形态与小河沿者相近，唯多素面，另出现一种平行竖线类似蛇形纹的陶罐。

以上可以看作是筒形罐的基本的或主干的谱系。在河北北部和北京市北部，是兴隆洼文化和赵宝沟文化分布的南界。这里的筒形罐也遵循前两个文化的发展规律，但进入红山文化时期，这里为南来的文化所侵占（镇江营、燕落寨及雪山一、二期等），筒形罐的发展中断了。

在辽东，较早的筒形罐出于沈阳新乐、长海小珠山下层和东沟后洼下层等处，其年代分别与兴隆洼文化和赵宝沟文化相当，形制也与两者相近。在后来的发展中，辽东半岛受到山东大汶口文化和龙山文化的强烈影响，而其他地方则仍按筒形罐文化传统继续发展。吉长地区较早阶段基本上是按左家山一至三期文化的轨迹向前发展的，这里的筒形罐一般较瘦高，底部相对较小。较早的纹饰常分为口部纹饰和主体纹饰两部分，流行"之"字纹；较晚的则有篦点纹和刻划纹等。这个系统的筒形罐在往后的发展中与朝鲜半岛的筒形罐有较密切的联系。

黑龙江东部的新开流文化也有筒形罐，但形体较粗矮，通体饰两段或三段纹饰，多为仿编织物或鱼鳞的压印纹，俄国学者常称之为黑龙江编织纹。它与俄国境内的马雷舍

① 河北省文物研究所：《北福地——易水流域史前遗址》，文物出版社，2007年。

沃文化等有较多联系。

由上可知整个东北地区的新石器时代文化都以筒形平底罐为基本器物，只是各地区各时期在具体形态和纹饰上略有不同。即使如此，它们的发展规律仍是相似的，并且影响到朝鲜半岛和俄罗斯远东地区，从而构成了一个筒形罐文化系统，简称为罐文化系统。

2. 直筒罐文化系统的基本特征

一般认为东北地区西部古代居民属东胡族系，东部则是肃慎族系。在体质特征上，据少数青铜时代人骨的研究，比较接近于远东蒙古人种的北亚类型。因为这个地区纬度较高，在一定程度上限制了原始农业的发展。与前两大系统分别为水田稻作农业和旱地粟作农业起源地不同，这里不是农业的起源地，而是华北旱作农业的传播地区。在很长时期内，以种植黍和粟为主的农业仅限于南部地区，北部地区的主要生业是采集、捕鱼和狩猎。松花江流域、嫩江流域、牡丹江流域都有比较发达的捕鱼业。兴凯湖上的新开流遗址还曾经发现 5000 年以前的大批鱼窖。古代东部地区有所谓鱼皮布，用鱼皮制作衣服，他们可能是生活在松花江和乌苏里江一带的赫哲人的祖先。生产工具南北也有比较大的差别。南部多打制石器和磨制石器，其中大多与农业生产有关；同时还有比较多的细石器，应该与狩猎经济相关。北部地区多细石器和骨器，特别是有不少细石器镶嵌骨柄的鱼叉、标枪和刀子，都是与比较发达的渔猎经济相适应的。

这个系统的玉器起源甚早，在公元前 6000 多年的兴隆洼文化就有制作精美的玉玦和匕形器等[1]。红山文化是本系统玉器最发达的时期，玉猪龙、斜口箍形器和勾云形器是其最具特色的器物。但到红山文化之后玉器就逐渐衰落了。在全国三大玉器系统中，东北玉器系统是起源最早、衰落也最早的。其中心在辽西和内蒙古东南地区，传播范围则达到整个东北乃至境外俄罗斯远东地区和朝鲜半岛的一些地方。

这个系统的房屋在新石器时代几乎全部是地窖式的，没有高出地面的墙壁。到青铜时代开始出现火墙和火炕，这与东北的冬天比较长又比较寒冷有关。南部的聚落多半是凝聚式的。居址延续的时间一般不长，搬迁的频率比较高。所以遗址的文化层不厚也不复杂。这可能与农业耕地的肥力不足、需要不时抛荒有关。北部的聚落规模较小，其分布多与食物资源富集的地区相关。

四　鼎、鬲文化系统的碰撞与合流

1. 夷夏斗争与齐鲁文化的确立

傅斯年 1935 年发表《夷夏东西说》[2]，从上古传说到夏商周，极言夷夏之别及其相

---

① 中国社会科学院考古研究所等：《玉器起源探索——兴隆洼文化玉器研究及图录》，香港中文大学中国考古艺术研究中心出版，2007 年。
② 傅斯年：《夷夏东西说》，《庆祝蔡元培先生六十五岁论文集》下册，北平中央研究院，1935 年。

互交往与斗争的史实。从考古学文化上来看，这个说法是有道理的。

夷人及其先祖活动的大本营在山东，此地从新石器时代中期的后李文化起，继而有北辛文化、大汶口文化、龙山文化、岳石文化和珍珠门文化，彼此一脉相承，自成系统。其陶器自始至终都以素面为主，颇富特色。从北辛文化到龙山文化的炊器都以鼎为主，基本上属于鼎文化系统。

夏人及其先祖活动的中心地区在山西南部和河南西部，这里在新石器时代中期有裴李岗文化，之后有仰韶文化、中原龙山文化、二里头文化、二里岗文化和殷周文化等，是中原地区的华夏文化的主流。这里的陶器大多饰以绳纹为显著特征。开初的裴李岗文化虽然有少量鼎，到仰韶文化则几乎不用鼎，而以夹砂罐和釜、灶、甑等为炊器。之后的庙底沟二期文化开始用原始鬲，到中原龙山文化及此后的二里头文化东夏冯类型、二里岗文化和殷周文化都大量使用鬲，从而形成鬲文化系统。

这两个系统一东一西，紧密相邻。大约从公元前4500年起，双方就发生了此消彼长非常密切的关系。开始是北辛文化的鼎向西传播，影响到早期仰韶文化之一的后岗一期文化。可是到公元前4000年前后的仰韶文化中期势力大盛并向周围扩张，其中以花瓣纹为主的彩陶盆钵等向东传播，影响早期的大汶口文化。这是第一次转折。时隔不久，在大汶口文化晚期和仰韶文化晚期又发生了逆转，前者发展迅速而后者明显衰退。此时的大汶口文化不但向西占据了河南东部，影响所及还几乎达到了河南全省。在郑州大河村和洛阳王湾等大型仰韶文化的遗址中出现了大量鼎、豆、壶等大汶口文化的因素。更有甚者，在大河村四期的M9随葬仅有的两件陶器竟然是大汶口文化的典型器物背水壶[①]。由此往西的偃师滑城M1随葬的全部陶器也与大汶口文化的典型器物别无二致[②]。在郸城段寨发现两座墓葬，其中M1为一拔除了侧门齿的成年女性，这种风俗是大汶口文化所流行的，仰韶文化从来未见。M2随葬鼎、豆、背水壶和黑陶杯，全部是大汶口文化的典型器物[③]。这些墓葬的死者也许就是大汶口文化的移民！

大约从公元前2500年开始进入龙山时代。此时东部是龙山文化，西部是中原龙山文化。龙山文化继承大汶口文化而又有较大的发展。陶器绝大部分为快轮制造，形制规整而不尚纹饰，显得素雅大方。炊器中仍以鼎为主，鬹为其特色器物。那种薄如蛋壳的高柄杯，技术之精湛已达于极致。中原龙山文化本身又包含若干亚文化，就中偏西北的客省庄文化、陶寺文化和老虎山文化等的炊器均以鬲为主，极少见鼎，绳纹十分发达。偏东的王湾三期文化、后岗二期文化和造律台文化等，因受龙山文化的影响，陶鬲较

①　郑州市文物考古研究所：《郑州大河村》（上），科学出版社，2001年，291页。

②　中国科学院考古研究所洛阳发掘队：《河南偃师滑城考古调查简报》，《考古》1964年1期。

③　河南省文物研究所：《河南考古四十年》，河南人民出版社，1994年，92页。

少，并有少量鼎、鬶等龙山文化的器物，部分陶器也用快轮制造。总的趋势是东方强于西方。龙山文化中即使也有极少的素面鬲，显然也都被龙山文化所改造过了。

龙山时代的晚期已经进入夏代纪年的范围。传说在夏代初年，东夷有穷国君后羿向西灭夏，因夏民以代夏政。此后后羿又被寒浞取代，夷人因内部斗争力量有所削弱。从考古学文化来看，继承龙山文化而起的岳石文化势力虽已大不如前，但对西部仍然有一定影响。例如在豫西新寨期的遗存中就有若干岳石文化的因素。等到少康中兴，夏王朝开始强大起来。一般认为分布于豫西、晋南的二里头文化就是这个时期的夏文化。此时夷夏之间虽有交往，却基本上保持平稳状态。到了商代局势发生明显变化。商人原处夷夏之间，商灭夏后势力大盛，四处用兵。古本《竹书纪年》有仲丁征蓝夷的记载。甲骨文中更有大量帝乙帝辛东征人方即夷方的记载。从考古学文化来看，大体相当于仲丁时期的二里岗文化晚期已进入山东西部，济南大辛庄便是商文化向东拓展的一个重要据点。那个遗址有 30 万平方米，大致可以分为七期，年代相当于二里岗文化晚期到殷墟的晚商文化。前期土著的夷文化还占有相当比例，往后商文化的因素越来越占主导地位。出土有大批商式青铜器，还有多达 24 字的甲骨文残片①。到商代晚期，典型的商文化已侵入东夷文化的核心地区。青州苏埠屯 1 号大墓有四条墓道和 48 个殉人，出土大批高等级的商式青铜器，其中的青铜大钺上有亚醜铭文，其规格几乎与殷墟王墓相当②。可能是商人建立的名为亚醜方国国君的墓葬，也可能是受商文化同化的东夷薄姑氏国君的墓葬。西周建立之初，东夷的力量还很强大。姜太公初封齐国时都营丘，就跟莱夷打了一仗。虽然齐国取得了胜利，但对夷人也只能"因其俗，简其礼"。

2. 鬲文化的南侵与楚文化的形成

3. 太伯奔吴的传说与吴越文化

4. 鬲文化的西传北播与异化问题

5. 商周文化再检讨

五　罐文化与鼎鬲文化的错综关系

1. 早期的接触——磁山文化与红山文化

2. 从夏家店下层文化到燕文化的形成

3. 鲜卑以来向南方的经略

---

① 山东大学历史系考古专业、山东省文物考古研究所、济南市博物馆：《1984 年秋济南大辛庄遗址试掘述要》，《文物》1995 年 6 期。

② 山东省博物馆：《山东益都苏埠屯第一号奴隶殉葬墓》，《文物》1972 年 8 期。

六　以华夏为主体的中国古代文化的形成

1. 夏商周时期的中国古代文化
2. 汉唐以来的中国古代文化
3. 从三位一体到多元一统格局的形成与演变

附记： 我在 1986 年写《中国史前文化的统一性与多样性》文章的时候，即曾考虑中国古代文化的主体是否可以概括为三大系统。1993 年 10 月在访问日本时，就写了一个初稿。10 月 10 日即在九州大学召开的日本中国考古学会第四届年会上作初步报告，摘要发表在 1994 年 4 月 15 日出版的《日本中国考古学会会报》第四号上。1998 年 8 月 12 日在内蒙古赤峰召开的红山文化研讨会上又作了《中国古代文化三系统说——兼论赤峰地区在中国古代文化发展中的地位》的报告，内容发表在《中国北方古代文化国际学术研讨会论文集》（中国文史出版社，1995 年）。2008 年开始写正式文稿的前三节，2013 年写第四节之一，2016 年续写。后面还有一大部分虽有设想，但限于精力，虽然列出了题目，却难以完成了。只好暂时作罢以待后贤。

早期中国说

一　何谓早期中国?

很多人以为中国一名是在中华民国时期才开始正式称呼起来的,在此以前只有王朝的名称,如汉朝、唐朝、宋朝、明朝之类。此话乍看起来似乎有一定道理,但并不确切。因为中国一名是早就有的,在先秦文献中已经多次出现,秦汉以后在对外交往中也每以中国自称,武汉大学的冯天瑜先生有比较详细的说明①。例如《史记·大宛列传》即以中国与西域的大宛、大夏和安息等国对称。《后汉书·西域传》则以中国与天竺(印度)对称。《唐会要·大秦寺》以中国和波斯、大秦(罗马)对称。元朝派往日本的使臣所持国书亦称自己的国家为中国。明清沿袭这种做法。清康熙与俄罗斯于1689年签订的尼布楚条约,也明确称己方为中国而不是大清。仔细研究早期中国的概念和历代传承变化的情况,就知道现代中国无非是早期中国的继续和发展。而对早期中国实际情况的认识,除了应该对有关文献进行研究外,考古学的探索更是必不可少的途径。

让我们首先看看先秦文献和相关资料是怎样讲的。

《孟子·万章》篇引孟子的话说:"尧崩,三年之丧毕,舜避尧之子于南河之南,天下诸侯朝觐者不之尧之子而之舜,讼狱者不之尧之子而之舜,讴歌者不之尧之子而之舜。夫然后之中国践天子位焉。"这段话说明早在尧舜时期就有了中国这个名称,而南河之南不在中国,所以要从那里"之中国",即到中国去。《孟子·离娄》篇写道:"孟子曰:舜生于诸冯,迁于负夏,卒于鸣条,东夷之人也。文王生于岐周,卒于毕郢,西夷之人也。地之相去也千有余里,世之相后也千有余岁,得志行乎中国,若合符节。"这里说舜和文王虽不是中国之人(文王曾自称"西土之人",见《尚书·牧誓》),志向却都在中国,要在中国实现自己的抱负。这段话再次说明从尧舜到商周之际都有一个中国的名称,指的也是同一个地区。这个地区既与东夷和西夷对举,显然是中央之

---

① 冯天瑜:《中国词义考》,载《北京日报》2013年3月11日20版《文史专论》。

国的意思。

《尚书·禹贡》有"庶土交正，底慎财富。咸则三壤，成赋中邦"的话，《史记》将"中邦"转述为"中国"。孙星衍曰："史迁邦作国者，非避讳字。后遇国字率改为邦，误矣！是《禹贡》邦字当从《史记》作国。"说明《禹贡》原文应该是"成赋中国"，这是一个总结性的语句。前面是讲大禹在九州治水的情况，治水成功后要按照土壤的等级纳赋，纳赋的范围当然是涵盖整个九州。所以孔颖达《尚书正义》解释说"九州即是中邦"，说明这里所说的中国是包括冀、兖、青、徐、扬、荆、豫、梁、雍整个九州在内的。《禹贡》写成的年代难以确指，一般认为是战国时期的作品，也有学者认为应该形成于西周初年①。总之是后人追记大禹的功绩，其事迹则在尧舜时期。此时中国的概念又与九州联系在一起了。

《尚书·梓材》篇有西周初年周公教他的弟弟康叔如何治理殷商故地的话，他说："皇天既付中国民越厥疆土于先王"。意思是说周灭殷是所谓"皇天受命"，是上天要让周人来统治殷商故地的中国民和他们的土地。这里所说的中国民应该是居住在原来殷人统治区域的民众。既然称呼他们为中国民，他们居住的土地自然就是中国。

近年来发现的青铜器何尊乃是西周早期的礼器，其铭文有"唯武王既克大邑商，则廷告于天曰：余其宅兹中国，自兹辟民"。这里关于中国一名的记述，年代上与《尚书·梓材》所述前后相继，含义应该相同。意思是说我现在既然把商朝推翻了，就应该在商朝统治的中国建都。后来因为实际建都的地方在洛邑，即今天的洛阳，有的学者就说何尊说的中国就是指洛阳地区，恐怕与本意不合。

先秦文献还有不少是把中国与四方或四夷对举的，意思是中央之国。既是方位的称呼，又是对文明化程度的表示。例如《诗·大雅·民劳》："惠此中国，以绥四方……惠此中国，以为民逑……惠此京师，以绥四国……惠此中国，俾民忧泄……惠此中国，国无有残。"这里把中国同四方对举，又把京师同四国对举，值得注意。

《礼记·王制》曰："中国戎夷五方之民皆有性也，不可推移。"又曰："中国、夷、蛮、戎、狄皆有安居、和味、宜服、利用、备器。五方之民言语不通，嗜欲不同。"这里把中国作为一方同夷、蛮、戎、狄四方之民对举，明显是中央之国的意思。

《左传·僖公二十五年》："仓葛呼曰：'德以柔中国，刑以威四夷'。"把中国同四夷对举，意思与《王制》同。

由上述文献的初步解读，可知先秦关于中国的概念实际上包括从尧舜到夏商周三代约两千年的整个时期，其地理范围就是各代王朝直接统治的区域。所以中国一名是早就有的，现代中国无非是早期中国的继续和发展。

---

① 邵望平：《〈禹贡〉"九州"的考古学研究》，《九州学刊》1987 年 2 卷 1、2 期。

二　考古学家的探索

以田野考古为基础的中国考古学肇始于 20 世纪 20 年代初，一开始就以探索中国文明的起源为主要目标。而所谓文明起源的核心就是国家起源，探索中国文明起源，实际上就是探索早期中国的历史。中国有文献记载的历史基本上是从周代才开始的，在此以前的商代晚期只有《尚书·盘庚》等少数几篇。要探索早期中国的历史，就要从商代晚期往前追溯才是。著名考古学家夏鼐先生曾经把这个探索的过程表述得非常清楚。他从 20 世纪 30 年代河南安阳殷墟的考古发现谈起，因为那里有宫殿基址，有国王的陵墓，有大量甲骨文，还有非常发达的青铜器。根据文献和出土文物，可以断定那里是商代晚期的都城，无疑已经进入文明时代。到 50 年代发现了郑州商城，规模宏大，也有发达的青铜器，应该是商代早期的都城。之后在 50 年代末发现了河南偃师二里头遗址，经过多年的发掘，发现有宫殿和青铜礼器等，其年代比郑州商城更早。有的学者认为那里即是夏代的都城遗址，夏先生根据当时发现的情况，认为暂时还没有确切的证据把它跟夏朝和夏民族联系起来。但认为"至少它的晚期是够得上称为文明，而又有中国文明的一些特征"①。夏先生的这些观点是 1983 年 3 月在日本的一次学术报告中披露的。从那以后，中国考古学又有了很大的进展。特别是在"探源工程"启动以来，对于早期中国的研究又更加深入了一层。所谓探源工程就是探索中国文明起源的一个大型项目，集中了全国许多单位的学者共同努力，以期对中国文明的起源和早期中国的实际情况有较深入的了解。其中也包括对二里头遗址和二里头文化的深入研究。多年主持二里头遗址发掘的许宏在前不久发表了《最早的中国》一书②，比较全面地介绍了二里头考古的情况及其对早期中国研究的重要意义。现在二里头遗址已经发现有包含多座宫殿和宗庙的宫城，出土了成套的青铜礼乐器和兵器以及铸造这些青铜器的作坊遗址。有规划整齐的道路系统，有的路面还留有双轮车辙的印痕。而这个遗址又正好处在号称天下之中的洛阳盆地。因此许宏认为二里头遗址应该是中国最早的王都所在，可称为"华夏第一王都"。我们注意到由二里头遗址所代表的二里头文化主要分布在河南省中西部和山西南部，也就是历史上所称中央之国的地方。不但如此，其辐射范围还远远超过这个地区。例如在内蒙古敖汉旗的大甸子墓地中，有 13 座规格较高的墓葬随葬有二里头风格的爵、鬶、盉等酒器③。长江下游的马桥文化中也发现有二里头风格的爵、鬶、瓿等酒器。长

① 夏鼐：《中国文明的起源》第三章，文物出版社，1985 年。
② 许宏：《最早的中国》，科学出版社，2009 年。
③ 中国社会科学院考古研究所：《大甸子——夏家店下层文化遗址与墓地发掘报告》，科学出版社，1996 年。

江中游的湖北和长江上游的四川也常见有二里头风格的盉、盉等酒器。至于二里头风格的玉器如玉璋等更是传布到整个长江流域及东南沿海的广大地区。与此同时，二里头文化也广泛吸收各地的优秀文化因素以丰富自己。这种情况自然有深厚的历史背景，也为往后中国的发展创造了一定的条件。一般认为二里头文化即是夏文化，至少是夏代中晚期的文化。根据前文所引历史文献，早期中国还应该往前追溯。近年来在河南登封王城岗发现了一座龙山文化晚期的城址，面积约 30 万平方米。旁边的东周城址里面发现多块陶片上有"阳城"戳记。知道那里古代就是阳城所在。《古本竹书纪年》说"禹居阳城"，《世本》载"禹都阳城"。《孟子·万章》篇记孟子说"禹避舜之子于阳城"。王城岗龙山城的碳 -14 年代也与大禹或夏初的年代相近，论者多认为王城岗可能就是禹都阳城。郦道元《水经注》说伯益避夏启大位也在此地，不知何据。史载夏启的儿子太康沉迷于田猎，被东夷的后羿夺去了政权，即所谓"因夏民以代夏政"。直到少康中兴，才又恢复了夏朝的统治。此事在《左传·襄公四年》和同书《哀公元年》等文献中讲得很清楚。近年在河南新密新寨发现的所谓新寨期城址，年代晚于王城岗而早于二里头，遗物中发现有不少山东岳石文化的因素。一般认为岳石文化应该是夏代东夷的文化[1]。这段扑朔迷离的历史终于找到了一些考古学遗存的踪影。夏代以前应该是传说中的五帝时代，这个时代究竟相当于哪些考古学文化遗存，需要认真地进行分析。有的学者已经做过比较详细的论述[2]。具体看法虽有不同，但在夏文化之前的考古学文化遗存确实出现了可以视为古国都城的遗址则是没有疑问的。例如山西襄汾的陶寺遗址，有土筑的城墙，城内面积将近 300 万平方米。有宫殿基址和手工业作坊区，有数以千计的墓葬，大小和规格分化十分明显。出土有铜铃、铜环和铜容器残片，还有玉钺和龙纹盘等大型彩绘陶器，明显是一个都城的规格。论者推测可能是尧都平阳所在。再如浙江余杭的良渚古城，年代比陶寺还早一些，面积虽也是 300 万平方米，工程量却比陶寺大得多。城内有莫角山宫殿区，城外有反山、瑶山、汇观山等祭坛兼贵族墓地。墓中出土大量玉器和漆器等高档手工业品。反山的 M12 就出土玉器 647 件之多，其中的玉琮王四面雕刻八个完全一样的神人兽面纹，刻工技术的精致实在无与伦比。同墓还有镶嵌大量玉料的彩绘漆盘和漆杯等。不难看出墓主人的身份应当是集神权、军权、财权和政权于一身的国王级人物。良渚古城所依托的良渚文化分布于江苏南部和浙江北部，那里还有许多高等级的遗址和墓地，都与良渚古城有密切的关系。在长江中游的湖北和湖南北部有以天门石家河古城为中心的一系列城址，在四川成都平原有以新津宝墩为中心的一系列

---

① 严文明：《夏代的东方》，《夏史论丛》，齐鲁书社，1985 年。

② 郭大顺：《追寻五帝》，商务印书馆，2000 年；韩建业、杨新改：《五帝时代——以华夏为核心的古史体系的考古学观察》，学苑出版社，2006 年。

城址，在黄河流域以至长城地带同样发现有许多史前时期的城址。先秦的文献常常提到古有万国或万邦，考古发现可以证实那时确实已出现许多大大小小的国家。她们又是怎么走到一起来的呢？

三 早期中国的体制结构

中国国家的起源同世界其他地方一样，也是由氏族—部落通过酋邦逐渐演变而来的。氏族—部落的聚居地在中国古代称为聚或邑。随着社会的发展，聚落即邑开始分化。《史记·五帝本纪》赞美舜为人好，大家喜欢搬迁到他住的地方，以至于人越来越多，聚落等级也越来越高。据说他"一年而所居成聚，二年成邑，三年成都"。这当然是溢美之词，也过分夸张。但也说明当时的聚落已经出现了不同的等级，在一定条件下，普通聚落可以发展为都城。根据考古学研究，在新石器时代早期和中期的聚落规模有限，也看不出有明显的分化。一直到新石器时代晚期才开始出现少量中心聚落，以后中心聚落本身也有分化，有明显的等级差别。有的地方甚至出现了土筑的城垣，从而出现了最初的国。后来有城垣的中心聚落越来越多，形成小国林立的局面。先秦的学者往往把夏代以前的形势描述为"天下万国"，应该是近乎实际的。后来各小国相互兼并或联合，才出现较大的国。再进一步就出现了联合许多邑聚和小国的中央王国。林沄曾经仔细论证中国早期国家的形式①，认为最初的国家是由占优势地位的邑发展为都，并联合若干有密切关系的邑而形成的。被联合于都周围的邑可称为鄙，所以他把这种国称为一个"都鄙群"。较大的国则包括若干都鄙群，即国中有国，分级管理。早期中国的夏商周王朝就是在这样的基础上建立和发展起来的。这样的国家体制结构是把统一和多元有机地结合起来，而不是简单的中央集权。具体地说，三代国家的体制结构基本上是有中央王朝、近畿地区、主要统治区即称为中国的地区、周围的方国和诸侯国，以及更外围的部落或部族等。古书上有所谓五服的说法，就是这种情况的反映。例如《尚书·禹贡》谓以京师为中心，由近及远，每隔五百里为一服，名曰甸服、侯服、绥服、要服、荒服。《周书·康诰》也讲到五服，只是名称改为侯、甸、男、采、卫，也没有说每服多少里。有的学者认为这不过是一种理想化的说法，不足为信。现在看来绝不是向壁虚构，而是有事实根据的，只是不一定有那么整齐罢了。需要强调的是这样一种圈层式结构是非常特殊，也是非常稳定的。结果是夏维持了400多年，商朝约600年，周代更长达800多年。对往后中国的发展也有深远的影响。

---

① 林沄：《关于中国早期国家形式的几个问题》，《吉林大学学报》（社会科学版）1986年6期。

四　早期中国与华夏

先秦时期居住在中国的人称夏或华或华夏，犹如今天中国人自称华人或汉人或汉族，海外华人还自称唐人。《说文》："夏，中国之人也"，就是这个意思。夏不止一个，所以有诸夏的名称。例如《论语·八佾》引孔子的话说："夷狄之有君，不如诸夏之亡也。"又《左传·闵公元年》："诸夏亲昵，不可弃也。"此外还有大夏、东夏、西夏等称谓。大夏一名见于《左传·昭公元年》，"迁实沈于大夏，主参，唐人是因。"西夏的名称见于《逸周书·史记解》："昔有西夏，性仁非兵，城郭不修，武士无位……唐氏伐之，城郭不守，武士不用，西夏以亡。"东夏的名称始见于《尚书·微子之命》："庸建尔于上公，尹兹东夏。"《吕氏春秋·察今》也有"东夏之命"的说法。不管是东夏、西夏还是大夏、诸夏，总之都是与四夷相区别的夏。但这种区别又不是绝对的。孟子虽然说舜是东夷之人，文王是西夷之人，但当他们"得志行乎中国"以后，显然就不再是夷人而成了华夏的领袖人物。《史记·六国年表序》说"禹兴于西羌"，后来成了夏后氏之祖，同样是华夏的领袖人物。《左传·定公十年》有"裔不谋夏，胡不乱华"的说法，王国维认为裔即甲骨文中的衣，也即是殷。这里把华和夏并举。孔颖达正义曰："夏也中国有礼仪之大，故称夏；有服章之美，谓之华。华夏一也。"可见先秦时期即有华夏的称谓，并且是中国人的自称。华夏族居住的地方很大，所以当时中国的地方也不会很小。只是暂时还不包括长江流域的楚国和越国等地，所以楚、越就不能称夏。《荀子·儒效》篇说："居楚而楚，居越而越，居夏而夏"，把楚、越和夏分别对待，明显不认为楚越属夏。但这也不是绝对的。

周人的中国虽然不包括楚、越或蛮夷戎狄四方之民，而周王却又自命为天子，即天下的共主。所谓"溥天之下莫非王土，率土之滨莫非王臣"。他是要"莅中国，抚四夷"，并不把蛮夷戎狄视为外国。孟子还说过"吾闻用夏变夷者，未闻变于夷者也"（见《孟子·滕文公上》）。说明夷夏的区别主要在文化程度的高低，是可以通过教育和学习而改变的。

实际上这种情况并不只是到周代才如此，在以前的商代，从政治结构和民族关系来看也颇相似。郑杰祥在《商代地理概论》一书中，详细论证当时的政治地理有都邑、王畿、田猎区、四土和部族方国几个层次，其中的王畿称商或大邑商，其地位即相当于周人所称的中国。四土也称四方，一如周人所称的四方[①]。这在甲骨文中就有十分清楚的表述。例如《小屯南地甲骨》1126 号："南方、西方、北方、东方、商"。这跟《礼记·王制》把中国、夷、蛮、戎、狄称为"五方之民"简直是同一个意思，只不过把

---

① 郑杰祥：《商代地理概论》，中州古籍出版社，1994 年。

中国称商罢了。又如《甲骨文合集》之 36975 号："己巳王卜，贞□岁商受年？王□曰吉。东土受年？南土受年？吉。西土受年？吉。北土受年？吉。"这里把四方称为四土，意思完全相同。李伯谦通过对商代青铜器族徽的分析，证明商王朝所统辖或控制的范围十分广阔，北到河北北部，南到河南南部，西到陕西关中，东达山东东部，跟考古学中早商文化的分布范围基本相若，有的甚至深入到商文化分布的范围以外。在如此广大的区域内的统辖与控制措施是各不相同的。最能够直接统治的是都城周围的王畿地区，王畿之外多为臣服于商的异姓国族，大体相当于卜辞中所说的四土或四方。对这些异姓国族有保护其不受侵犯，督导其农业生产，选拔各类人才，让其参与某些宗庙祭祀活动并给予一定赏赐等。再外面的异姓部族则时服时叛，跟商朝有一种若即若离的关系[1]。

　　商代以前的夏代势力虽然比较小，但也已建立起中央王权。夏王朝的直接统治区在豫西和晋南，在其周围还有十多个同姓部族。终夏之世又与东方的夷人发生极为密切的关系，以至在夏代初期的太康便被东夷的有穷国君后羿夺去了政权，即所谓"后羿代夏"。但自少康中兴以后，政权就得以巩固和发展。考古界一直重视对夏文化的探索。一般认为分布于豫西和晋南的二里头文化就是夏代夏人的文化，至少是夏代中后期的文化，而洛阳附近的二里头遗址则应是夏代的主要都城遗址。至于夏文化的辐射和影响所及，则北达燕山以北，南到长江流域，东及豫鲁交界，西可至甘青一带[2]。其所以能够达到如此程度，则是因为夏文化的发展水平最高，实力最强，又有深厚的史前文化背景，那就是史前文化重瓣花朵式的格局[3]。考察中国新石器时代的文化，从早到晚逐渐形成了一个有中心有主体和外围的格局，夏商周的政治版图和文化态势无非是这一格局的继续发展。它是中国历史发展的一大特点，是中国历史之所以能够持续不断发展而从未中断的决定性因素。因此我们讲早期中国，不能仅从字面上看待当时称为中国或中土的有限范围，而要考虑更大范围的整体政治与文化格局，以及这一格局对往后中国发展的长远影响。

五　早期中国形成的背景

　　我个人因为长期研究中国新石器时代考古，总想从中国历史的开篇及往后的发展来探索中国历史之所以长盛不衰的根本原因。看看能不能对今天担当复兴大任的亿万炎黄子孙有一点启发。我首先注意的是对中国历史发展演变长期起作用的客观条件。我想最

①　李伯谦：《从殷墟青铜器族徽所代表的族氏的地理分布看商王朝的统辖范围与统辖措施》，《文明探源与三代考古论集》，文物出版社，2011 年。
②　许宏：《最早的中国》，科学出版社，2009 年，18 页。
③　严文明：《中国史前文化的统一性与多样性》，《史前考古论集》，科学出版社，2004 年。

重要的有两条，一是中国所在的自然地理环境，二是生活在这块神州大地上的人民。这话听起来太一般，但只要稍加分析就不难明白这两条确实是最根本的长期起作用的因素。

中国的自然地理环境有什么特点呢？

一是地域广大，自成单元。单是陆地面积就有 960 万平方千米。四周有许多高大的山脉和辽阔的海洋作为天然的屏障。又因为远离世界上其他古老的文明，因而中国文明只能自己独立发展。外来的某些文化因素有一定的补充作用，但不可能影响中国文化的基本特质和发展方向。

二是地形复杂，又跨越几个气候带，使得各地的自然环境差别很大。按照综合自然地理区划，第一级可分为东部季风区、西北干旱区和青藏高寒区。前者又可分为东北、华北、华中、华南和西南五个亚区。其中气候条件最适于农业起源的只有华北和华中两个地区，是旱地粟作农业和水田稻作农业起源的温床。并且在近万年以前就形成了两个相互毗连的农业区。加以两区的地盘都比较大，如果在气候变动的情况下某些方面受到影响，还可以相互调剂和补充，使得经济文化的发展能够保持相对稳定的状态。两个农业起源中心相伴共生的情况在世界上是独一无二的。

三是区位结构天然合理。因为经济文化最发达的华北和华中在地理上正好处在全国比较适中的位置，容易产生巨大的凝聚力和向心力。进而形成一个以中原为核心，以华北和华中所在的黄河流域和长江流域为主体的多层结构，即所谓重瓣花朵式的格局，长期影响中国历史文化的发展。夏商周分层次的政治文化版图就是最好的说明。

如果进一步分析中国各地区的自然环境对经济文化和社会发展的影响，可以看到北方的草原游牧区变动性较大，与稍南的农牧接触地带时有冲突，农业区的人民安土重迁，相对比较稳定。但即使两个农业区的情况也是有所不同的。华北旱地农业区多属黄土地带，因为地力递减有时不得不异地搬迁。加上黄河的泛滥和多次改道，以致一些重要的都城都要迁移。例如商人迁都有所谓前八后五的说法，前后迁都十几次。夏都和周都也多有变动。原因固然不止一端，但环境变化可能是主要的。比较而言，最稳定的当是长江流域的水田农业地带。因为水田开发不易，又可以自肥，农人不会轻易搬迁。加以自然资源比较丰富，经济发展水平历来较高，可以容纳较多的人口。所以中国历史上有时发生政治或民族矛盾而导致北人南迁，最后仍然能够在长江流域稳定下来。东晋和南宋的南渡就是最好的例子。北方的一些所谓"化外民族"南迁后被华夏民族所同化也是常有的事例。这些都与中国自然环境的特点有密切的关系。

生活在神州大地上的人民有什么特点呢？

我们知道中国这块地方至少在二百万年以前就有人类居住了。无论从人类化石还是从文化特征来看，都有明显的传承关系，外部影响只占次要的位置。从现代人产生和种族形成的时候起，这里就是蒙古人种的摇篮。从新石器时代成千人骨测定的情况来看，绝大多数属于东亚蒙古人种，只有少量的北亚蒙古人种。人种相同意味着血缘相近，容易产生相近的语言。居住地相近更会加强语言的沟通与融合。我们固然不知道最古的语言是什么状态，但从三千多年以前的甲骨文到后来的金文和古文献来看，无论文字的形态、读音、含义和组成文句的语法都是一脉相承而只有很少的变化。现代中国人的语言基本上属于汉藏语系，按人数计算大约占98%，单是讲汉语的就占94%，古代的情况应该相差不远。

这个语系在语言分类上属于词根语，语词的意义与词性多依在句子中的位置来决定。与带有前置词或前缀、词尾和助词等附加成分，或有所谓名词变格、动词变位的黏着语和屈折语大不相同。因此在制定文字的时候就没有走拼音的路，而是根据语言的特点确定为单字单音、一字一词、形音义相结合的造字法则。讲汉语的人太多，各地的语音差别极大，语言学家将其区分为七大方言。如果采用拼音字就会各说各话，难以沟通。采用汉字就可以很方便地各按方言来读，反正语法和字义是一样的。这个巧妙的发明既是语言本身所决定的，又在实践中大大促进了文化的交流与统一。我们大家都认为自己是炎黄子孙，炎黄不可能有这么多子孙，或者说所有的中国人或华人不可能只有一两位鼻祖。实际上是因为我们有共同的语言和文化传统。这种文化传统逐渐形成为一种根深蒂固的集体历史记忆①。汉字的应用极大地加强了这种集体的历史记忆，加强了民族内部的凝聚力，是保持中华文明持续不断发展的重要原因之一。

中国人的亲族观念特强可能是文化得以持续发展的另一个原因。从历史记载来看，夏商周都有祖庙，祭祖是国之大事。《礼记·祭法》中说："有虞氏禘黄帝而郊喾，祖颛顼而宗尧；夏后氏亦禘黄帝而郊鲧，祖颛顼而纵禹；殷人禘喾而郊冥，祖契而宗汤；周人禘喾而郊稷，祖文王而宗武王。"实际上殷人对他们的先公先王都实行周祭。王国维把甲骨文中祭祀的先公先王与《史记·殷本纪》所记相互参验，证明《史记》的记载正确。从先公契到帝乙、帝辛历时一千多年，殷人都记得非常清楚。我想他们不会只记得人名，祖先的功德和相关历史也必定是一代一代传承下来的。到周代就更加注意自身的历史和文化的传承。从这些情况来看，更早的历史，从黄帝以来的古史传说，也绝不会是凭空虚构的。

早期中国究竟是一种什么形态呢？学术界曾经有不同的说法，其中林沄的说法最值得注意②。他认为最初的国家是由占优势地位的邑发展为都，并联合若干有密切关系的邑而形成的。后者相对于都可称为鄙，所以他把这种国称为一个"都鄙群"。较大的国

---

① 王明珂：《华夏边缘——历史记忆与族群认同》，台湾《允晨丛刊》65，2005 年。
② 林沄：《关于中国早期国家形式的几个问题》，《吉林大学学报》（社会科学版）1986 年 6 期。

则包括若干都鄙群，即国中之国。周天子所统治的王国无非是更高一层或几层的国，下面的诸侯实际有很大的独立性。独立的程度要看它的实力及与中央和周邻相处是否融洽等情况而定。诸侯下面被称为卿大夫的家也是有相当独立性的。例如晋国的韩、赵、魏、智氏、范氏、中行氏六家都有相当的实力，各据一方，相互兼并，最后前三者取胜，还把晋公室直接管辖的地方瓜分了，史称"三家分晋"。结果建立了韩、赵、魏三个平行的诸侯国，得到周天子的册封。各个家族的统治也是如此。实际上，在当时人口还比较稀少的情况下，各国的内部往往有不少空地，有的居住着别的民族，跟所在国不发生关系。各国之间也没有明确的边界。这样的国家形式自然不能跟现代国家相提并论。跟秦汉以后划分郡县以实行中央集权的国家形态也有很大的区别。但毕竟在那时已经有一个大中国的概念了，并且为以后更加统一的中国打下了一定的基础。

六　早期中国文明的成就及其对后世的影响

早期中国文明的成就是多方面的，要恰如其分地进行评估并不容易。我这里只想从几个方面做一简单的介绍。

在物质文化方面，中国的农业，尤其是稻作农业是值得一提的。因为中国早在一万年以前就开始培育水稻了。考古资料说明，作为世界主要粮食作物的亚洲栽培稻的起源地在长江流域，往后才逐渐传播到东北亚和东南亚等地区，跟小麦一样成为世界最主要的粮食作物。中国农业的特点是精耕细作，这在早期中国便已经形成制度，使得在较少的耕地上生产较多的粮食。中国的人口从有记录时算起，一直占世界人口的五分之一上下；而耕地面积则不足十分之一甚至更少。这不能不归功于农业的特殊成就。

中国是发明丝绸的国家。传说是黄帝的妻子嫘祖发明了养蚕和缫丝，并"劝民养蚕"。考古发现证明在仰韶文化中期确实出现了丝绸织品，尽管是很粗糙的织品。例如在郑州青台遗址的瓮棺葬中就发现有包裹死婴的丝绸痕迹。到商代包裹铜器的丝绸就比较精细了。到战国时期的丝绸织品，曾经集中地发现于湖北江陵马山一号墓中，品种之多和织造的精细，见到的人莫不叹为观止。大概就在这时，中国的丝绸开始输往国外。俄罗斯阿尔泰地区的巴泽雷克墓葬中就发现不少战国时期的丝绸和铜镜。到汉唐时期，中国的丝绸更是大量输往西方，以至在历史上出现了著名的丝绸之路。

中国在2万年以前就发明了陶器，远比世界其他地区要早。中国史前陶器的种类复杂，造型丰富多样，功能齐全，制造技术精湛，在世界上无出其右。陶器的发展更为瓷器的产生奠定了坚实的基础。中国的瓷器也是很早就发明了的。相当于夏代的二里头文化中便已出现了原始瓷器。郑州和安阳等商代的遗址中都不止一次地发现原始瓷器。最近在浙江德清更发现了商代的原始瓷窑址群，说明当时原始瓷的烧制已经具备一定规模。这也为后来中国瓷器的发展和大量出口奠定了初步的基础。

　　历史上文化的传播往往是相互的，传播过程中也会有新的创造。中国的铜器和铁器出现得比较晚，最早的铜器和铁器可能有部分是从西方输入的，但在技术上却有后来居上之势。商周时期的青铜器品种之多和制作之精美是无与伦比的。中国的铸铁技术在战国时期便达到了很高的水平，比西方早了许多世纪。由此可见早期中国曾经对世界文明有不少贡献，同时也从其他文明中吸取了不少营养。例如小麦大约是在公元前两千多年的龙山时代从西方传入中国的，后来逐渐成为北方地区的主要粮食作物之一。羊和马也是先后从西方传入中国的。诸如此类还有一些。中国离不开世界，世界也不能没有中国，这是几千年的文明史所一再证明了的。

　　早期中国在制度文明和精神文明方面也都有许多成就，与其他古代文明相比，只是各具特色，难比高下。中国的文字产生不是太早，但是特别符合汉语的特点。在一个人口众多、方言十分复杂的国家，如果采用拼音文字，沟通起来就会十分困难。汉字采用一字一音、形音义相结合的造字法则，不但使全国各地各种方言的人都能够看懂读懂，而且在传承文化方面发挥了极大的作用。以至我们现代的人只要稍加学习指点就能够读懂先秦时期的大量文献，这是多么伟大的创造！没有第二种文字能够具有这样奇妙的功能。

　　早期中国文明留下的遗产是十分丰富的，至今仍然是现代中国继续发展时不可忽视的基础。这里我只想强调两点。一是早期中国的体制结构，二是中华文明的核心精神。

　　中国是世界文明古国中面积最大、人口最多、民族和文化最复杂的国家。她按照自身的逻辑发展，几千年期间虽然有不少跌宕起伏，却从来没有中断，核心地区也没有多大变化。我们说的话跟早期中国人说的话基本相同，我们用的文字跟早期中国使用的文字也基本相同。我们没有失落的文明，只有早期或古代文明。这是一个世界奇迹！追根溯源，还是因为在早期中国的国家体制上打下了一个良好的基础。例如商朝统治的区域虽然很大，但同时有很多方国，实际上是一个以商王朝为中心，以商族分布区为主体的方国联盟。周朝号称邦畿千里，普天之下莫非王土，却分封了许多诸侯国。各诸侯国只有朝觐、纳贡和勤王的义务，内部是高度自治的。这是在当时的条件下比较好地解决了多元与一体的关系，使得三代的政权维持了特别长的时间。秦始皇不顾历史传统和各地的差别，施行暴政，强行统一，结果短命而亡。后来各朝代虽然也在一定程度上实行中央集权，但仍然注意保持地方特色和历史传统。行政区划的划分就是一个显著的例子。事实上我们现在的一些省或县大致就是沿袭古代的国演变而来，连名称都继承下来了。例如山东简称鲁、福建简称闽、湖北简称鄂、山西简称晋、四川简称蜀、云南简称滇等无不沿袭古代的国名。山东的滕县、莒县，天津的蓟县，江苏的徐州等就是古代滕国、莒国、蓟国、徐国的地方等等。随着经济文化的发展，统一性会逐渐加强，这是一个不可逆转的趋势，但不可以不顾客观条件强行统一。在一个有 960 万平方千米陆地面积和大片海疆、56 个民族（其实还有更多少数民族没有列入正式统计之中）和 13 亿多人口的大国，即使经济文化进一步发展，恐怕也不能忽视民族特色和地方差别，多元一体的格局在可以预见的将来还将长期存在。如何处理好多元与一体的关系，仍将是摆在我们炎黄子孙面前的一项重要任务。

至于中华文明的核心精神是什么？各人可能有不尽相同的解读。我想《易传》里面的两句话很有代表性。一是乾卦的"天行健，君子以自强不息"；二是坤卦的"地势坤，君子以厚德载物"。中华文明之所以持续几千年而不中断，正是因为中华儿女有一种自强不息的精神，克服前进中的一切困难而奋勇向前。同时又有像大地一样宽广的胸怀，能够容纳各种不同的事物，和而不同，让各自发挥其特长和优点，相互借鉴和吸收，和谐相处。我想正是因为有这种精神，中国的各族人民才能和睦相处，共同发展。正是因为有这种精神，在对外交往中总是强调王道而反对霸道，即使在自己强盛的时候也没有一块殖民地。这些精神都是值得永远继承和发扬的。

（2011 年 7 月初稿，2013 年 7 月修改，原载《高明先生九秩华诞庆寿论文集》，科学出版社，2016 年）

文化上早期中国的形成和发展

这次文化上早期中国的形成和发展学术研讨会就要结束了，大家从各个不同的方面谈到早期中国的一些问题，对我很有启发。

最近日内瓦外交与国际学院的张维为出版的一本书《中国震撼》影响甚大。他提出中国具有超大型人口规模，超广阔的疆域国土，超悠久的历史传统和超深厚的文化积淀，是世界上唯一没有中断的文明。它可以把西方文明的绝大多数内容吸收过来丰富自己，但是又绝不放弃自己。这种说法是现在大家所喜欢听到的，但是否完全是这样的呢？我们中国是怎么走来的，我们中国为什么会是现在这个样子，正如这次会议上提到的那样，中国为什么是一个多民族统一国家而不是多个民族国家？

我也长期琢磨这个问题。我不说这一定是一个优点，但这是一个事实，全世界没有第二个国家连续发展而没有中断。中国改朝换代多次，但是文化没有中断，我们讲早期中国一直可以追溯到史前。这是一个奇迹，而这一奇迹是如何产生的呢？我长期以来一直注意寻找它的客观基础，在最初写《中国史前文化的统一性与多样性》时就琢磨这个问题。过去一些中国的学者总讲中原中心论，什么都是中原对周边文化产生影响，这显然是错误的。中国疆域这么大，其文化一开始不可能那么统一，但是以后却朝着统一的方向上走，逐渐形成一个有中心、有主体、有外围的中国文化发展的结构，这首先要归因于地理环境这个基础。

中国这么大的地理单元存在两个对以后文明发展有极大影响的农业起源中心，一个是黄河流域的旱地农业，一个是长江流域的稻作农业，形成两个农业体系。这两个地方毗邻范围又很大。大家考虑一下世界上其他最早的文明中心，两河流域、尼罗河流域、印度河流域，与中国相比都显得很小。尼罗河流域每年定期涨水灌溉，相对最稳定。但因为范围小，农业又单一（小麦、大麦），一旦收成有问题就会产生很大的影响。同样因为范围太小，经受不了外界大的冲击。古埃及、古巴比伦、古印度文明都是被外力消灭的，那里的现代人和古代人没有直接的关系。只有中国文化是完整延续下来的。这说明农业基础非常重要，农业（主要是谷物农业）是产生文明的基础。中国的两大农业体系可以互补，一方歉收另一方可以弥补。地盘很大可以有回旋的余地。而两大农业体系又大致处于中国的中心位置，容易产生凝聚力和向心力。这就是中国能够比较稳定发展的物质基础。再加上中国周边有高山、沙漠、大海，几个最强势的古代文明距离中国核心地区都比较远，无法高强度地影响中国，所以中国就可以独自发展。当然不是说完全没有外来文明的因素，只是说它们不会影响中国文化的基本特质和发展方向。

当然在发展过程中也会有分裂，存在"合久必分，分久必合"的现象。这是因为各个地方的民族、文化不一，内部还是多元的，发展是不平衡的。地方势力强大，中央就会削藩平乱，平定不了就会暂时独立割据。但分了之后为什么会再合起来？因为这个基础还在。历史上很多人都想逐鹿中原、统一中国。比如三国时期的曹操、刘备、孙权都想统一中国，不甘愿长期独立、分裂。这就是中国的现实，历史事实是最好的说明。

中国的第二个基础就是人。中国人基本属于蒙古人种，其中绝大部分是东亚蒙古人种，少量北亚蒙古人种及南亚蒙古人种。同样一个人种，血缘相近，语言自然也会相近。中国的语言绝大部分属于汉藏语系，据统计98%的中国人使用的语言属于汉藏语系，而在汉藏语系中使用汉语的中国人占94%～95%，所以基本上是同一种语言。但是这个语言又有很多方言。据研究汉语有七大方言。外国有一个电视片"寻找失落的文明"，中央电视台有人问我是不是也可以拍一部"寻找失落的中国文明"，我说中国古代文明没有失落。比如给一个完全不懂甲骨文的人讲一讲，他很快就可以读出几句。说明中国的语言有很大的连续性和一致性，这种一致性应该跟人种的一致性有关系。中国语言的特点是什么？在语言分类中叫词根语，又叫孤立语，跟黏着语、屈折语大不一样。汉语是一词一字一音，这个特点决定了我们不会走拼音文字的道路。任何懂汉语的人都可以读汉字文书，可以用普通话，也可以用上海话、广东话、四川话读，不必统一语音，因为大家的语法基本上是一样的。统一的语言文字，在统一文化上起了很大作用。

上述是两个非常重要的基础，是别的文化所没有的。当然在这个过程中，有一些政治上的行为也很有成效。大家知道中国西周的时候实行宗法制和分封制。唐兰先生在讲古文字学的时候提到，不要以为分封制是周人创立的，殷人、夏人也可能实行分封。比如周人说"惟殷边侯田"，有侯有田，说明商代也是实行分封制的，周代不过是更加系统化。周朝实行"王化"，无非就是华夏化。由于是一种文字，各种制度、文化就容易得到统一。在中国的统一性上，夏商周就是统一的，无非是版图小一点。夏商周的统一方式与秦始皇不一样，他们更尊重地方，天子分封诸侯，诸侯又分封各个大夫，层层承包。这种制度有什么好处呢？一是可以充分发挥各地的自主权和优势，二是有一个中央统一管辖，实际上是王化和统一的过程，既是多元的又是统一的。到春秋战国时期，地方诸侯势力逐渐强大起来，称霸争雄。但是不管怎样，还是要挟天子以令诸侯，总是需要天子这样一个旗号的。有的人认为秦始皇统一了文字，其实不完全正确。我们本来就没有几种文字，秦和六国的文字就是一种文字，只是有不同的写法，秦始皇的臣僚只是统一了文字的写法。有人说他第一个统一了中国，我也不赞成，秦始皇只是建立了中央集权制度，同时全面实行郡县制。郡县制早在战国时期已经有一些国家实行了，秦无非是把这种制度推行到了全国。况且周朝的封建制在春秋战国时期已经有进一步统一的趋势。比如楚国就灭掉了40多个国家，别的国家也是一样，灭小国统一成大国。秦始皇不过是把几个大国进一步统一成一个更大的秦王朝。这个更大的王朝的基础还是周天子的天下，只是改变了统治的方式。但过分强调统一和集权并不是好事。周朝持续了800多年，秦朝仅维持了15年！中国的特点就应该是既统一又多元，尊重各个民族和地方的特点，当然还要有一个强有力的统一的国家。

在中国历史上，你要了解中国是个什么样的地方，中国有什么样的人民，才会知道应该采取什么样的政策治理这个国家。而治理这个国家应该管理一些最基本的东西，应该给各民族和各个地方一定的自由，这样国家才能和谐、稳定。我们应该考虑对早期中国的研究能够给现代社会的发展提供什么启示。我以前写过一篇文章《重建早期中国的历史》，发表在《中华文明的始原》（文物出版社，2012年）一书中，大家可以参考。不对之处请大家多提意见。

（本文为北京联合大学考古学研究中心主办的"文化上早期中国的形成和发展"
学术研讨会上所做的闭幕词，2011年8月21日）

文化上的早期中国说

中国作为一个政治实体虽然出现得不算太早，但从第一个王朝开始，一代接着一代，传承关系非常清楚。即使有分有合，分裂时不忘统一，统一时努力维护统一。成为世界上唯一连续发展而从未中断的文明古国。为什么会有这样的情况？原因很多，最重要的原因就是存在一个文化中国的基础。

韩建业很早就注意到在先秦乃至史前时期就存在一个文化上的早期中国，或早期中国文化圈。他经过深入的研究，认为这个文化上的早期中国萌芽于新石器时代中期的公元前6000年，而正式形成于新石器时代晚期的公元前4000年前后，直至商代晚期以前。

本书全面梳理了商代晚期以前的考古资料，从中可以清楚地看出早期中国文化圈的形成和发展过程。在旧石器时代长达200万年的时期中，从直立人、早期智人到晚期智人的许多化石标本上都能够看到门齿呈铲形的特点。最早研究北京人化石的著名古人类学家魏敦瑞就发现了铲形门齿，并且指出这是现代蒙古人种的特点。中国旧石器时代的石器多属砾石—石片工业传统，跟西方旧石器判然有别而自成系统。但中国地理范围那么大，不同地区的文化自然会有不小的差别。旧石器时代可以划分为南北两区和五六个小区，进入新石器时代早期就出现了五个文化系统。这说明中国的史前文化很早就呈现出多元的状态，这与各地区不同的自然环境和地理位置有很大关系。到新石器时代中期，情况开始发生微妙的变化。由于农业的发展，黄河流域和长江流域的经济文化水平明显超过了周围地区，主体地位初步显现。地处中原的裴李岗文化崭露头角，一方面向周围扩张，同时又吸收周围文化的有利因素，加强了相互之间的联系。一个以中原为核心，以黄河流域和长江流域为主体的圈层结构初步显现。这就是早期中国文化圈的萌芽。为什么这么早就萌生早期中国文化圈？韩建业在本书中归纳出五大特点，都是具有中国特色而与世界其他地区古文明的史前状态大不相同，同时又与中国文化的后续发展密切相关，是很有说服力的。

到新石器时代晚期，大约在公元前4000年，中原地区的仰韶文化迅速发展，分布范围大幅度扩张，对周围文化的影响也明显加强。尤其在其庙底沟期，文化发展十分强势，以致可以径直称为庙底沟时代。这时由于文化的扩展，自然形成三个层次的圈层结构：核心区在晋南、豫西关中东部，主体区在黄河中游及稍南的部分，也就是整个仰韶文化分布的地区，外层是仰韶文化影响所及的地区。这三个层次文化共同体的形成，无论从地理还是从文化的意义上来说，都为往后中国的发展奠定了初步的基础。早期中国文化圈到此时就正式形成了。

之后的铜石并用时代大致相当于传说中的古国时代。全国出现了许多文化中心，大地上涌现一大批古城，精美的玉器、漆器、象牙器、丝绸和高档陶器，以及少量铜器的出现或广泛流行，在在闪耀着初级文明的光芒。早先形成的中原、东方和北方三种发展模式在这个时代仍然有所表现，但相互间的影响、渗透和交流更加广泛而密切，早期中国文化圈进一步扩大。大批具有中国特色的器物，如玉器中的琮、璧、圭、璋、钺，陶器中的鬲、斝、甗、鬶、盉，漆器中的觚以及丝绸等都是在这个时代涌现出来的，陶鼎是早就有的传统性器物，这些又都为后续的王国时代所继承和发展。

大约公元前2000年或稍后进入青铜时代，同时也就进入了王国时代。夏是中国第一个世袭制王朝。早期几经波折，到少康中兴才稳固下来。据考证河南偃师二里头遗址可能是少康直至夏朝末年的都城，那里有面积十多万平方米的宫城，城内有先后营建的十多座宫殿，所谓建中立极的格局颇显王气。宫城周围有贵族聚居区，有铸铜、制陶、制骨等作坊。第一次出土了鼎、斝、爵、盉等成组的青铜礼器。以二里头遗址为代表的二里头文化是一个强势文化，其影响几乎达到大半个中国。继二里头文化之后的二里岗文化有规模空前宏伟的郑州商城，城中有大片宫殿区和各种手工业作坊区，出土了大量青铜礼器，其中的兽面纹大方鼎竟高达1米，堪称镇国之宝。与郑州商城约略同时还有偃师商城，以及分布于各地较小的商城。二里岗文化更是拓展到全国大部分地区，明显形成以郑洛地区为核心，以二里头文化和二里岗文化为主体，外围有深受这两个文化影响的许多青铜文化，以及更外的地方文化，形成四级圈层结构，达到了早期中国文化圈的鼎盛时期。中国古代有所谓五服制的说法，实际上就是这种圈层结构的客观反映。

以上是本书关于文化上早期中国论述的基本框架。我的简要概括可能不大准确，但大致轮廓是清楚的。作者之所以写到商代晚期以前，我想是因为晚商不但有少量文献和铜器铭文，更有大量的甲骨文，已经属于信史的范围。而晚商以前是不是可以叫作早期中国，早期中国究竟应该从什么时候开始，都还有不同的认识。本书的论述是以考古学为基础，尽量收集了现有的全部考古资料，以陶器组合为标志，进行了极为细致的谱系和文化特征的分析。之所以这样做，我想是因为中国史前陶器是世界上最丰富多样的，陶器的特征和演变脉络十分明确而容易把握的缘故。在这种缜密分析的基础上，还要尽可能参照古史传说。因为传说反映的主要是华夏族群的历史记忆。华夏族群特别重视宗族传统和祖先崇拜，有关古史传说应该有较高的可信度。如果能够与相关考古学文化相互参照，更会提高其学术价值。建业多年从事古史传说的研究就是遵循的这一条路线。他也特别重视自然环境和人地关系的研究，因为自然环境在中国文化特质的形成和演变中都发挥了重要的作用，本书也特辟一章来进行讨论。以考古学为基础，结合古史传说的研究和历史环境的分析，就形成本书的一个重要特点，使得在众多讨论早期中国的著述中独树一帜，其优势是显而易见的。对早期中国有兴趣的读者是不可不读的。

（2014 年 8 月 15 日于北大蓝旗营蜗居，原为韩建业著
《早期中国——中国文化圈的形成和发展》序，上海古籍出版社，2015 年）

《聚落演变与早期文明》前言

2000年7月，北京大学中国考古学研究中心成立。按照规定，中心的学术委员必须有三分之二的校外学者参加，研究人员也必须由校内外学者共同组成。研究课题应能反映学科发展的前沿状况和当前备受关注的话题。我们经过研究，确定把"聚落演变与早期文明"作为中心开展研究的第一个课题。之所以选择这个课题，主要是基于两个方面的考虑。一是从20世纪80年代以来，关于中国文明的起源越来越成为考古界普遍关注的重大课题。不少学者从不同的方面或视角进行研究，但多是从某个重要发现或某个方面的问题进行探索，认识颇不一致，从全局进行的综合性研究不多也不够深入。作为一个号称中国考古学研究中心的机构，不能回避这样一个关系全局的重大课题。二是现在的研究多是由个人分散进行，在资料和认识上不免受到一些局限。研究中心为了改变这种局面，特别提倡吸收其他单位的相关学者共同进行研究。而本课题恰好是最适合用这种方式来进行研究的。

本课题由我和赵辉主持，先后邀请了郭大顺、田广金、栾丰实、杨建华、张弛、孙华、韩建业、魏峻和秦岭等学者参加。他们之中有的是在考古学领域颇有建树的知名学者和领导者，有的是十分优秀的年轻学者，对聚落考古和文明起源都有深入的研究和独到的见解。2000年7月16日，课题组在研究中心召开第一次会议，初步讨论和研究了本课题的设想、基本思路和大致结构，并且做了初步的分工。2001年10月15~23日，课题组成员赴山东考察了城子崖、西朱封、桐林、陵阳河、大朱村、丹土村、两城镇、东海峪等一系列史前聚落和早期城址，顺便对课题的进行情况交换了意见。接着又于2001年12月11~13日召开了一次国际学术研讨会。到会的除本课题成员外，还有来自日本、韩国、美国、以色列和国内对本课题有兴趣并有所研究的学者。这次研讨对本课题的推进提供了不少启示和帮助。2002年11月25~27日，课题组在北京陶然宾馆召开讨论会，各人汇报了初稿完成的情况和主要内容，并且进行了认真而比较深入地讨论。我把课题的基本要求再次做了说明，并且把下一步的工作做了部署。2003年虽然基本结项，但还有一些内容需要进行加工和修改。大家平时工作都比较繁忙，只能断断续续挤时间来做，这样一拖就是几年。现在终于可以付梓了。在课题进行的过程中，因为田广金生病，他负责的项目只好全部由韩建业承担。更不幸的是他竟然抗不过病魔的折磨而过早地离开了我们，让同仁们感到十分悲痛。

从考古遗址分析出各种形态的聚落，又从各种形态的聚落分析出各种形态的社会单元和社会结构，再从聚落形态的演变探索社会形态的演变，就是聚落考古的研究方法，也是现代考古学的重要分支之一的社会考古学的首要任务。1928～1935 年安阳殷墟的发掘便开启了聚落考古的先河，但那时还没有自觉进行聚落考古的理念。1954～1957年西安半坡的发掘明确提出从聚落形态分析社会组织结构和社会形态，但田野考古方法不过关，分析不得要领。直到 20 世纪 70 年代末和 80 年代，先是苏秉琦先生提出划分文化区系类型的理论并得到广泛的响应，接着又在各地大力推行聚落考古的研究方法，使中国史前考古的面貌发生了极大的变化。人们开始认识到中国的史前文化是多元的，各个地方的文化都有自己的起源和自己的发展道路，形成了自己的特色；同时各个地方之间又是有各种各样的联系和相互作用的，从而逐步形成为一种多元一体的格局，为往后中华文明的发展和特色的形成奠定了坚实的基础。虽然这种研究基本上还是属于文化历史范畴的，如果要进行社会历史范畴的研究，还得有新的理论和方法，其中最重要的方法就是聚落考古。这一点现在已经为越来越多的学者认同了。不过用聚落考古的方法研究社会历史的发展需要有一个前提或基础，那就是考古学文化区系类型的梳理。如果连文化历史发展的脉络都没有弄清楚，又如何研究社会历史的演变呢？很明显，只有在文化历史的研究取得积极成果的基础上，才有条件进行社会历史层面的研究。这正好说明为什么聚落考古理念的产生虽然很早，却要等到文化区系类型的研究取得重要进展的情况下才得以较快地推行起来。

按照考古学文化区系类型梳理出来的时空框架和文化谱系来考察聚落形态的演变情况，很容易看出聚落由小到大，由差别不大到等次分明，由最初中心聚落的出现到城乡二元结构的产生，它反映一般社会发展的前进性和阶段性。但这只是问题的一个方面。聚落演变和文化的发展是既有联系又有区别的。有时文化上是延续的，聚落形态却发生了变化；有时文化上出现了明显的变化，而聚落形态并没有随之发生变化。如果从较大的范围来进行分析，就会看出各地聚落的特点和演变轨迹都有明显的差别。这里有自然环境和经济类型等方面的原因，有历史文化传统的作用，有来自不同文化的影响，还有社会内部各种矛盾冲突和意识形态的反映等等，情形是很复杂的。这只有对具体问题进行具体的分析，并且在广泛比较的基础上，才能得出某种带规律性的结论。

在 20 世纪 50 年代末到 80 年代，学术界通过对墓地和墓葬埋葬制度的研究来探讨社会性质和社会组织结构做了许多努力，取得了一些成绩，也走了一些弯路。从 80 年代开始才把注意力集中到对整个聚落的研究，包括房屋形态和功能的研究、单个聚落形态结构的研究、墓地与聚落关系的研究、聚落分布与聚落之间关系的研究以及聚落形态演变的研究等。由于这类研究的开展，便把从 80 年代开始的探索中国文明起源的热潮迅速地纳入一条全新的正确轨道。由于各地考古工作很不平衡，这类研究的内容和认识的深度自然会有较大的差别。无论如何，这样的研究方法比起那种从概念出发，先问什么是文明，再找一些文明的标志来对号入座的方法会更加切合历史发展的实际情况。

我们的研究方法是首先对全国的几个主要文化区分别进行文化区系和聚落形态演变的研究，然后对各区文化进行比较和必要的概括，以期得到一些基本的认识。还特地与西亚地区做了初步的比较。因为那里的聚落考古和文明起源的研究是做得比较好的，具有一定的参考价值。为了保持各人研究的特点，在某些概念和表述方式上不强求一律。这样每一篇都可以看作独立的论文，全书又基本是一个整体。我们深知自己的工作还很有限，认识也难免有些肤浅。因此本书的出版自然不是为了提出一个明确的结论，主要还是想探索一条研究中国文明的起源和早期发展的正确道路。希望以此得到学术界同仁们的指教。

（原载北京大学中国考古学研究中心编《聚落演变与早期文明》，文物出版社，2015 年）

现代科技与中国古代文明研究（提要）

20 世纪 70 年代末期以来，考古学对中国古代文明的研究突破了单中心和千古一系的传统观念，开展了大量的田野考古与研究，加上现代科技的应用，已经取得了显著成绩。主要有以下几个方面：

（1）通过考古学文化谱系的研究和碳 – 14 等测年手段的运用，基本探明了中国古文化发展的历程。即大约在公元前 10000 年进入新石器时代，发明了农业、陶器和磨光石器。

大约从公元前 7000 年起，原始农业有了较大发展，初步形成了南北两个农业体系；大约在公元前 5000~前 3500 年为新石器时代晚期，各地经济文化都有较大发展。对聚落结构和埋葬制度的分析，表明这时是原始共产制氏族社会最昌盛的时期。

大约在公元前 3500~前 2100 年为铜石并用时代，出现了小件铜器，制造陶器、玉器、漆木器、丝绸等多种手工业都有较大发展。社会开始贫富分化，出现了最初的贵族阶层和由他们组成的统治集团。其中约当公元前 3000~前 2100 年又称为龙山时代，这是一个战争频繁和社会重新组合的时代。武器显著改进，城堡拔地而起，到处都有战死者的乱葬坑。一些地方专门营建贵族坟山，随葬物品既多又精，有的甚至用人殉葬。有些城墙或比较讲究的房子也用人或猪、狗奠基。凡此都表明这时阶级分化已很明显，以城为代表的国家已经产生。其年代和社会状况大致相当于历史传说中的五帝（黄帝、颛顼、帝喾、帝尧、帝舜）时代。

关于夏、商和西周早期的年代有许多种推算方法，结论相差并不很大。一些学者认为夏可能在公元前 2098~前 1627 年，商可能在公元前 1627~前 1045 年。周武王灭商之年，据说有彗、木二星并见（《淮南子》），天文学家据此推算当在公元前 1057 年，但与西周铜器铭文的记载不合。如果定在公元前 1045 年，则大致能说得通。从这一年到共和元年之间共十王的年历都能排比出来，这样中国文明从起源到早期发展的年代就基本清楚了。过去总觉得中国文明比别的古文明出现得晚，新的考古发现应该能够纠正这种看法。

（2）中国古代文明的发展不是单元的，也不完全是多元的，而是在多元中又有相对统一的，至少黄河流域和长江流域的情况是如此。在龙山时代，黄河中游、黄河下游、长江中游、长江下游、四川、燕辽等地都已迈开了走向文明的步伐。所以当夏、商、周的版图逐步扩大时，最后也就囊括了所有这六个区域。由于这片地域很大，经济文化实力雄厚；加上各地区文化之间相互激发与促进，便显得很有活力。这地方处在全中国的中心位置，对周围有吸引力。所以中国社会自古以来就有很大的凝聚力和向心力，即使在政治上出现短时间的分裂，文化上仍然是一体的。这就是中国历史几千年连绵不断的根本原因。

（3）在世界几个古代文明中，只有两河流域、中美洲和中国是独立发生的，而且三处都是农业起源中心。两河流域是小麦和大麦的起源地，中美洲是玉米的起源地，而中国是小米（粟、黍）、大米的起源地。埃及和印度是与两河流域相关的，农作物也与两河流域一样。中美洲文明年代比较晚，发展也不充分。所以最重要的是两个古文明。两河流域的地方小，后来又受到邻近地区别的文明的侵袭而覆灭了。中国是一个大两河流域（黄河、长江流域），没有任何别的文明能够把它征服。它对历史的贡献是不可估量的，应该花大力气进行研究。

（4）研究中国古代文明应该有历史学、考古学、古文字学和广大科技学界的合作。而科技界的广泛参与将会使许多研究领域更加深化和科学化。在年代测定方面现在已经做了不少努力，但还需要更精确化。为什么中国这块地方能够产生古代文明？这需要对环境进行深入研究，如植物考古、动物考古、全新世地质地貌等等。一些文化因素的来源和制造工艺，如铜矿的来源、各种铜器的制造工艺，铁器的起源和制造工艺等，都需要科技界做出努力，农业的起源也需要农学家的密切合作等。至于古代遗址的勘探（雷达探测、电磁探测、水下考古、遥感探查等）和遗迹、遗物的保护修复（保存科学研究），更是要有专人和相应设备才能进行的工作。

（5）目前的主要问题是人力分散和经费严重不足。建议重点加强一些较有基础和发展前途的单位，并且建立一个国家级的基金会，个人和单位都可以申请经费补助。

（1995 年 9 月 29 日应国务委员宋健的邀请在国务院会议室讨论会上的发言稿）

中国考古学与日本考古学

　　黄晓芬博士从小生长在中国古都西安，接受过中国高等学校考古专业的正规教育，又在日本京都大学深造，获考古学文学博士。多年来，她来往于中日两国之间，参观了许多考古遗址和学术机构，并且在中国和日本都做过田野考古调查发掘工作，对于两国考古学的历史和现状都很熟悉，所以她写的论文完全符合实际情况，很有水平。

　　一般说来，中国考古学和日本考古学的发展是有密切关系的。虽然中国早在北宋时期就已经产生了号称金石学的古器物学，但以田野考古调查发掘为基础的考古学却是直到20世纪20年代初才从西方传播过来。日本从明治维新起就提倡学习西方，所以考古学在日本开始的年代比中国早。过去有不少日本学者研究中国考古学，中国考古学中的一些名词还是从日本考古学中移植过来的。由于众所周知的原因，两国间有一段时期几乎没有什么交往。从70年代末期以来，这种情况有了很大改变。中国有不少年轻学者到日本攻读考古学课程，有些人参加了日本的田野考古工作和研究工作。日本也派了许多年轻学者到中国学习，有些人参加了中国的田野考古工作和研究工作，还成立了日本的中国考古学会。双方学者之间的交流、互访和合作研究正在健康地发展，这是令人高兴的。

　　由于中日两国是一衣带水的邻邦，历史上有非常密切的关系，所以双方的学者有许多共同感兴趣的课题。例如稻作农业的起源与传播，东亚文明的起源及其在世界文明史上的地位，汉魏唐宋时期中国文化对日本长期而广泛的影响等等，都进行过很多研究。20世纪50年代以来，随着科学技术的广泛应用，考古学的理论、方法乃至基本的作业方式，包括田野的和实验室内的，都发生了深刻的变化。中国考古学的巨大发展已为世人瞩目，而日本在科学技术方面的进步也给人以深刻的印象。在这种情况下发展两国考古学的合作，就不仅是因为有许多共同的研究课题，而且在研究方法和手段上也有许多可以相互学习和补充的空间。例如最近在四川宝墩与三星堆和湖南城头山的合作，以及在唐长安大明宫和新疆交河故城的合作等都是如此。双方应该从这种合作中总结经验，克服缺点，为解决重大的学术课题，发展中日友好而共同努力。

　　　　　　　　　　　　（1999年5月31日，本文为黄晓芬博士论文写的推介信）

凌家滩玉器浅识

1987 年春季和秋季，安徽省文物考古研究所张敬国等先后两次发掘了含山县凌家滩遗址，发现了许多精美的玉器，立刻引起学术界的普遍关注。1988 年 12 月 2～4 日，我应东道主的盛情邀请，参加了安徽省文物考古研究所成立 30 周年暨安徽考古学文化座谈会。在会议期间，尽管时间很紧，还是抽空详细参观了凌家滩的资料，并且由张敬国陪同去含山县现场考察了凌家滩遗址。当时只知道那是一个不大的墓地，墓葬的规格还比较高，建议重点保护，必要时再做点工作。1998 年，省文物考古研究所对凌家滩又进行了一次较大规模的发掘，适逢该所成立 40 周年，我又应邀参加了庆典，顺便看了凌家滩新出土的遗物，并且比较仔细地考察了凌家滩遗址，多少加深了一点认识。大概就是有这么一些原委吧，所以张敬国在编辑《凌家滩玉器》一书时，一定要我写几句话，我自然难以推却。但我对玉器实在没有研究，只能谈一些初步的印象和相关的一些认识，不知这样能不能交卷。

要了解凌家滩玉器，首先要了解它所由出土的墓地的情况，特别是它的年代和文化性质，这样就还有必要进一步考察墓地周围的环境，考察它所依托的居住遗址的情况。我们看到墓地北倚太湖山，南临裕溪河，有一条长岗通向山麓，墓地就在长岗朝河一端的尽头，可谓是形胜之地。从墓地往南地势逐渐下降，相距约一二百米就是凌家滩村，也就是居住遗址所在地。这遗址就紧靠在裕溪河的北岸，由于地形的限制，东西较长而南北较窄，估计面积有将近 70 多万平方米，大部分被压在现代村落下面。村落北高南低，有些地方至今还可以看到大片的红烧土，有些红烧土堆积极厚，从出露的陶片来看应该是新石器时代的重要建筑。这样凌家滩墓地就不是孤立的了，它应该是属于整个凌家滩遗址的一个有机组成部分。而且凌家滩可能不只有一片墓地，据说在现在已经发掘过的墓地北边还可能有一片墓地。而居住遗址也可能比较复杂，过去在河边出过彩陶片，年代应该比墓地早些。看来遗址延续的时间比较长，到了较晚的时期，也就是墓地所代表的时期才发展到那样大的规模。

凌家滩墓地的规模不算大，现在总共发掘了 44 座墓葬，其中南边 4 座，西边 20 多座，北边也有十几座。东边有部分没有发掘，而且坡度较陡，又遭到过一些破坏，原来是不是有墓葬虽然无法确定，即使有也不会是很多的。在这些墓葬中，南边的几座是最大的，1987年发掘的4号墓就在南边的正中，其中出土有玉人头像、一个玉龟中间夹一块有八角星等刻划纹饰的玉板。1998年发掘的29号墓在南边偏西，出土三个玉人，还有玉鹰、玉戈和许多玉钺。墓地西边多是中小型墓葬，其中的20号墓出土111件管钻下来的玉芯，还有许多玉器的边角料，可能是一位玉匠的墓葬。从总体情况来看，墓地中埋葬的有贵族也有平民，并不是像良渚文化中的反山、瑶山那样单纯的贵族墓地。值得注意的是在墓地的中央有用砂石筑成的十分坚硬的台基，由于后期破坏，完整的形状已不大清楚。发掘者认为是祭坛的遗迹，也许近是。它压着一些墓，又被一些墓打破，看来是与墓地同时使用的，这与良渚文化中的瑶山、汇观山的情况也不尽相同。凌家滩的玉器就是在这样的背景下出土的。

凌家滩玉器明显地可以分为两类。一类是特殊的器物，是只为凌家滩的贵族所制造的，因而成为研究凌家滩贵族地位和身份的重要资料，也正是因为这些玉器非常特殊，除了上面的个别花纹外，几乎无法同其他地方的玉器作类型学的比较来确认它的年代和文化性质；另一类是比较普通的器物，有一定的分布范围，可以进行广泛的比较来认证它的年代和文化性质。让我们先对这部分器物进行分析。

凌家滩比较普通的玉器有环、镯、璜、玦和管珠等几类，其中环、璜为最多；此外还有工具和武器类的斧、钺等。用玉做工具以仰韶文化的半坡类型为最多，是早期用玉的特点，凌家滩还有一点孑遗。而环、璜、玦和管珠的大量使用，则是北阴阳营文化、薛家岗文化和大溪文化晚期的共同特点，只是凌家滩的玉璜做得比较讲究，不但尽可能选择上好玉料，而且在有些玉璜的两端雕刻成兽头或鸟头的形状。到良渚文化时期则以琮、璧、钺为主要特征，环、璜的地位相对降低。凌家滩完全不见琮的踪影，几件璧的直径多在5～8厘米之间，只能算是璧的雏形。从长江中下游玉器发展的阶段性来看，凌家滩玉器应该相当于北阴阳营文化或薛家岗文化的晚期，比良渚文化要早一些。凌家滩玉器上没有良渚文化那样作为主体纹饰的兽面纹和作为地纹的云雷纹，只有比较稀疏的刻划纹，似乎也可以视为早于良渚文化的一个理由。至于凌家滩玉板和玉鹰上刻的八角星纹，则是在长江中下游和东方沿海广泛流行的一种纹饰。最早见于湖南澧县丁家岗，在大汶口文化和崧泽文化中最为流行，良渚文化中也有个别孑遗。凌家滩的八角星纹究竟属于哪一段，单从纹饰本身固然无法确定，但至少同比较普通的几种玉器的观察是不矛盾的。

墓地中出土的石器有的个体甚大，有点像大溪文化的风格。斧、锛、凿棱角方正，个体扁薄修长的特点又很像崧泽文化和薛家岗文化。陶器中除了某些特别的器形，多数也具有薛家岗文化或崧泽文化的风韵。例如那种有三角形把手的无流鬶与某些壶和豆等，就和薛家岗文化的同类器物十分相似。

总之，无论从玉器本身还是从石器和陶器来看，把凌家滩玉器的年代定在良渚文化之前，大约相当于北阴阳营文化的晚期是不至于有大错的，根据碳－14年代的测定大致也反映相同的情况。当然根据地层关系，凌家滩的墓葬就有早晚之别，但器物的差别并不显著，说明其年代跨度不是很大，基本上可作为同一文化期来对待。

凌家滩的特殊玉器，最惹人注目的是玉人、玉鹰、玉板、玉龟壳、玉勺和一些动物形玉饰等，它们都是一些高档玉制品，而且相当集中地出在南边的几座大墓中。例如以前发掘的4号墓出土有玉人头像、一把玉勺和玉龟壳夹玉板等特殊器物，是这个墓地中最大的一座墓葬。1号墓出土有三个站立的玉人和其他玉器。在西南角的29号墓可能是第二号大墓，其中也出土三个玉人，只是腿部特别短，可能是表现正面的坐姿。同墓中还出土玉鹰、两把玉戈和很多玉钺等。东南角也有一座较大的墓葬。

两组玉人虽然有或坐或立的不同，但都是双臂弯曲紧贴上身，双手张开捂住胸前，似乎是在祈祷的样子。玉板夹在玉龟壳中间，上面有以八角星纹为中心和象征四面八方的圭形的刻划纹，显得非常神秘。玉鹰的两翅张开，末端均做成猪头形，体部则在一个圆圈中刻划八角星纹，很是奇特。这些物品可能都与宗教活动有关。由此可见几座大墓的主人不但拥有比较多的财富，还是宗教活动中的重要执事人员或祭司，甚至也可能兼做军事领袖，因为他们的墓中往往随葬玉钺等半实用和半仪仗性的武器。

凌家滩西边的墓葬数量最多，其中有中等墓也有小型墓。20号墓出土有玉钺、玉斧、石凿、111个管钻下来的玉芯和许多制造玉器时留下来的边角料，墓主人可能是一位玉匠。北面则只有少量小墓。从整个墓地的情况来看，虽然墓葬的规模和随葬品的档次有所不同，可以大致分为大中小三个级别，而且各有一定的分布区域，但毕竟都在一个墓地，而且都分布在同一个祭坛的周围，当属于同一个社会和宗教的群体，甚至可能是属于同一个氏族的。

凌家滩大墓的数量不多，如果和大汶口文化晚期或良渚文化的大墓相比，规格也不算很高。良渚文化有专门的贵族坟山，凌家滩则是富人和穷人在一起，有所分化但没有分家，还没有形成一个独立的贵族阶层。因此，反映等级差别的礼制似乎也还没有形成。那些特殊的高档玉器，除了玉人以外差不多都只有一件，各是一物，看不出有任何制度性的安排，因而不具有礼器的性质；玉人自然也不会是什么礼器。玉璧数量很少，个体较小，还处在发生的初始阶段，而且大墓中的玉璧比小墓中的玉璧还要小，可见也不具有礼器的性质。

凌家滩玉器的原料比较复杂，经过测定，其质地包括透闪石、阳起石、蛇纹石、水晶、玛瑙和玉髓等，有的还算不上是真玉。说明当时还没有一个基本固定的玉矿来源，而是到处收集或采集美石来做玉器。这跟良渚文化或红山文化有比较大的区别。但凌家滩玉器的加工技术已经相当高了，从一些器物上的痕迹来看，当时已经广泛地采用切割开坯的技术，包括线切割和片切割；同时采用了管钻的技术，20号墓中成百件管钻的玉芯以及许多玉器穿孔上所见的管钻痕迹都是极好的证明。玉勺和玉喇叭形器的加工技术是十分高超的，有人以为使用了砣具，是否真是如此固然还需要有更加确实的证据，但当时已经能够做出那样体薄的圆弧形器物，表面还有抛光的处理，看不出一点工具的痕迹，晶莹温润，造型优美，在同一时期的玉器中是首屈一指的。

　　总之，凌家滩玉器是在生产力发展到一定水平，社会开始出现分化的历史条件下的产物，又是这一历史阶段已经到来的一种证据。与同一时期的其他文化遗址相比，凌家滩是比较发达的，凌家滩玉器也是比较先进的。从这个意义上来说，凌家滩玉器的发现，对于玉器文化的深入研究乃至聚落演化历史的研究都是至关重要的。对于中国文明起源的研究，也提供了一个起始阶段不可多得的实例。

　　　　（2000年4月12日写于台湾大学人类学系，原载安徽省文物考古研究所编

　　　　　　　　　　　　　　《凌家滩玉器》，文物出版社，2000年）

沙下考古的收获

香港古物古迹办事处拟于 2005 年 10 月举办西贡沙下遗址发掘展览，随展将出一本介绍发掘与研究成果和出土文物的图录，让公众了解考古发掘和文物保护的重要性，这事情是很有意义的。

前些年香港工程建设比较多，涉及许多文物古迹的保护问题。古物古迹办事处组织人力进行了多次调查和少量发掘，虽然有一些成绩，仍然苦感人力不足，考古工作赶不上工程建设的步伐，于是先后邀请内地许多考古研究机构和高等学校有关系科到香港进行考古发掘与研究，其中包括中国社会科学院考古研究所，广东、湖南、陕西、河南、河北等省以及广州市的文物考古研究所，中山大学人类学系和北京大学考古文博学院等具有丰富田野工作经验和研究能力的人员。一方面解决了在工程建设中有效保护文物的问题，同时也在一定程度上提高了香港地区的田野考古水平。其中因修建青马大桥而组织发掘的湾仔北遗址还获得了当年全国十大考古发现之一的荣誉。其他遗址的发掘也颇有收获，从而基本上建立起了香港史前和先秦考古的文化发展谱系。在众多遗址的发掘中，西贡沙下遗址的发掘乃是规模比较大收获也比较多的一处。观众和读者从展览和图录中可以略窥一斑。

沙下遗址位于西贡墟镇和沙下村之间的海滨地带，由于河口泥沙的淤积和海潮的冲积，形成了一块不太平的小平地。东南临西贡海湾，西北是木棉山等小山丘，有小河从遗址中部穿过流入西贡海。自然资源丰富，又有日常生活必需的淡水，为定居生活提供了较好的条件。

据调查沙下遗址总面积约 20 万平方米，在香港来说是比较大的，由于修建公路而面临破坏。为了有效保护和提取必要的历史信息，在古物古迹办事处的主持下，先后有湖南、河南、河北、陕西和广州市的文物考古研究所进行发掘，发掘的总面积超过 3000 平方米，在香港也是空前的。期间又请香港和内地的有关专家对沙下遗址的景观考古、环境变迁、历史植被和生计形态等进行了研究，对出土石器进行了鉴定并对石器产地的地质背景进行了考察，对出土宋元明时期的陶瓷器也进行了专题研究。这是一个汇集多所研究机构、多种学科的学者进行合作并取得重要成果的考古工作。

沙下考古的主要收获大致有以下几条：

（1）基本上弄清了遗址的范围和形成过程。依据地层关系和出土遗物大体上可以分为新石器时代晚期早段和晚段、商周、春秋和宋元明五个时期。其中新石器时代晚期的分段和商周与春秋的分期细化了以前新石器时代与青铜时代的分期体系，对当地史前和先秦时期的考古年代学是一个贡献。

（2）发现了新石器时代晚期和春秋时期两个石器制造场。其中新石器时代晚期石器制造场的面积约500平方米，有多处加工石器的工作面。每个工作面有石砧、石锤、砺石等制造石器的工具，以及制造石器过程中留下的大量石料、粗坯、半成品和废弃的石片、石屑等。各工作面的情况有所不同，有的地方以制造石锛为主，有的地方则多石斧和尖状石啄，说明制造场里面还有一定的分工。此石器制造场可能部分地延续使用到商周，到春秋时期转移到了旁边不远的C区。因为制造石器的原料大部分采自当地的砾石，只有少量燧石页岩与粉砂岩可能采自桥嘴岛等地，距离沙下遗址也不远，获取并不困难。所以沙下长期成为制造石器的中心并不是偶然的。

（3）在史前和先秦时期，沙下遗址的聚落基本上是围绕石器制造场而建立起来的。这次发现有多座房屋基址，对房屋的大小、形状和结构有所了解，这在香港也还是第一次。有房子有墓葬，说明人们是相对定居的。定居下来就必须有基本的生活保障。沙下遗址的滨海地带和西北小山丘上不乏可供采集的植物性食物和可供狩猎的多种动物，海滨还有水生的食物资源。人们的生计必然是以采集—狩猎为主，这是谁都可以想象得到的。有趣的是这次考古竟然发现了几粒炭化稻米。在新石器时代晚期的地层中至少发现有一粒稻米和大量稻属植物硅酸体，还有栽培的葫芦科植物硅酸体。既然有大量稻属植物硅酸体，说明稻属植物就是在当地生长的。至于是野生的还是栽培的，暂时还难以做出确切的判断。不过也可以考虑一下：既然当时已经学会了栽培葫芦科植物，自然也不能排除栽培稻谷的可能性。这是一个重要的信息。因为直到目前为止，在珠江三角洲的史前遗存中还没有发现过稻米的痕迹。一般认为在史前时期的珠江三角洲是不会栽种水稻的。这次的发现自然会引起人们的反思，促使人们在今后加强这方面的研究工作。

（4）这次发掘中没有发现纺轮，本是意料中事。过去邓聪根据珠江三角洲史前遗址多次出土刻槽石拍的情况，认为这些石拍是加工树皮布的工具，是所谓树皮布打棒。人们既然穿无纺的树皮布，自然不需要纺轮。这次似乎也没有发现刻槽石拍，今后考古时应该特别注意。

（5）这次考古提供了多个研究单位和多种学科的学者进行合作的成功经验，应该珍惜和好好总结。过去我曾经提出，香港应该在田野考古方法上进行探索并有所突破。因为香港有些学者有西方考古的经历，熟悉西方的田野考古方法，有些学者对内地的考古方法更为熟悉。加上近年来有不少内地的考古机构到香港进行考古调查和发掘，完全可以根据香港遗址的特点，参考各方考古方法的优点而整理出一套适合于香港的新的田野考古方法。这次发掘采用内地比较习惯的探方法，而记录采用西方常用的所谓 Context 法，两张皮结合得不算太好。如果能够进一步研究一下，多做一些试验，我想是可以在田野考古方法上做出新的贡献的。

香港的考古人员不少，有资深的著名学者，也有许多具有丰富田野工作经验和研究成果的中青年考古学家。大家如果能够协力同心，再适当吸收内地和国外的经验，香港的文物保护和考古研究就一定会取得更大的成果。谨祝展览成功！

（2005 年 8 月 8 日于蓝旗营）

史前长岛与海洋文明的开拓

一 长岛的历史地位

长岛是一个很重要的地区，既是京津的屏障和渤海的门户，又是沟通山东半岛与辽东半岛的海上桥梁，是中国内地通向东北乃至整个东北亚地区的枢纽。早在 7000 多年以前，山东半岛的新石器时代文化就已通过长岛传入辽东半岛。从此以后接踵不断，都是从南往北，是内地人闯关东以前的主要通道，也是文化传播的重要渠道。

为什么这样说呢？大量的考古发现证明，早在一万年以前，中国的长江流域就开始栽培水稻，是稻作农业的起源地。以后向华南、东南亚和东北亚传播。向东北亚传播的路线，就是从长江下游往北到山东半岛，再通过长岛到辽东半岛，继而经过朝鲜半岛，像接力棒似的一站接一站地传递，直到约 3000 年前才最后到达日本。人们把这条路线称为"稻米之路"。

长岛是这条"稻米之路"上很重要的一段，如果没有长岛，那水稻传播的历史就可能是另外的一种情况了。过去有些学者主张稻作农业是从长江下游越过东海直接传到日本的，至今没有任何证据，事实上也是不大可能的。大家知道水稻有两个亚种，即籼稻与粳稻。农学家在不知道水稻起源和传播历史的情况下曾经分别称为印度稻和日本稻，因为印度主要生产籼稻，日本则只有粳稻。长江下游既有籼稻也有粳稻，山东和辽东则只有粳稻。如果从长江口直接传到日本，那日本就应该有两种水稻，而事实上只有粳稻或日本稻一种。目前，京津、山海关和辽西一带还没有发现早期水稻的遗迹或遗物，胶东这边有，辽东那边也有，长岛的作用就不言而喻了。目前长岛没有发现有关水稻的东西，这有两种可能：一是长岛这边不具备种植水稻的环境或土壤条件，毕竟是海岛嘛。二是我们的工作做得不够，只不过暂时没有发现。但不管怎么说，长岛的"桥梁"或"驿站"的作用是不容忽视的。

仔细研究日本的历史你会发现，促使日本古代社会发生变革的因素主要有两个，一是水稻和与稻作农业相关文化的传入；二是青铜、铁器及相关文化的传入，它直接导致了古代日本社会由原始公社向阶级社会的转化，加速了日本历史的进化过程。这些都是跟长岛的作用分不开的。

二　中国古代对外文化交流的路线

中国历史上对外的文化交流之路主要有三条，一是从陕西、甘肃、新疆到中亚、欧洲的"丝绸之路"，这条路大家谈得很多，研究的也比较充分。需要强调的是，这条路并不是开始于西汉，而是更早。例如在俄罗斯阿尔泰地区发现的巴泽雷克斯基泰文化的墓葬中就发现有中国战国时期的丝绸和铜镜等。更早还有草原之路，中国的小米通过这条路传到中亚和欧洲，中亚的小麦和绵羊传到中国。二是由山东半岛、辽东半岛经过朝鲜半岛到日本的一条路，水稻的传播走的就是这条路，此后的铜器、铁器、丝绸乃至更多的物质文化与精神文化的传播走的还是这条路。所以这条稻米之路有时又称为东方丝绸之路。三是从东南沿海出海之后又分为两条，一条向东通往东南亚和太平洋岛屿；另一条则是往西到南亚、西亚直达非洲的海上丝绸之路，这条路因为还要从阿拉伯地区输入香料，所以也称为香料之路。此外，从四川、云南到缅甸、泰国也有一条通道，只是影响略小于前三条。从早期的情况看，中国文化同外界文化虽互有影响，却是以向外传播为主的。而向海上的开拓乃是其中十分重要的一个方面。

三　关于海洋文化研究的思路

上述三条对外扩展或相互交流的主要路线中，有两条是通过海路或面向海洋的。很多人以为中国主要是一个大陆国家，海洋文化并不发达。其实不然，中国也是一个拥有广大海疆，对海洋开拓做出过巨大贡献的国家。一般认为哥伦布发现美洲揭开了地理大发现的序幕，那其实只是站在欧洲人的立场上说的。美洲在一万多年以前就已经有人居住，并不需要你哥伦布去发现。况且那个所谓发现在技术和能力上也不是很困难的。因为他所雇用的水手中有的之前曾到过美洲大陆，这些水手就成了哥伦布的向导。而且哥伦布时代人类的科学技术成果如天文、地理、气象、航海技术和经验等，已经足以支持他完成这次活动了。再看看地图你会发现，美洲大陆南北纵贯，从葡萄牙或西班牙向西航行，只要有足够的淡水和食物，再加上足够的勇气与耐心，总会越过大西洋抵达陆地的。那个时候已经知道地球是个圆球体，以为向西航行也可以到达东方的印度。哥伦布的目的就是想从西方抵达印度。所以首先登上和发现加勒比海的一些岛屿后就说那是印度群岛，把那里的原住民说成是印度人，西文印第安就是印度人的意思。后来知道不对了，就把荷兰占领的印度尼西亚一带叫作东印度群岛，把南北美洲之间的岛屿叫作西印度群岛。可以说哥伦布是很幸运的，为欧洲人的殖民运动立了大功。而东亚和太平洋这边就是另外的一种情况了。这是一片极其广大的区域，有成千上万的小岛，几乎布满了整个太平洋。现在我们知道，在所谓地理大发现之前，土著人老早就已经生存在这些小岛上了。大家可能要问：这些土著人是从哪儿来的？何时来的？如何来的？他们有什么法子发现那些小岛，又有什么法子登上那些无人的荒岛，辛勤地开发，子孙繁衍，从而创造了独树一帜的海洋文化的呢？这是一个饶有兴味的问题，吸引了许多学者去探索，包括早期的旅行家、人类学家、考古学家和语言学家等。现在终于有一个比较明确的答案了。

旅行家很早就注意到众多岛屿上的居民有相似的经济生活和风俗习惯，语言学家更注意到各大群岛上的居民都说同一种语言，即所谓南岛语系，只有一些语族或方言的区别。这说明所有岛上的居民应该有同一的来源。根据历史语言学的研究，发现台湾原住民的语言应该属于古老的南岛语系的一支，他们的祖先是否就是南岛语系各族最早的祖先呢？长期执教于美国耶鲁大学和哈佛大学的张光直认为在台湾发现的距今 6000 多年的大坌坑文化乃是台湾原住民祖先的文化，而这个文化又同东南沿海的史前文化具有密切的关系。可见南岛语系居民最早的祖先理应到中国东南地区去寻找。澳大利亚国立大学的贝尔伍德也有相似的观点。他认为最早是从大陆传到台湾、菲律宾和印度尼西亚，至少在公元前 4000 年左右就传到了美拉尼西亚群岛，那里的考古学遗存叫作拉皮塔文化，跟菲律宾和印尼的史前文化有密切的关系。到了公元前 2000 年的时候，范围扩大到了密克罗尼西亚群岛一带；而到了公元前后的一个世纪，整个波利尼西亚包括夏威夷群岛在内也开始有人类生存了。

在中国长江以南的闽浙粤赣包括台湾在内的广大区域曾经是百越人聚居的地方。蒙文通先生在他的《越史通考》里面指出越非自谓，而是他称，是中原族群对这个地方的人的一种称呼。因为他们广泛使用的有肩石斧的形制很像中原地区的钺，因此中原人就把使用这种工具的南方人称作"越人"。厦门大学的吴春明根据百越人语言中的某些词汇与南岛语系相通，风俗习惯也跟南岛语系的居民相似，再加上考古学方面的证据，提出百越—南岛一体化的概念，是很有见地的。

在百越和东夷分布的地区，有两种文化因素特别值得注意，就是有段石锛和拔牙风俗。在中国，这两种因素只见于东方和东南沿海。20 世纪 50 年代，厦门大学的林惠祥曾将有段石锛划分为初级型、中级型和高级型，中国三种形制都有，而太平洋岛上则主要是高级型，说明它是后起的，源头应该在中国。其实早在 1932 年，荷兰人海因·格尔登就曾提出中国东南沿海和东南亚的有段石锛应该是太平洋地区有段石锛的祖型。20世纪 50 年代，新西兰的年轻学者罗格尔·达夫更全面论述有段石锛从中国东南沿海如何一步步地传播到整个太平洋地区的。我在学生时代在北大听过他的报告，印象很深。他的第一句话就是要到中国来寻找新西兰毛利人和整个太平洋地区居民的祖先。接着就用幻灯一片一片地播放，说明这种特别的工具是如何传播到如此浩瀚的太平洋的。

　　至于拔牙习俗，在中国古代文献中早有记载，叫作凿齿。古代僚人有凿齿的习俗，近代在贵州的仡佬族也有，所以被称为打牙仡佬。台湾的原住民同样流行这种风俗。在中国的史前文化中，最早是在山东和苏北的大汶口文化中发现的，后来在东南沿海也不断有所发现。为此我还专门写过一篇《大汶口文化居民的拔牙风俗和族属问题》的文章来详细讨论这个问题。这种风俗在日本的绳文文化中也颇流行，然后是东南亚和太平洋地区。我注意到在整个大汶口文化分布的区域里，拔牙（凿齿）的习俗是很盛行的，从苏北到胶东，包括长岛大黑山的北庄遗址都有发现。看来这种风俗也应该是从中国东部起源，然后通过日本和东南亚传播到太平洋地区的。

　　我们讨论到这里，只剩下最后一个问题了——那些海洋文明的开拓者究竟是如何发现又如何到达那些渺无人烟的无数荒岛的？汪洋大海一望无际，怎么知道其中还有一些小块的陆地呢？我们知道无论是东夷还是百越，都是习水性善操舟的，他们并不怕大海。最早的航行工具只能是独木舟，也只能在近海活动。即使在近海，单是一叶独木舟也是很危险的，那太容易倾覆了。所以人们很早就建造一个平衡架。单边造架的叫边架艇，两边造架的叫双架艇。也可以把两个独木舟并联叫双体船。浙江萧山跨湖桥发现了一只8000年以前的独木舟，旁边有许多木杆，有人认为那就是做边架用的，是最早的边架艇。有了这类设施就不至于担心翻船了。跟着还有一个动力问题。人们不能只靠自己的体力去划船，那样遥远的距离是吃不消的。我想最有效的方法莫过于张起风帆，借用自然的风力。跨湖桥的独木舟旁边正好有一扇竹编，好像是做船帆用的。当时人们也可以用芭蕉叶一类的东西做帆，这在当时是不难解决的。关键还是向哪个方向去，怎么才能找到陆地。在这里我想重点说一下导航术的问题。在茫茫大海中航行，如果迷失了方向，那将是一件很危险的事情。要怎么做才能保证航向呢？现在我们有罗盘、六分仪，还有更先进的GPS全球定位系统，那么古代呢？尤其是史前时期呢？有人说古代航海主要靠地文导航，也就是渔民们说的"望山行船"嘛！古代地文导航是有的，但那是有条件的，比如说近海航行；再比如说在相对密集的群岛之间航行是可以的，而我们要讨论的是太平洋三大群岛，单靠地文导航是不现实的。有人说还可以用天文导航，也就是观测星星来指导航行。先不说距今几千年前史前居民掌握了多少天文知识，即便是有这种知识储备，那也只能是夜晚的事，白天呢？或者是阴天呢？总之，人们必须选择一个不受天候、气象制约的方法来做指引。是什么呢？关于这个问题，我思考过很长时间，后来《圣经》中"诺亚方舟"的故事启发了我。诺亚放出了一只鸽子，鸽子衔来了橄榄枝，诺亚因此判断出了陆地的方向和距离。诺亚在大洪水中漂流的经历以及寻找陆地的方法，给了我们一个很好的启示。鸟类虽然能够在高空飞行，视野开阔，但也离不开陆地。从陆地上起飞后，不管能够在天空翱翔多久，最后还必须返回陆地。我曾经访问过长岛的渔民，他们说：当地的海鸟不仅可以指示陆地，还可以指示鱼群的方位，有经验的渔民可以在一定的季节里根据天鹅、大雁以及鹰隼等出现的频率，判断出自己的位置以及将要抵达的目的地。除了海鸟，洋流和西风带的定向风也同样可以发挥作用。

我们说了这么多，其实是在谈一个海洋文明发生的问题和长岛考古的意义。我国沿海有几千座岛屿，目前发现有史前文化遗存的并不是很多，长岛是其中之一。虽然我们不能说长岛的史前文明就是海洋文明，但毕竟是中国史前先民走向海洋的第一步；历史上这里又是东夷及其先民的地盘，而东夷族群的一些习俗又与南岛语系居民早期习俗有渊源关系。因此，在长岛开展这方面的研究，将是极其有意义的。

海洋文化研究是一个大课题，需要大家共同努力。中国是一个面向海洋并有广阔海疆的国家，中国的发展不能忽视也必须面对海洋。研究海洋文化既具有历史意义，同样还有现实的意义，应该大力加强这一方面的工作。

（据 2009 年 10 月 18～20 日在山东长岛出席妈祖文化论坛时与长岛县文化文物工作者座谈时的发言整理而成）

中国彩陶的谱系（提纲）

自从 1921~1924 年在河南和甘肃等地发现大量史前彩陶以来，中国的彩陶就一直成为考古学家和艺术史家研究的重要课题之一。其中关于中国彩陶的发展谱系曾经有过各种不同的说法，在资料不足的情况下难免会失于偏颇。经过几十年考古学家的努力，中国新石器时代文化的发展谱系才比较清楚。彩陶的发展谱系离不开整个文化的发展谱系，所以直到今天才逐渐有了比较清楚的认识。即使如此，好多细节也还需要有新的发现和更加深入的研究。

彩陶的起源

中国陶器有极其悠久的历史，江西万年仙人洞就发现有两万年前的陶片，那是世界最早的陶器。以后在中国的南方和北方多处新石器时代早期的遗存中，都发现有一万多年前的陶器。不过那时的陶器多为灰色，表面也不甚平整，不具备画彩的条件。彩陶的出现应该与陶器的质地和色泽有关。中国彩陶最初出现于浙江的上山文化，因为这个文化的陶器多为红色，表面平整，比较适于画彩。只是在上山文化的早期遗存中尚未见到彩陶而只有红衣陶，经过一段时间的酝酿，到上山文化的中期，大约在公元前 7000 年才出现彩陶。主要见于义乌的桥头遗址，永康的湖西和长城里也有少量标本。施彩的器物有碗、壶和带耳罐等。一般在器物外面满施红衣，再在红衣上施乳白色连点纹或横线加连点纹。到上山文化晚期，永康长城里的壶肩上有竖线加多道短斜线的。这是中国最早的彩陶，也是世界最早的彩陶，数量极少，构图简单，可视为彩陶的萌芽（图一）。

彩陶的发展

中国彩陶正式起步要到公元前 6000 年左右，大致经历了起步、兴盛、衰落和局地复苏四个时期：

（1）起步期

约当新石器时代中期的后半，年代约为公元前 6000~前 5000 年，分别见于浙江的

图一　上山文化的彩陶（浙江义乌桥头出土）

跨湖桥文化、陕西和甘肃东部的白家文化、河南的裴李岗文化、安徽的双墩文化、湖北的城背溪文化、湖南的高庙文化和皂市下层文化等。跨湖桥文化的彩陶是继上山文化而发展起来的，其余各地的彩陶都是原生的，其中以白家文化的彩陶较为发达。彩陶发生地在黄河流域中下游、长江流域中下游和淮河流域，也就是发生在中国的核心地区，这一事实说明以往关于中国彩陶是由西方传播过来的假说是不正确的。彩陶发生地点之多和分布范围之广，又说明单纯的中原中心论也不符合事实。

（2）兴盛期

约当新石器时代晚期，年代约为公元前 5000 ~ 前 3000 年。这个时期的仰韶文化、南杨庄文化、大汶口文化、红山文化、马家窑文化、油子岭文化和大溪文化等普遍用小型窑烧制红陶，易于作画，因而都有很丰富的彩陶。不但分布范围广阔，而且数量大，花色多，甚至同一个文化中还有不同类型的彩陶，是中国彩陶最发达的时期。

（3）衰落期

约当铜石并用时代早期，年代约为公元前 3000 ~ 前 2600 年或更晚。这时多用密封窑烧制灰陶与黑陶，红陶显著减少，因而彩陶也相应地减少，有的地方甚至已经绝迹。有的地方在烧好以后的黑陶上绘红色或红黄等多色水粉画，称为彩绘陶，其数量远比彩陶为少。这时在福建和台湾出现少量彩陶，其来源和谱系有待于进一步研究。

（4）局地复苏期

主要在西北地区，那里的彩陶在铜石并用时代的齐家文化也经历了一段衰落的时期，后来到了青铜时代的辛店文化等又盛极一时。新疆的彩陶一直延续到了汉代。

彩陶的谱系

中国彩陶在不同地区起源之后又形成了不同的系统和亚系统。

（1）北方系统

主要在黄河中游，萌芽于白家文化，兴盛于仰韶文化，到庙底沟二期文化即行衰落。

白家文化因陕西临潼白家遗址而得名，过去曾命名为老官台文化、大地湾文化或李家沟文化。主要分布于渭河流域和汉中盆地。彩陶仅限于在圜底钵和三足钵口沿画一红色宽带，钵内则用红色画波折纹等符号。

紧接白家文化的是零口文化，因临潼零口村遗址而得名。分布于关中、晋南和豫西一带，也称枣园文化。彩陶略有增加，除红色宽带外，新出现黑色条带、平行斜线和波折纹等。

接下来的仰韶文化是中原地区的一个强势文化，可分为四期或五期。每期又有若干地方类型。第一期是半坡期，有半坡类型、东庄类型和鲁家坡类型等。半坡类型的彩陶发达，有内彩和外彩。有发达的鱼纹，还有人面纹、鹿纹、蛙纹和鸟纹。几何形花纹有三角纹、波折纹和成组斜线等，直线直边，特别讲求规整而缺少变化。东庄类型和鲁家坡类型只有少量几何形花纹。第二期为史家期，主要为史家类型，其彩陶继承半坡类型的母题，但不尚规整而明显活跃化。鱼纹、人面纹都更生动活泼，几何形花纹中出现少量圆点钩叶纹和花瓣纹等。第三期为庙底沟期，有庙底沟类型、泉护类型和阎村类型等；这期的彩陶十分发达，而且更加活泼流畅。其中泉护类型多鸟纹，还有蛙纹、蜥蜴纹、鲵鱼纹和狗纹等。几何形花纹则多圆点钩叶纹。庙底沟类型以圆点钩叶纹为主，并且变化无穷，影响范围极广，形成鲜明的特色。阎村类型有白衣彩陶，有的白衣上施红黑双色彩，十分鲜艳。在这个类型中有一种专门用于二次葬的陶缸上画有鹳鱼石钺等图画，十分生动。第四期为西王期，有西王类型、半坡晚期类型、秦王寨类型和海生不浪类型等。前二者彩陶甚少，后二者彩陶较多且较为复杂，有黑彩、红彩和黑红双色彩等多种。较早的彩陶还有白色陶衣，较晚的则多带状网格纹。第五期为庙底沟二期，有庙底沟二期类型、泉护二期类型和谷水河类型等。本期彩陶已很稀少，仅有个别的带状网格纹。

（2）东方系统

主要在黄河下游的山东及其周围，萌芽于北辛文化，兴盛于大汶口文化，后者又可分为刘林、花厅和景芝三期，到景芝期时衰落。从刘林期开始即受到仰韶文化的影响，但同时形成自己的特点，直至最后消亡。

（3）南方系统

主要在长江中游的两湖地区，萌芽期比较分散，见于峡江地区的城背溪文化、湖南北部的皂市下层文化、湘西的高庙文化与松溪口文化和湘江流域的大塘文化等，但都不成系统。直到距今约 6300 年在江汉平原出现油子岭文化，才出现了颇具特色的蛋壳彩陶以及彩陶纺轮和彩陶球等。所谓蛋壳彩陶是形容薄如蛋壳，均为手制，厚度只有 1 ~ 2 毫米。以碗杯为多，常于器外满施方格、圆点等各种几何纹，有时在器内也用黑色晕染。继承油子岭文化的屈家岭文化和石家河文化也保持这种特色，形成一个明显的系统（图二、三）。与油子岭文化同时而分布于鄂西、川东和洞庭湖西北的大溪文化既有少量蛋壳彩陶，同时受仰韶文化影响而出现圆点钩叶纹等。

1.彩陶碗（ⅢM7：10）　　　　　2.彩陶碗底外部（ⅢM7：10）

3.彩陶碗（ⅢT1106⑤D：136）　　4.彩陶碗底外部（ⅢT1106⑤D：136）

图二　油子岭文化的彩陶（湖北天门谭家岭出土）

图三　屈家岭文化彩陶

1、5. 器盖（屈家岭 T182∶2（1）、T193∶3A（2））　2、4. 碗（屈家岭 T130∶2（1）、T173∶4（47））
3. 杯（谭家岭 H23）　6、8. 壶形器（黄楝树、青龙泉）　7. 鼎足（六合）

（4）东南系统

这个系统彩陶发生虽然最早但并不发达，系统性也不强。最早是上山文化，之后依次为跨湖桥文化、河姆渡文化与马家浜文化、崧泽文化和良渚文化。跨湖桥文化彩陶多样，内彩发达（图四、五）。河姆渡文化仅有几片黑漆彩陶，马家浜文化、崧泽文化和良渚文化的彩陶数量很少，且均受大汶口文化的影响而很少自身的特点。

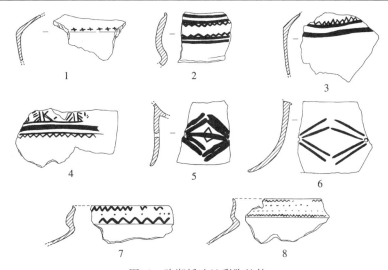

图四　跨湖桥遗址彩陶纹饰

1. T0410④：47　　2. T301⑤：29　　3. T202⑥：59　　4. T304⑨：33　　5. T202⑥：61　　6. T0411⑤A：40

7. T0410⑥A：79　　8. T0410④：48

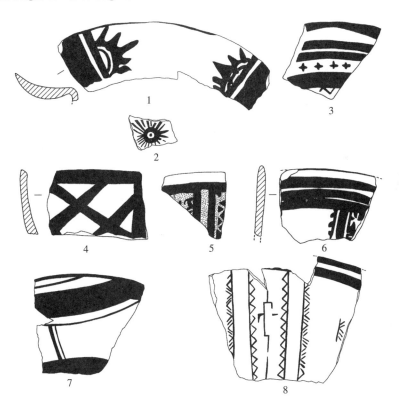

图五　跨湖桥遗址彩陶纹饰

1. T0410⑧A：60　　2. T202④：10　　3. T303⑦：47　　4. T303⑦A：45　　5. T304⑨：34　　6. T0411 湖Ⅲ：39

7. T0411 湖Ⅳ：50　　8. T0411 湖Ⅳ：51

图六　正定南阳庄二、三期彩陶

　　所谓亚系统都是在某个主系统的影响下发生和发展起来的，大致有五个亚系统：

　　（1）东北亚系统

　　主要是受北方系统影响的情况下产生的，非原生系统，后来又受东方系统的影响。有红山文化和小河沿文化。

（2）西北亚系统

基本上是从北方系统中分化出来的，有马家窑文化、半山—马厂文化、齐家文化、卡约文化、四坝文化、辛店文化和沙井文化等，持续时间最长，其中马家窑文化和半山—马厂文化彩陶数量之多和保存之好，在全国无出其右者。

（3）冀南豫北亚系统

主要受北方系统的影响。有南杨庄文化、钓鱼台文化、大司空文化和台口遗存等，前后传承不甚清楚（图六）。

（4）苏皖亚系统

有侯家寨文化、双墩文化和龙虬庄文化等，这个亚系统是彩陶最少又最不成系统的。

（5）华南亚系统

主要在南方系统影响下产生，有咸头岭文化等，这里的彩陶也不甚发达。福建、台湾的彩陶比较特别，也许是在苏皖亚系统和广东彩陶的影响下产生的。是否可以与华南亚系统划归在一起也还需要进一步研究。

与国外彩陶的比较

在中国以外还有几个有名的彩陶中心，一个在西亚，一个在中亚，一个在东南欧，后者的彩陶可能是在前者的影响下产生的；一个在印度河流域，也可能受到了中亚和西亚彩陶的影响。还有一个在美洲，虽然年代很晚，还应该是独立发生的。以上这些地方的彩陶都是在陶器发展到一定阶段，能够烧出颜色均一的红陶的情况下发展起来的，各有特色，并不是从一个中心发源，然后才传到世界各地的。中国彩陶西来说固然不符合事实，西方彩陶东来说也没有任何事实的基础。至于中国近邻的泰国所出彩陶，是不是与中国彩陶有些关系，也还需要更多的考古发现和研究才能说得清楚。

（1996 年 3 月 21 日和 2000 年 5 月 22 日分别在台北文化大学历史系和高雄美术馆演讲，2016 年 12 月 1 日因上山文化等新的发现做了局部修改）

论小坪子期

1978 年，我在一篇论述甘肃彩陶的文章中，对兰州市郊陆家沟村前小坪子的陶器进行了分析，并且首次提出了小坪子期的概念。认为"从类型学的角度进行分析，小坪子期应是联系马家窑期和半山期的中间环节，半山期乃是马家窑期经过小坪子期逐步发展起来的"①。那个时候，人们对甘肃地区的马家窑、半山和马厂三类遗存的关系还有许多模糊的认识。我个人认为首先要把这三类遗存放在甘青史前文化（主要是彩陶文化）的总体发展脉络中去认识和把握。从这个角度来看，这三类遗存的关系基本上是一个分期问题，即是先后相继的三个文化期，只是在发展过程中产生了许多方面的变化。

根据 1963 年我带领学生到兰州一带实习时所掌握的资料，首先对以马家窑为代表的一类遗存进行了仔细的分析，将其划分为先后相继的石岭下、西坡呲、雁儿湾和王保保四组，发现即使是最晚的王保保组，同半山一类遗存的差别还是很大。我自然很想找到二者之间的中间环节。很幸运的是，我在对兰州以南的陆家沟一带进行调查时发现的小坪子正好填补了中间的这个空白。

事情的经过是这样的：

1963 年 10 月 19 日，我和甘肃省博物馆文物工作队的蒲朝绂徒步到兰州市以南 30 多里路的陆家沟一带进行考古调查。途经龚家湾、桃园，最后到陆家沟，那是一个有五六十户人家的村子。村东南的山坡上就是著名的西坡呲遗址。从西坡呲往北山脚下的树园子有一个马家窑期的小型遗址。再往北到双可岔有一个马厂和齐家文化的遗址，再往北有一块小平地，当地人叫作小坪子。我在日记中写道：

"由双可岔往北，离（陆家沟）村约 800 米，且较村子低数十米的地方就是小坪子。那是一片面积约一亩的小平地。1958 年改水田时曾经挖出了据说是马家窑期的墓葬。我们在周围仔细察看，在东面陡壁上发现有很少的灰层，但未见遗物。在地面上发

---

① 严文明：《甘肃彩陶的源流》，《文物》1978 年 10 期；又载《仰韶文化研究》增订本，文物出版社，2010 年。

现有零散的人骨，又捡到了两块彩陶片，似属马家窑晚期者，又似有向半山过渡的趋势。两块陶片均为泥质橙黄色，表面磨光，绘黑彩。均为罐的残片，一为肩部，一可能属颈部"（图一，9、10）。

　　小坪子的调查促使我想进一步了解一些情况。我问蒲朝绂过去调查过小坪子没有，蒲说1958年改水田时据说挖出了一些彩陶罐子，博物馆派人去调查，看到许多凌乱的人骨，知道是墓地，已经被彻底破坏了。就从老乡家里收集了一些器物回来，都放在仓库里了。我就请他把器物都找出来，一共有7件，一单把罐、二小口壶、二双耳壶、一豆、二勺，都是彩陶。又在1964年该馆从陆家沟收集了二壶一罐三件彩陶，也可能是小坪子出土的，因为小坪子就属于陆家沟村。我们都一一画了图（图一）。

　　小坪子的这些器物并不成套，只有彩陶而没有素陶，彩陶中又缺乏盆钵类器物。特别是没有出土单位，难以确证是否属于同一时期。只是由于彼此风格相近，既不同于马家窑，又不同于半山。另一方面，它也有些特征近似于马家窑，特别是马家窑晚期的王保保组；又有些特征近似于半山。这使我想到它很有可能是介于二者之间的中间环节。既然不能简单地归属于马家窑或半山，最好的办法就是自立一个文化期，叫作小坪子期。看到兰州还有一个已被毁掉的华林坪遗址也出土相同的器物，又多少增加了我的信心。

　　应当指出的是，当时之所以提出小坪子期这个概念，还不只是看到小坪子和华林坪两个遗址的零星材料。在甘肃省博物馆还有不少历年收集的同类器物，其出土地点并不限于兰州地区。若在地图上标示出来，其范围同马家窑和半山有相当大面积的重合。这样我才觉得有一定把握将它作为一个文化期，而不大可能是局部范围的特殊现象。只是限于篇幅，在那篇文章中没有充分展开。三十多年过去了，期间又有不少新的发现，现在对这个问题应该可以说得更加清楚一些了。

　　1975年，甘肃临夏回族自治州文物普查队在康乐县虎关乡发现了边家林墓地，征集了大批彩陶器。1981年自治州博物馆会同康乐县文化馆对边家林墓地进行发掘，发现墓葬17座和灰坑一个，知道那是一处居址兼墓地①。发掘简报认为那些墓葬可根据葬式和出土器物分为早中晚三期，早期具有马家窑类型晚期的特征，看来大体是正确的。其中发表器物较多的M12为所谓捡骨葬，从器物特征看确实较早，甚至在小坪子期中也是比较早的（图二）。简报作者还首次提出了边家林类型的名称。指出"边家林墓地出土器物既不同于马家窑类型，又区别于半山类型，但其文化内涵既承袭了马家窑类型的风格，又孕育了半山类型的特征，填补了从马家窑类型发展到半山类型的缺环。因而

---

① 临夏回族自治州博物馆：《甘肃康乐县边家林新石器时代墓葬清理简报》，《文物》1992年4期。

图一　小坪子出土彩陶

1、2. 双耳壶（306、58LA30：7）　3、8. 壶（58LA30：2、58LA30：6）　4. 豆（58LA30：1）　5、
13. 单把罐（58LA30：3、304）　6、7. 勺（58LA30：5、58LA30：4）　9、10. 彩陶片（01 采、02
采）　11、12. 双耳壶（302、303）

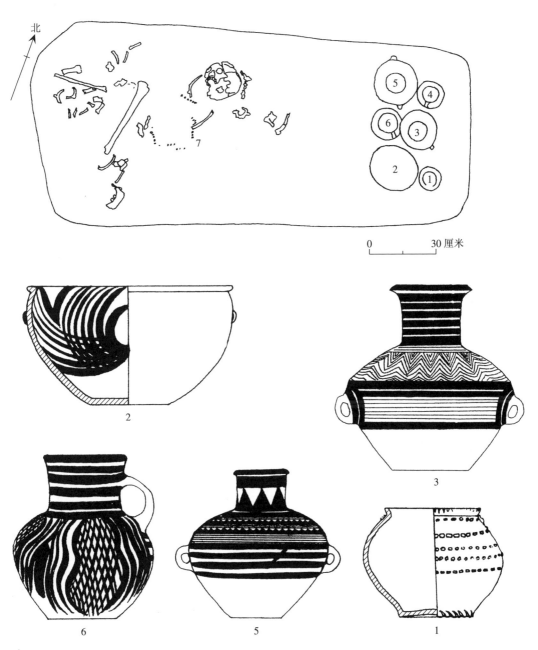

图二　康乐边家林 M12 平面图及随葬器物

1. 附加堆纹陶罐　2. 陶盆　3、5. 陶双耳壶　4. 陶罐　6. 陶单把壶　7. 骨珠

马家窑文化的发展序列应为：马家窑类型→边家林类型→半山类型→马厂类型"①。但张学正等把它划为半山早期②，张朋川在所著《中国彩陶图谱》中把马家窑文化排比为文化三，下分五个类型，即文化三1～5。三1为石岭下类型，三2为马家窑类型，三4为半山类型，三5为马厂类型。三3没有定类型的名称，只说是"掌坪、边家林等遗址"，实际上是把这类遗存作为一个类型或文化期对待的③。他后来在《临夏彩陶概观》一文中就直接称为边家林类型④。在前书中，他还进一步指出舟曲掌坪等白龙江流域的遗存与边家林等临夏地区的遗存存在一定的地区性差别⑤。王辉也把边家林墓地分为三期，不过是把早期划归马家窑晚期，中期划归半山早期⑥。不论怎样划法，大家都认为边家林等墓地的发现填补了马家窑和半山之间的一大缺环。再次证明半山是由马家窑直接或间接发展起来的。可惜边家林的正式发掘报告至今没有发表，难于进行更加具体的分析。到底把边家林早中晚期作为一个整体而称为边家林类型好呢，还是应该分解，各有归属好呢，似乎不大容易决定。但至少它的早期是应该属于小坪子的。此外在康乐县张寨也曾发现小坪子期的彩陶⑦。在康乐县的烽台以及康乐县附近的广河西坪、临洮中堡和辛店南门、陇西吕家坪、临夏王坪等处也出土小坪子期的彩陶，此均见于《中国彩陶图谱》中。至于白龙江一带，除舟曲掌坪外，还有迭部县洛达和姜巴沟等。其南部已伸向四川边境，是小坪子期彩陶分布的南界。

小坪子期研究的一个较大突破应该是天水师赵村等遗址的发掘。

1981～1990年，中国社会科学院考古研究所甘青工作队在甘肃天水市西郊的师赵村和西山坪两个遗址进行了连续多年的发掘，取得了重要的收获。两个遗址都包含有许多文化期的遗存，其中的师赵六期和西山坪六期都是相当于小坪子一类的文化遗存。

师赵的第六期文化遗存包含有窖穴14个、墓葬6座和若干地层堆积。出土遗物中可与小坪子作比较的主要是彩陶。这些彩陶全部饰黑彩，纹样多粗细相间。罐壶的颈部多为宽条加细线，有的罐通体饰粗细相间的竖行彩纹，这些都跟小坪子相同，而与同遗址的师赵四期和五期的彩陶判然有别（图三）。师赵四期的彩陶主要属石岭下，个别像

① 临夏回族自治州博物馆：《甘肃康乐县边家林新石器时代墓葬清理简报》，《文物》1992年4期，76页。
② 张学正等：《谈马家窑、半山、马厂类型的分期和相互关系》，《中国考古学会第一次年会论文集》，文物出版社，1980年。
③ 张朋川：《中国彩陶图谱》，文物出版社，1990年。
④ 张朋川：《临夏彩陶概观》，《临夏彩陶》，甘肃人民美术出版社，2005年。
⑤ 张朋川：《中国彩陶图谱》，文物出版社，1990年，57～58页。
⑥ 王辉：《甘肃省文物考古工作五十年》，《新中国考古五十年》，文物出版社，1999年。
⑦ 石龙：《甘肃康乐县张寨出土新石器时代陶器》，《文物》1992年4期。

西坡岰；五期的彩陶主要属雁儿湾，个别像王保保。师赵六期的彩陶也有一些跟小坪子不大相同，可能是地区性差别，也可能只是因为二者资料都不算丰富而不可避免的片面性所造成的。不论怎样，跟小坪子应该是属于一个时期的。

　　师赵六期资料的重要性在于与彩陶一起还出土了许多素陶（图四），还有各种石器和骨器等（图五），加上有居址（14 个窖穴等）和墓地（图六），建立一个文化期的必

图三　天水师赵六期彩陶

1. 钵（采：02）　2. 壶底（T301H1：2）　3、7. 双耳罐（T347④：2、采：01）　4. 双耳壶（T302③：1）　5. 盆（T301H1：1）　6. 彩陶片（T301H1：11）

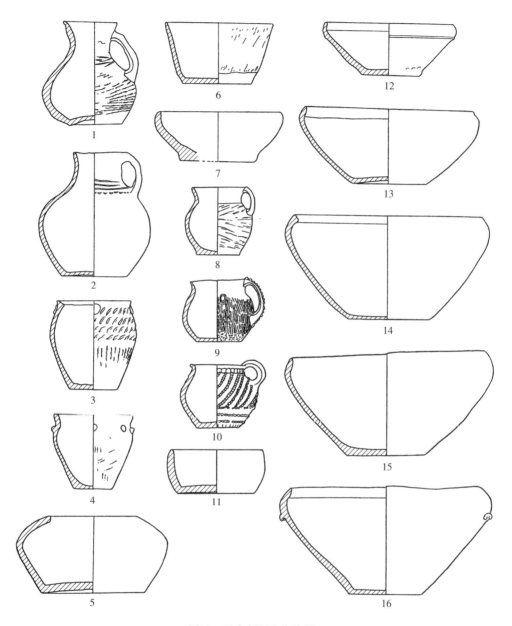

图四　天水师赵六期陶器

1. 单耳壶（T301H1：8）　2. 壶（T356③：4）　3、4. 侈口罐（T350③：1、T356③：3）　5. 盂（T308③：1）　6、
7. 碗（T333H11：7、T336③：4）　8～10. 单耳罐（T301H1：10、T333③：4、T301H1：9）　11. 陶碟（T388H22：1）
12～16. 盆（T353H17：1、T322H10：4、T386③：1、T381③：1、T313③：1）

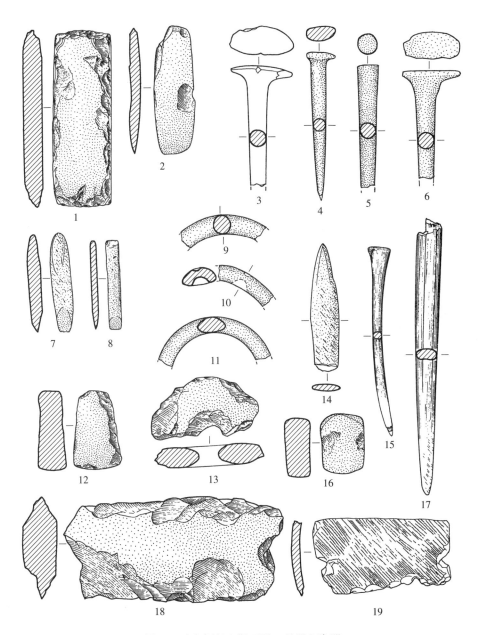

图五　天水师赵六期石器、骨器和陶器

1、2. 石斧（H16：1、H1：6）　3. 陶笄（H20：3）　4～6. 石笄（H20：2、H10：3、H20：6）　7、8. 石凿
（H20：1、H9：1）　9～11. 石环（T381③：10、9、4）　12. 石杵（H8：3）　13. 打制石环（T347④：1）
14. 石镞（H9：5）　15、17. 骨锥（H23：1、H25：1）　16. 石研磨器（H1：5）　18. 石刀（H10：1）　19.
陶刀（H26：2）

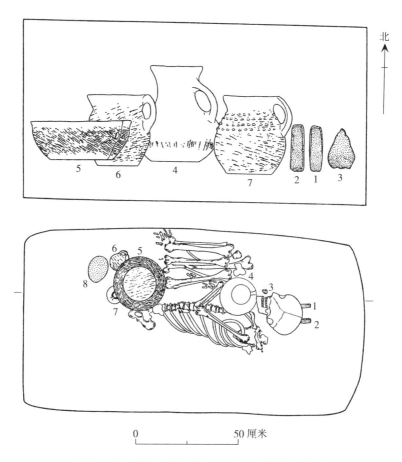

图六　天水师赵六期墓葬Ⅲ M1 平面及器物组合图
1. 石凿　2. 石锛　3. 绿松石饰　4. 陶单耳壶　5. 陶盆　6、7. 陶单耳罐　8. 砺石

要条件都基本齐备了。这些素陶自然也可以作为文化因素比较分析的基础。大体上看来与所谓常山下层的陶器比较接近，这应该与它所处的地理位置相关。

西山坪四期相当于石岭下，五期相当于雁儿湾。六期与师赵六期基本相同，但资料甚少，只有一座墓葬（图七）和少量文化层，出土器物与师赵六期基本一致（图八）。

师赵和西山坪的四期和五期，也就是相当于马家窑文化的各期中都有一定数量的尖底瓶，说明在这个时期还保留有仰韶文化的余绪。到六期就不见尖底瓶了。师赵六期的墓葬主要实行"二次葬"，实际上人骨零散而不完全，与边家林早期的捡骨葬完全相同，大概是小坪子期的主要葬式。不过师赵六期人骨保存较好的都是侧身屈肢，头部朝东。西山坪六期墓葬也是如此。前述边家林晚期才有这种葬法，师赵六期可谓开风气之先。而仰韶文化的墓葬一般是仰身直肢，头部朝西，或多人二次合葬。西山坪二期属于仰韶文化半坡类型的墓葬正是仰身直肢，头部朝西。与师赵六期和西山坪六期正好相反。说

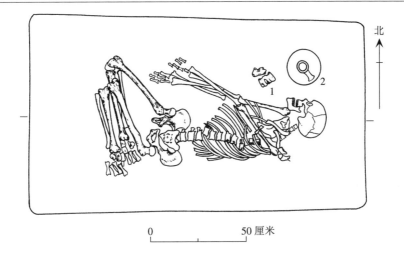

图七　西山坪六期墓葬 M2 平面图

1. 兽骨　2. 陶单耳罐

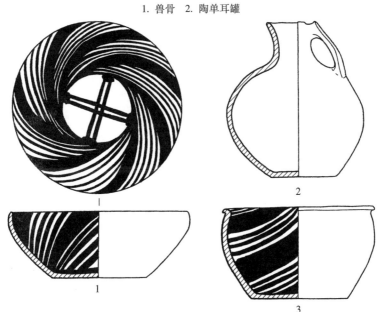

图八　西山坪六期陶器

1. 彩陶钵（T20②:7）　2. 陶罐（T3③M2:2）　3. 彩陶盆（T1④:7）

明在相当于小坪子的这个时期，无论是彩陶还是埋葬风俗都有一个比较大的变化，再没有一点仰韶文化的味道了。有意思的是，师赵与西山坪六期的遗存多与相当于齐家文化的七期遗存分布在一个区域，而基本上不与第四、五期的遗存分布在同一区域，也从另一个侧面反映了这个时期发生的重大变化。这个变化还直接影响到后来半山期的发展。

在天水左近及其以东，发现小坪子一类彩陶的地点还有以下几处：

1）庄浪徐家碾，那里 1979 年出土两件彩陶壶，其中一件带圈足的壶颇为别致①。

2）宁夏隆德凤岭，1962 年出土一件单把彩陶罐，器形跟兰州小坪子的单把罐相似②。

3）陕西宝鸡关桃园，那里属于仰韶文化晚期的灰坑 H157 中出土两件小坪子式的彩陶壶残片③。

4）陕西陇县出土过一件彩陶罐，说是马家窑文化的，实际也是小坪子式的④。

记得陕西凤县也出过类似的彩陶。这几处说明小坪子期彩陶分布的东边已达渭河中游的宝鸡地区。

小坪子期一类遗存分布的中心还是在兰州盆地及其左近。从《中国彩陶图谱》中可以看到，兰州的柳沟大坪（319、320，此为该书的图版序号，下同）和曹家嘴（315～318），皋兰的糜地岘（321、322）和蔡家河（323），榆中的关北（295～298）、党家山（299～301）和麻迦寺（205、206），永靖的塔坪（282）和金泉七十亩地（283～288）等，都曾出土小坪子期彩陶。加上小坪子和华林坪，数量达 10 处之多。其中有些地点应该是经过发掘清理的，只是没有正式的报道。又如兰州以北的永登杜家台，有 1957 年出自 M1 的彩陶 6 件（265～270），如果没有发掘，怎么会有 M1 的编号？同地还有两件注明分别于 1958 年和 1977 年出土的彩陶（271、272），也和 M1 彩陶的风格相同，说明杜家台乃是一处单纯的小坪子期墓地（图九）。像永靖金泉七十亩地 1974 年一次出土 6 件彩陶全部属小坪子期，恐怕也是一处单纯的小坪子期墓地。有墓地就应该有相关的居址，期望今后加强调查并进行适当发掘，以便进一步了解小坪子期文化遗存的全貌。

从兰州往西的青海河湟地区的小坪子期遗存见于民和边墙（337），大通上孙家（245），西宁朱家寨，乐都脑庄（238、239）、高庙（451）、申家旱台（452）和柳湾，最南到达贵南的尕马台（338）和同德宗日⑤。柳湾遗址是中国社会科学院考古研究所甘青工作队于 1974～1978 年发掘的。在发掘报告《青海柳湾》中，曾将半山类型的墓葬分为早晚两期⑥。我们发现在其早期墓葬中包含有一些小坪子期的墓葬，例如 M465、M528、M599、M641 和 M659 等都是。这些墓葬的彩陶都具有小坪子期的特色，但同时与一起划归半山早期的多数墓葬的彩陶十分相近，只是后者多了一道或几道红彩。也许这些墓应属小坪子期的最晚阶段，但在目前还没有条件对小坪子期作更细分析的情况下，这个看法还只能是一种推测（图一〇）。

① 张朋川：《中国彩陶图谱》，文物出版社，1990 年，340、341 号。
② 张朋川：《中国彩陶图谱》，文物出版社，1990 年，339 号。
③ 陕西省考古研究院等：《宝鸡关桃园》，文物出版社，2007 年，246 页图 169：10、11。
④ 肖琦：《陕西陇县出土马家窑文化彩陶罐》，《考古与文物》1990 年 5 期。
⑤ 格桑本、陈洪海主编：《宗日遗址：文物精粹及论述选集》，四川科学技术出版社，1999 年。
⑥ 青海省文物管理处考古队、中国社会科学院考古研究所：《青海柳湾》，文物出版社，1984 年。

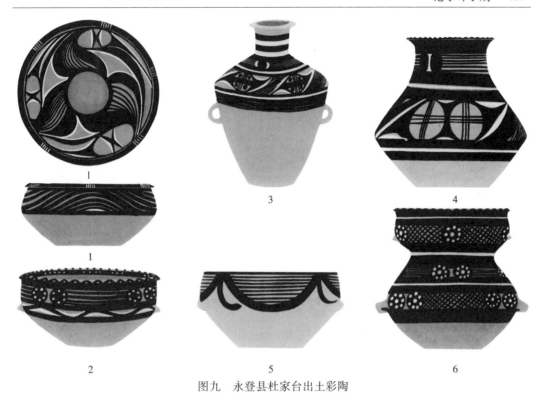

图九　永登县杜家台出土彩陶

1、2、5. 盆（267、266、265）　3. 双耳壶（268）　4. 小口罐（270）　6. 异形罐（271）（1～5 均出自 M1）

图一〇　青海同德宗日出土彩陶

　　小坪子期的遗存在河西走廊也有少量分布。走廊东头的武威就有几处出土过这类遗存。20 世纪 80 年代甘肃省文物考古研究所曾经在南郊的五坝山发掘一座墓葬，所出陶器全部是小坪子式的彩陶①。另在王景寨和磨嘴子也采集到同类的彩陶（图一一）。小坪子期的文化遗存最西到了河西走廊西头的酒泉。1986～1987 年，北京大学考古学系和甘肃省文物考古研究所在河西走廊进行考古调查时，于酒泉市当年的照壁滩发现了一处马家窑文化晚期、实际相当于小坪子期的遗址②。虽然只捡到一些陶片而没有进行发掘，但其文化特征是明确的（图一二）。

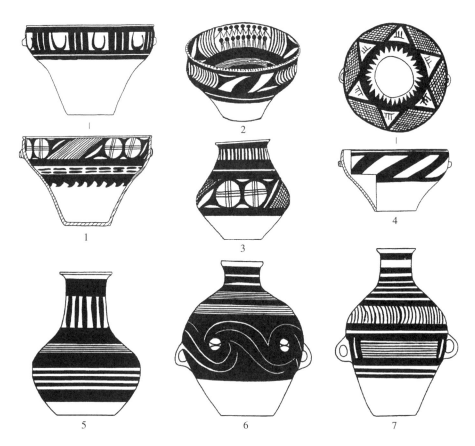

图一一　武威地区的小坪子期彩陶

1、2、4. 深腹盆（五坝山 M1∶3、磨嘴子采、五坝山 M1∶2）　3. 小口罐（五坝山 M1∶1）　5. 瓶（五坝山采）

6、7. 双耳壶（王景寨采、五坝山 M1∶4）（据李水城《河西地区新见马家窑文化遗存及相关问题》文中图三）

①　甘肃省文物考古研究所：《武威塔儿山新石器时代遗址及五坝山墓葬发掘简报》，《考古与文物》2004 年 3 期。

②　李水城：《河西地区新见马家窑文化遗存及相关问题》，《东风西渐——中国西北史前文化之进程》，文物出版社，2009 年。

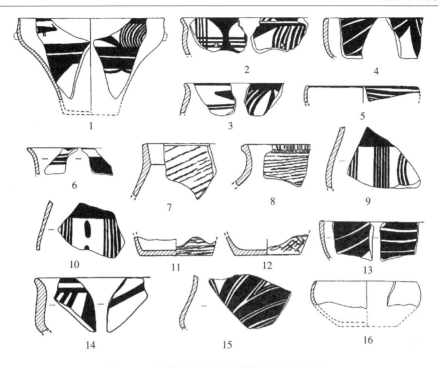

图一二　酒泉照壁滩遗址采集小坪子期陶片

1. 彩陶深腹盆（JFZ - 2 - 002）　2、3、6、14. 彩陶盆口沿（JFZ - 1 - 001、JFZ - 1 - 006、JFZ - 1 - 007、JFZ - 2 - 014）　4、5、13. 彩陶钵（JFZ - 1 - 005、JFZ - 2 - 008、JFZ - 1 - 004）　7、8、11、12. 夹砂罐（JFZ - 2 - 035、JFZ - 2 - 034、JFZ - 2 - 049、JFZ - 2 - 052）　9、10、15. 彩陶片（JFZ - 2 - 003、JFZ - 2 - 004、JFZ - 1 - 003）　16. 敛口钵（JFZ - 1 - 015）（据李水城《河西地区新见马家窑文化遗存及相关问题》文中图二）

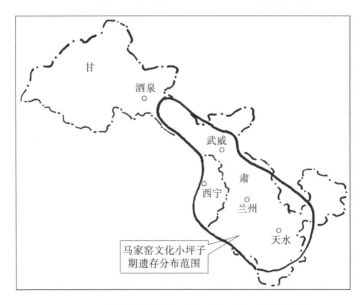

图一三　马家窑文化小坪子期遗存分布范围示意图

　　通观小坪子期文化遗存的分布，大致是以兰州盆地为中心，东到宝鸡，西到酒泉，南到甘肃、四川交界，差不多布满了甘肃省的绝大部分和毗邻甘肃的陕西、宁夏、青海、四川等省区的边沿地区（图一三），是马家窑文化发展的一个重要时期。假如按照传统的说法把马家窑文化分为马家窑、半山、马厂三期或三个类型，那么小坪子期应该插入到马家窑期与半山期之间单独作为一期。假如采取二分法，即马家窑文化和半山—马厂文化，那么马家窑文化就要分为三期，即石岭下期、马家窑期和小坪子期。其中马家窑期又可分为西坡呱、雁儿湾和王保保三段。我个人倾向于后者。

（2013 年 2 月于蓝旗营蜗居）

中国都城发展的轨道（提要）

都城是同国家一起出现的。但中国在什么时候才出现国家，学术界有不同的看法。种种迹象表明，龙山时代（公元前3000～前2100年）已经出现了许多小国或城邦，因而产生了许多小的都城。其中比较著名的有山西陶寺、湖北石家河和浙江良渚等处。它们有的有城垣，有的有宫殿或宗庙基址，有的附近有王墓或大贵族墓地，形制上还没有形成一定的规格。

夏商周是中国都城早期发展的重要时期。夏的都城不止一处，但至今可初步确定的只有河南偃师二里头一处。那里发现了宫殿和宗庙基址、祭祀坑和铜器作坊等重要遗迹，推测为斟鄩所在。商都至少发现了三处，即河南郑州商城、偃师尸乡沟商城和安阳殷墟。西周都城丰镐也发现了一些宫殿基址。这时的都城一般有宫殿和宗庙、重要的手工业作坊、祭祀场所等，有的有规模宏大的城垣，有的旁边设置王陵区（如殷墟），但在规划上似乎还没有一定的制度。强调宗庙或干脆把宗庙与宫殿合在一起，是与这一时期实行宗法制度相适应的。都城内集中重要的手工业作坊而不设市，说明这些手工业都是为王室所严格控制的。

周代后期的春秋战国时期，列国争雄，战争不断，各国都城都修起了巨大而坚固的城墙。由于手工业和商业的发达，城市居民增加，所以在城外又设郭城，城郭制度就这样形成了。

秦汉建立了统一的中央集权的大帝国，所以都城的气势宏伟。秦的咸阳城与汉的长安城和洛阳城的规模都十分宏大，其中都以宫殿为主，宗庙退居次要位置，这是与前一时期大不相同的。城内官署、苑囿、武库和手工业作坊等占据主要的地方，同时设市。不过大部分手工业和商业的活动都在城外，形成广大的京畿地区。与此同时在全国广建郡县城，以便推行中央集权的行政制度。

战国时代成书的《考工记》说到周代"匠人营国，方九里，旁三门，左祖右社，面朝后市"，可能只是一种理想的说法，与周代都城制度并不相符。但从王莽托古改制以后，这种非常规整的棋盘格式的规划思想便越来越为后代都城的建设所采用。东汉的洛阳城已露端倪,曹魏邺都北城则开创了严格的中轴对称和棋盘格式的布局,隋唐长安城进一步发展。由于唐代国力昌盛,所以其都城的规划对东亚一些国家也有影响。宋代市民经济有较大发展,所以汴梁城的规划虽然仍很规整,而隋唐以前封闭式的里坊制度则一变而为开放式的街巷制度。以后历金中都、元大都直到明清北京城,大体都沿袭这一制度。

(1996 年 11 月 5 日于韩国釜山东亚大学的学术报告)

第四届东亚历史与考古国际讨论会开幕词

(1998 年 8 月 6 日, 北京大学)

各位先生, 朋友们!

　　7~8 世纪东亚地区的历史与考古国际学术讨论会现在开幕。首先, 请允许我对前来参加会议的各国学者和朋友们表示热烈的欢迎! 炎热的夏天, 应该是休闲避暑的季节。各位不远千里来到北大, 讨论东亚历史与考古学上的重大问题, 是我们北京大学的荣幸。我谨代表北京大学考古文博院表示衷心的感谢。

　　关于古代东亚历史与考古的国际学术讨论会, 在日本大阪经济法科大学的主持下已经举行过四次了。这四次会议曾经分别就稻作农业的起源与展开、东亚考古与历史研究的现状与课题、东亚古代文化交流和东亚古代文明起源研究的再检讨等课题进行了富有成果的讨论, 我有幸参加了其中的三次, 深感组织这样的会议十分必要, 它促进了有关领域的学术研究, 加深了各国学者之间的理解和友谊, 是应该大力提倡的。在这里, 我要特别谈一谈对我们的会议有着特殊贡献的村川行弘先生, 由于他的远见卓识和孜孜不倦的努力, 才使我们的历届会议获得成功。1994 年, 他为了组织第四届讨论会到北京来, 在街上不幸腿部被严重挤伤。当我们到医院去看望他的时候, 他完全不顾自己的伤痛, 坚持向我们介绍和商量会议的准备工作。1995 年在大阪开会时, 他坐着轮椅坚持参加了整个会议, 还陪我们到神户进行学术访问。为把会议开得更好, 也为扩大会议的影响, 他很早就提议分别在东北亚各国轮流召开。我说各国的条件有所不同, 可以根据实际情况来进行安排。这次北京的会议, 也是几经磋商之后才确定下来的。对于他为发展学术研究, 加强东亚各国学者之间的联系与学术交流所做的努力, 我们是十分敬佩和感激的。

　　经过商量, 本次会议的主题确定为 7~8 世纪东亚地区的历史与考古。这个时期的东亚在世界历史上是值得大书而特书的。因为这时的欧洲正处在封建主义的黑暗时代, 而东亚各国则是文明昌盛的辉煌时期。当时的长安是世界最大的都会, 包括西方各国在内的许多国家的使节、学者、僧侣和商人云集在那里。人们在谈到中国的历史时往往用汉唐盛世来指称汉唐两代，不过唐代的昌盛又有别于汉代并且在许多方面超过了汉代，其中很重要的一个方面就是唐代比汉代更为开放，出现了空前规模的对外交流。这个时期的朝鲜半岛和日本的社会经济文化也飞速地发展起来，这两个地方同唐代的交流也最为密切。中国的历史文献中有许多关于这些地方之间相互交往的记载，值得我们仔细研究。更加令人兴奋的是，近年来东亚各国的考古工作都有很大的发展，发现了许多7～8世纪的实物资料，例如日本的高松冢和鸿庐馆的发掘，以及朝鲜半岛龙江洞的发掘等，都提供了十分珍贵的资料，中国和俄罗斯也有不少新的发现，其中渤海国的资料引起了学术界的普遍注意，使学术界对于7～8世纪东亚的历史又有了一些新的认识。相信在这次会议上大家会充分交流信息和研究成果，相互切磋，加深了解，增进友谊，我们的会议一定会取得圆满的成功！

　　谢谢大家。

玉文化与中国古代文明

　　我们这个玉器和玉文化的高级研讨会是一个国际会议，因为参加的人员不但有来自大陆各地和台湾的学者，还有日本和美国的朋友。各位对于中国的玉器和玉文化都有很多研究和很高的造诣，代表了当今玉器研究的最高水平，所以叫作高级研讨会。北京大学能够为这样一个会议做一点组织和服务的工作实在是一种荣幸。会议开得紧凑、热烈，富有成果。不但在会上充分发表意见，在会下也抓紧时间交流信息、资料和看法，有时谈到深夜，情景十分感人。研究玉器不能没有实物标本，这次有的先生带来了玉矿和玉料等标本，同时又安排了一整天到故宫博物院和中国社会科学院考古研究所参观，大家切磋琢磨，加深了认识。我想会议的成果不但会推动玉器的研究工作，对于北京大学考古系的教学和科研也将起到促进的作用。

　　世界上产玉的地方很多，但是像中国人那样，在八千多年以前就认识玉这种材料，用它制造工具、武器、生活用具、装饰品，后来又用作礼器和玩赏物品，并且赋予玉器那么丰富的文化意蕴，用玉来指称最美好的事物和最高尚的品德，以至于形成一个长久不衰的玉文化传统，实在是无与伦比的。这种现象本身就是值得很好地研究的一个课题。就像玉器的制造需要"如切、如磋、如琢、如磨"一样，对于玉器和玉文化的研究也要相互切磋，用心琢磨。

　　中国古代文明有很多特色，玉文化是其特色之一。研究古代文明通常包含物质文明、制度文明和精神文明三个方面，玉文化在这三个方面都有重要的表现。

　　玉是石头的一种，是石之美者。人类从一诞生就跟石头打交道，经历了两百多万年的旧石器时代，制造了各种打制石器，却完全不知道玉为何物。只是到一万多年前的新石器时代初期才偶尔见到玉器，到新石器时代中晚期才有很少的制成品，还没有形成大的气候。人类认识玉比认识普通石料之所以晚得多，是因为玉料比较稀少而难于找寻，又比较难于加工。直到距今约 5500～4600 年的铜石并用时代早期，也就是中国文明起源的重要时期，玉器才形成一定的生产规模，成为相对独立的手工业部门。

　　这个时期的玉器生产有两个中心，一是燕辽地区的红山文化，二是长江下游的凌家滩文化和良渚文化。两者在制作工艺上都使用了线切割、浮雕、圆雕、减地、镂空、刻划、抛光锥钻和管钻等技术，远远超过一般石器的制作技术，代表当时技术发展的最高水平。但两者在原料来源、制作技术、器物门类、造型和纹饰样式等方面都有很大的差别，是两个各具特色的玉文化系统。

我们这次会议讨论的题材相当广泛，归纳起来，大致有以下六个方面：

（1）关于玉文化谱系的研究

主要是史前玉文化谱系的研究，也有区域性玉文化的研究。邓淑蘋、黄翠梅、赵朝洪和冈村秀典都就史前玉器的谱系发表了自己的看法。邓淑蘋过去提出三大系统，包括华西玉器系统。这次则细分为东北、黄河下、中、上游、长江中、下游和珠江流域七个地区，并且纵论各个地区的消长及其相互关系。她提到《尚书·禹贡》所划分的九州中扬州和雍州产玉，其中璧、琮、圭等成为三代玉礼器的主要品类。黄翠梅把史前玉器划分为原生与次生系统，两者又各划分为主系统和次系统。说齐家文化的玉器属于次生主系统。冈村秀典注意到龙山时代社会的大变动对玉器传播方式产生的影响，特别是关于石家河玉器的来源与传播的论述很有见地。此外刘国祥对东北史前玉器、杨美莉对齐家文化的玉器、杜金鹏对二里头文化的玉器、卢兆荫对汉代楚国的玉器也都进行了很好地研究。

（2）关于早期玉产地和加工技术的研究

过去多认为中国古代玉器的原料主要来自新疆和田一带，那是因为还不知道史前时期的玉器。周汉以来也许是如此，史前时期则难以想象。这次会议着重讨论史前玉料的来源问题。王时麒等提出辽宁岫岩玉矿可能是红山文化玉料的来源；江苏溧阳小梅岭有透闪石软玉矿，可能是良渚文化玉料的来源地。陆建芳更指出江苏句容丁沙地发现在良渚文化的灰坑中出土有80多块玉料，包括山料和子玉，同时还有大量硅质岩做的细石器。后者可能是刻划玉器纹饰的工具。这确实是一个重要的发现，今后还应该努力寻找。

（3）关于用玉的习俗和礼制问题

这方面张永山和孙庆伟都做了有益的探讨。张永山指出玉璋在金文中是居于首位的礼器，用于赏赐、馈赠和重要礼仪之中。孙庆伟则主要以虢国墓地M2001为中心讨论了西周葬玉的传统习俗和礼制问题。

（4）关于某些玉器的名称、功用与含义的研究

牟永抗根据考古发掘所见玉玦随葬的部位等情况分析，不像是夹于耳垂的耳饰，应该与环、璜等一样作为坠挂装饰用，是一种纯美学的追求。蒋卫东根据海盐周家浜M30随葬的象牙梳背部镶嵌一件过去被称为冠状饰的玉器，应该正名为玉梳背。孙机认为红山文化玉龙的原型应该是地蟥或蛴螬。

（5）关于玉器发展历史的研究

这方面只有杨伯达纵论中国玉器从史前到明清演变的历史情况，并没有展开讨论。

（6）关于玉器、玉文化与传统文化的关系

这方面殷志强做了比较全面地论述，其他学者也多有涉猎。这是一个十分重要的问题，应该有更多和更加深入的研究。

总之，这次玉器与玉文化的研讨会开得很好，大家都感到很有收获，对今后的研究必将起到一定的促进作用。谢谢大家！

（在中国古代玉器与玉文化高级研讨会上的总结发言，2001 年 11 月
于北京大学赛克勒考古与艺术博物馆）

在嵊州小黄山遗址学术研讨会上的发言

(2005 年 12 月 20 日)

　　小黄山遗址是个比较早、比较大的遗址。虽然大部分被破坏了，还是剩下了不少遗迹遗物，弥足珍贵，希望采取措施保护下来。

　　王海明将整个遗址的文化遗存分为三期。第一期的器物比较单纯，跟上山差不多，存在的微小差别也不一定是时期上的差别，也可能是隔了一定距离的关系。上山遗址测过年代，是距今 11000~9000 年，是浙江已知新石器时代遗址中最早的。我觉得上山、小黄山第一期应该与南方的彭头山文化、城背溪文化，北方的裴李岗文化、磁山文化放在一个档次上，不能再早。因为这个阶段的陶器才开始有分化，有炊器、水器、存储器，造型上开始有了脖子、耳朵、圈足。再早一阶段的譬如江西仙人洞、湖南玉蟾岩洞穴遗址的陶器很简单，就是圜底罐、釜。而这里的陶器比较复杂，已不是陶器起源时期的样子。这里有圜底器、圈足器、平底器，同一类陶器中还有好多种器形。按我的分期，小黄山和上山是新石器时代中期的，到不了新石器时代早期。虽然在现阶段的浙江新石器时代文化中是最早的，但已有较高的发展水平，说明浙江还有更早的新石器文化。小黄山遗址发掘的意义很大。

　　这一阶段，在上山有明显的稻谷遗存，小黄山也在红烧土里发现了稻谷遗存，在浙江稻作农业的起源研究上显然也推进了一个阶段。从聚落形态看，小黄山遗址这么大，虽然比较破碎，只要按照田野操作规程一步一步做下去，以后还是可以弄得更清楚些的。这个遗址田野发掘工作难度很大，土色不好辨认，在这种土色土质中能找出这么多遗迹、能把地层基本划清楚是很不容易的，我对这里田野工作的评价是高的，做得好。做得好并不是每一部分都做清楚了，比如摆在第一期的 05XHSBM2 中出土的两件器物都是灰陶，一件灰陶豆、一件罐，罐肩以下有竖向细绳纹，跟别的器物风格不一样，与跨湖桥很像。如果这是个墓，墓的开口可能把握的不准，这就是个问题。至于摆在第二、三阶段的器物，有些可能是第一阶段的，所以我们看起来一、二、三阶段的差别不大。以后是否再根据考古单元，根据地层学、类型学仔细推敲，把工作做扎实些。因为现在划分的第二阶段中有部分陶器与跨湖桥差不多。跨湖桥很多东西这儿没有，如彩陶和黑光陶这儿没有，这儿有的器物与跨湖桥几乎看不出差别。从第一阶段怎么会变成第二阶段这样，这个跨度可能很大，但看其他的陶器差别又不大，我不大明白。如果小黄山与跨湖桥属于两个文化系统，只是在第二阶段受到跨湖桥的影响，但第三阶段怎么又没有这个影响？而且第三阶段的比跨湖桥早，明显有矛盾。我讲这些，并不说明这个发现不重要了。考古有些重要发现往往能提出许多问题，能提出问题就是重要发现。

这里有好多种形状的遗迹，对它们的性质一时难以做出确切的判断，有多种想法很正常，重要的是找出证据来验证想法。找证据没有别的办法，只能在野外做过细的工作。把这个进一步做好了，这次发掘的意义就更大了。

总体讲，第一，这次田野工作做得不错。第二，这个遗址非常重要。第三，这个遗址可以划分几个阶段，最早的阶段与上山遗址属于一个文化系统，还大大丰富了上山遗址发掘的内涵，所以是个非常重要的发现。总体的年代，应把握住它不是最早的新石器时代遗存，应划在新石器时代中期，与彭头山、裴李岗坐在一个板凳上。

我们要进一步寻找更早的新石器遗存，这是有根据的，小黄山、上山在别的地方完全不见，就是本地的，并且已经有相当大的发展了，它的前身一定在当地。在浙江寻找更早的新石器文化已经提到议事日程上来了。

在田螺山遗址学术研讨会上的发言

（2007 年 6 月 20 日）

　　田螺山遗址在河姆渡文化里面是保存最好的一个遗址，有一个比较完整的聚落，虽然现在还没有完全揭露出来，但已有很多柱础、木柱，还有一个类似独木桥的遗迹，似乎露出了一个水边村落基本面貌的一角。遗址有非常多的动物和植物遗存，有家养的，也有狩猎得来的，还有大量的水生动物，说明当时人们的食物来源是多种多样的。特别是有很多稻作农业的遗物遗迹，当时农业究竟是已经比较发达了，还是处在一个比较初级的阶段？现在有不同的意见，需要进一步探索和研究。可喜的是这个地方有非常好的研究条件。一是有丰富的稻谷遗存；二是有与稻作有关的工具，如翻地的骨耜、木耜等。据说经过探测，知道当时周围有面积达数十亩的水稻田，这更是一个重要的发现。我看了一下试掘的地方，的确有水稻的茎叶和谷粒等遗存，从地层关系和出土陶片来看也确实是属于河姆渡文化时期的。只是还没有发现田埂和灌排设施，暂时还不能肯定是人工开发的水稻田。从野生稻培育成栽培稻，中间应该有一个逐步驯化的过程，田螺山的稻作农业到底发展到了什么水平，还需要做许多研究。这里既然有那么大面积生长过水稻的环境，将来继续发掘和研究，是有可能把这个问题弄清楚的。这些课题都是史前考古非常重要的一些方面，有可能在这里得到突破，所以对这个遗址我们看得很重。

　　当地政府盖了这么好一个保护棚，不管天晴下雨，考古工作者都可以从从容容地开展工作，我作为一个考古工作者，由衷地感谢各有关部门和老百姓对文物考古工作的支持。考古工作只能慢慢来，不能大手大脚，要边发掘边研究，不能一下子都揭开。如果太快了，容易产生消化不良，会弄得乱七八糟。时间充裕一点，可以组织各方面的专家来发掘、研究。发掘一部分整理一部分，整理中发现问题后，有助于改进下一步的发掘工作。我前后来过两次，感觉这里的工作基本上是做得好的，各有关方面配合得也好，我对整个工作是满意的。作为一个考古工作者，能够有这样一个工作环境，那是非常难能可贵的。

　　田螺山遗址的文化内涵属于河姆渡文化，河姆渡遗址当年分了四期，第二、第三期之间有缺环，田螺山遗址基本上把这个空当填起来了，这是对河姆渡遗址的补充。河姆渡遗址发掘是 30 年以前的事了，那个时候的技术力量，对学科方面的认识，跟现在有相当大的差距。现在经济、技术力量都上去了，所以我们期待这里的发掘会有更大的收获。

根据孙国平的介绍，在遗址"生土"层下面也存在木炭、陶片等早期文化遗物的一丝线索，因此很可能有更早的人类在这里活动。但是现在上面有很好的建筑遗迹，动植物遗存也保存得非常好，不宜挖掉。要追溯更早的文化遗存，可以靠别的遗址来做，不必只盯着田螺山一个遗址。现在浙江已经发现了比河姆渡文化更早的上山、小黄山和跨湖桥等遗址，史前近一万年以来文化的递嬗，已经看得比较清楚了。但是，每个阶段在文化上有相当的差距，跨湖桥不像是由上山直接发展来的，河姆渡也不像是跨湖桥直接发展来的，比河姆渡年代相近的马家浜，也不像是河姆渡发展而来的。浙江史前多种文化都有一个辉煌时期，是一个相互发展、不断替代的过程，呈现出丰富多样的多元性文化现象，这个现象值得好好研究。总之，浙江是一个考古学者可以大显身手的考古圣地。

香港考古的展望（提要）

香港考古历史悠久，但长期都是业余性质。对香港远古以来的历史只提供了一些零星的不甚准确的信息。1976年成立古物古迹办事处，才把香港的文物保护和考古工作纳入政府管理之下。组织人力对各类遗址和纪念性建筑进行了比较普遍的调查，对一些与建筑工程有关的遗址进行了小型的发掘。1989年开始因修建大屿山机场而进行了比较大规模的发掘。一些内地的考古机构也应邀参加了多处遗址的发掘工作。到1997年香港回归祖国的时候，正好是中国社会科学院考古研究所配合青马大桥工程在北湾仔发掘取得重要成果，被评为当年十大考古发现之一。1999年9～10月，古物古迹办事处曾经办过一个考古成果的展览，叫作"一脉相承——香港与华南地区历史文物展"，同时在香港大学召开了一个名为"从历史文物看香港与祖国的文化渊源"的研讨会。可以说是对以前香港考古工作的一个历史总结。从那以后在香港又做了不少考古工作，包括许多单位参加的沙下遗址的发掘和北京大学参加的扫管笏遗址的发掘等，香港本地的考古学者也做了许多文物保护和考古发掘工作。

现在香港考古从新石器时代、青铜时代到汉唐以来各个时期的文化发展序列已经基本建立起来，各个时期的文化特征也已经有了初步的认识，沙下遗址的发掘更注重了环境考古等多学科的合作。这是一个很好的基础。但我想还应该有进一步的发展，提出更高的要求。

（1）香港的考古多是配合工程建设进行的，似乎有些被动。要变被动为主动，就要加强课题意识。要把香港的遗址分类排比一下，选择重点进行精细的全面的揭露。把各个时期不同类别的聚落遗址研究清楚。

（2）要加强多学科合作和新技术的运用。

（3）要研究香港田野考古的特点，设法总结出一套在香港乃至华南地区进行田野考古的有效的方法。

（4）研究香港考古要拓宽视野，不但要放在整个珠江三角洲范围来考虑，还要与华南和东南亚联系起来考虑。

（5）香港的考古学者人才济济，要尽量协调和适当组织起来。如果古物古迹办事处能够成立一个专家组作为咨询机构，也许对香港的文物保护和考古研究会有所帮助。

（6）香港田野考古做得不少，但没有什么正式考古报告，希望加强资料整理和出版工作。

以上意见仅供参考。

（1999 年 9 月 25 日在香港大学的学术报告）

深圳的远古时代

深圳是我国改革开放的排头兵。三十年来，深圳从一个很不起眼的小镇一跃而为现代化的超级大都市。在我国的经济发展和对外开放上处于举足轻重的地位，这是一个举世闻名、妇孺皆知的奇迹！但是如果说深圳也有悠久的历史，知道的人恐怕就不多了。我今天就想讲一讲深圳远古时代的历史，而且这个时期的历史在某种理念上来说跟现在还是相通的！

大约在距今7000年，深圳就已经有人居住。我不好说是迎来了第一批居民，因为考古学在不断发展，也许以后会发现更早的古人类遗址。从已有的考古证据来说，七千年前的深圳肯定已经有人来活动了。从那以后的一千年中，在咸头岭、大黄沙、小梅沙、大梅沙等一系列遗址中，都发现了古人活动的遗迹，其中以咸头岭最为著名。

咸头岭有三道与海岸平行的沙岗，一级比一级高。其中第三道也是最高的一道沙岗是在七千多年以前全球大暖期形成的。那时海平面比现在高3~5米，海浪潮汐和台风把海沙涌到岸上，就形成了沙岗。以后海平面略有下降，又形成了第二道和第一道沙岗。最早的人只能住在第三道沙岗上，等第二道沙岗形成后，大部分人搬到了接近海边的第二道沙岗，一部分人还留在第三道沙岗，从而在两道沙岗上都留下了丰富的文化遗存。

这遗址经过五次发掘，本馆的杨馆长、叶馆长和市文物考古鉴定所的李海荣副所长先后参加或主持了各次的发掘，而且都发表了发掘简报和论文。在第五次发掘时由于采取了固沙的办法，地层划分得比较清楚，发现至少有五个时期的堆积，被归纳为三期五段。各层文化堆积之间还有两个间歇层，大概是大台风或海啸把人赶走了，以后的人又搬了回来。用咸头岭的分期作为标尺，不但可以把深圳其他遗址的年代划分清楚，整个珠江三角洲同一阶段的遗址的年代也可以一目了然。可见咸头岭乃是珠江三角洲同一时期的最有代表性的遗址。把珠江三角洲这个时期的文化遗存划分为一个考古学文化，理所当然地被称为咸头岭文化。

这个文化有些什么特点呢？一是喜欢居住在海边或海岛上，所以整个珠江三角洲都有分布，也只分布在珠江三角洲地区。这样的自然环境决定了这个文化的居民比较习惯于水上交通，从事捕鱼或采集水生动物。沙岗的后面有潟湖淡水和小山岗，可以狩猎和采集植物性食物。在大黄沙发现过粮食标本，说明也有少量的种植业。

二是在这个文化中没有发现纺轮，但时常发现一种刻槽的石拍。香港中文大学的邓聪认为是制作树皮布的拍子。树皮布曾经广泛地流行于东南亚，海南岛不久以前还有人穿树皮布做的衣服。

三是普遍使用陶器，而且在造型和花纹上都很有特色。这个文化的陶器主要有三种，一是炊器，有釜和支脚，以釜为主；二是饮食器，有圈足盘、豆和杯等，以圈足盘为主；三是盛储器，盛放食物或水，主要是罐，数量不多。釜多用夹砂陶，一可以加快传热，二可以防止烧裂。釜的外面多饰绳纹，一方面在拍印绳纹时可起一定的加固作用，二方面又可以增加受热面积。饮食器多用泥质或细泥质，大多为米黄色，也有少量白陶和黑陶。上面常有美丽的刻划纹和压印纹，米黄陶上还有红色彩纹。

这个文化是怎么起源的，学术界有不同的看法。有的学者根据某些陶器的形制和花纹的比较，认为是从湖南西部的高庙文化或洞庭湖滨的汤家岗文化与大溪文化传播过来的，或至少是受到这几个文化的强烈影响；有的学者强调文化的特殊性，主张本地起源说。如果是本地起源，在当地至今没有找到更早的文化遗存，只能是一种猜想。如果是湖南西部或洞庭湖滨传来的，中间缺乏合理的路线。汤家岗文化与大溪文化是以种植水稻为主的农业文化，已经学会纺纱织布，为什么要抛弃本业，不远千里来到海边。成天与海水打交道，以海产为主食，穿树皮布的衣服，过一种完全不熟悉的生活。这怎么也说不通。高庙文化尽管是以采集和狩猎经济为主，但所在的自然环境主要是山区的小河旁边。如果有势力向外发展，湖南西部和贵州等地有的是相似的地方，为什么要跑到遥远的海边来寻求发展呢？因此我曾经提出过另一种想法，再次提出向大家请教。

大家知道在地质时代的更新世有一次大冰期，最冷的时候叫盛冰期，大约发生在15000 年以前。那时全世界海平面比现在低 130 多米。中国的海平面据研究比现在低154 米甚至更低。那时广东的海岸线要往南推进约 200 千米，珠江可能要流到现在的东沙群岛附近出海。由于天气寒冷，北方的人可能会往南迁移。原来海边的人也会跟着海岸的变迁而南移，现在的大陆架上应该有不少居民。等进入全新世，海面上升，海岸线向北退缩，海边的居民自然也要跟着退缩。所以咸头岭文化的居民，应该是从南面现在的大陆架上一代一代地逐渐迁移过来的。他们还是喜欢住在海边，过着与内陆居民不一样的生活。只不过在海里无法进行考古工作，因此也无法得到证实，也是一个猜想，我希望是一个合理的猜想。至于他们的陶器，我相信是受到湖南高庙文化—大溪文化等持续的影响而发生和发展的，但不是简单的模仿，所以还有很多自己的特点，我就不细说了。

在下一阶段，彩陶基本消失了，出现了以曲折纹为代表的几何形印纹软陶，但仍然以绳纹为主，一般认为属于新石器时代晚期，时间大约在四千多年以前，晚的可能到夏代。这类遗存在珠江三角洲有非常广泛的分布，对周围地区的影响范围远比咸头岭文化为大。多数为贝丘遗址，在深圳则多为山岗遗址和沙岗遗址。贝丘遗址多在河口或河旁小岗子上，居民的生业应该以淡水或咸水与淡水交接区的水产为主，兼及陆生动植物的狩猎与采集，食物资源显然有所扩大。从陶器的基本形态来看，大多是继承咸头岭文化而加以改造，同时出现了一些新的因素，如各种炉箅等。出现了纺轮而基本不见石拍，证明服饰有了改变。

到商周时期，华南进入了青铜时代。深圳在这个时期的遗址甚多，其中经过大面积发掘的有屋背岭遗址。2001～2002年在那里发掘了94座墓葬，还有更多的墓葬没有发掘，可见那是一个很大的墓地，居民人数一定不少。虽然没有出土铜器，但其他地方同时期的遗址中已经有少量铜器出土。从离深圳不远的博罗横岭山西周墓地来看，青铜业已经比较发达了，这是早期越人的土著文化。越人继承了其祖先善于水性的特点，又跟长江流域乃至中原腹地同一时期的文化有着密切的关系。所以到秦汉时期统一南越，从文化层面来说也是水到渠成的事。

从前面的分析可以看出，深圳的远古居民具有很强的开拓精神，从一开始就不畏艰难险阻向海洋发展，在那里生生不息。有些学者甚至认为，从东南亚到整个太平洋上的所谓南岛语系的居民，应该是从中国的东南沿海迁移过去的，其中当然包括深圳地区。这虽然还不能成为定论，但咸头岭文化和相关文化的发现与研究，一定会对这个问题的进一步深化有所推进。二是深圳远古居民性格开放，善于吸纳优秀文化的成果。深圳远古文化的发展离不开整个华南地区史前文化的发展，也离不开长江流域远古文化的支持，这从陶器上可以看得非常清楚。这种文化上的密切联系，到古越人文化时期得到进一步发展，以至于成为中华古代文明的有机组成部分。这两点对于现代深圳的开发不是很有启发的意义吗？

（2008年12月26日在深圳博物馆新馆开馆学术报告会上的讲话）

纪念仰韶文化发现九十周年（提要）

仰韶文化的最初发现至今已经 90 年了，今天开会隆重纪念，是具有重要意义的。因为它不仅是发掘了一个史前遗址，还是一项具有多方面开创性的工作。

首先，它是在我国第一次有计划、有组织开展的田野考古发掘工作，并且获得了丰硕的成果。我国的田野考古工作和考古学研究，就是从那个时候才正式起步的。

其次，它是我国新石器时代考古研究的开始。在此以前，中国有没有新石器时代还不清楚。个别外国学者甚至断言中国没有新石器时代，有些人也表示怀疑。仰韶文化的发现把这种怀疑彻底扫清了。

第三，它当然也是仰韶文化最初发现并得以命名的一项工作。而仰韶文化在中国新石器时代文化中是处于核心地位的考古学文化。随着考古的发现越来越多，研究越来越深入，这一看法也得到越来越多人的认同。

现在仰韶文化大体是分布于黄河中游的河南、陕西、山西、河北，外及湖北、甘肃和内蒙古的部分地区。可以分为两大阶段四个时期，或者按有些学者分为早中晚三期，年代大约从公元前 5000～前 2800 年，前后持续达两千多年。每个时期又有许多地方性差别，可以划分出许多文化类型。理清了仰韶文化的发展谱系，等于开启了一把研究其他考古学文化的钥匙，也为进一步通过聚落形态研究仰韶文化的社会和经济形态打下了坚实的基础。

近些年集中全国力量开展的探索中国文明起源的工程正受到越来越多人的关注。其实九十年前仰韶文化遗址的发掘，本身就是对中国文明起源的一种探索。所以发掘主持人安特生的第一本考古报告，书名就叫作《中华远古之文化》。吃水不忘挖井人，在我们纪念仰韶文化发现九十周年之际，不能不深切怀念这位中国人民的好朋友安特生博士。九十年过去了，我国考古工作取得了辉煌的成就，对中国文明起源的研究也取得了重大的进展。近来在仰韶文化研究中，最值得注意的是河南灵宝西坡遗址的发掘。那里有高等级的大型房屋和大型墓葬，说明那时的社会已经步入逐渐文明化的进程。但西坡遗址的规模并不很大，类似的房屋和墓葬在 20 世纪 50 年代末的陕西华县泉护村就有个别的发现，最近在陕西白水又发现了多个大型房屋，年代都跟西坡相近。看来西坡还只是仰韶文化中期的中心聚落之一，旁边的北阳平就比它大，但也不是最大的。最大的和最能代表仰韶中期发展水平的聚落究竟在哪里，仰韶晚期又有哪些重要发展？都还需要做许多艰苦的工作。至于运用科技手段做更加深入细致的研究，更是具有很大的发展空间。希望在纪念仰韶文化发现一百周年的时候，能够看到更加辉煌的成果！

（在仰韶文化发现 90 周年纪念会上的讲话，2011 年 11 月 5 日于渑池县城）

把良渚文化的研究向纵深推进（提纲）

良渚遗址发现 50 周年的时候，我在纪念会上做了"良渚文化研究的新阶段"的发言。良渚遗址发现 60 周年的时候，我写了《良渚随笔》的纪念文章。现在到了良渚遗址发现 70 周年的时候，浙江省文物考古研究所主持召开隆重的纪念会，要我讲几句话，我讲点什么呢？想了一下，就以《把良渚文化的研究向纵深推进》为题讲几点意见吧。为什么提出要向纵深推进这个任务，是考虑到以下的一些情况：

（1）经过 70 年的考古研究，大家对良渚文化已经有比较多的了解。良渚文化产生的背景以及它的去向的研究也有明显的进展，在同时期的考古学文化中是研究得比较好的一个。由于这些成就，它在中国文明起源的研究中扮演着越来越重要的角色，成为一个不可替代的范例。

（2）尽管如此，但认真分析一下，良渚文化的考古研究仍然有许多不足之处。从田野工作的地域分布来看主要是太湖东岸和南岸，北岸显得比较薄弱。从遗迹类型来看主要是墓葬，居住遗址大多不甚清楚。从出土器物的研究来看主要是玉器和陶器的类型，石器、骨器和木器等方面的研究明显不足。在对遗迹、遗物的研究中现代科学技术的应用还远远不够，对于有关自然环境和人文环境方面的研究也有待深入。

（3）相对而言，良渚文化遗址的保存状况是比较好的。有些遗址因为在潜水面之下，一些有机物得以保存下来，这在别的地方是很难见到的。但近年来由于经济建设的急速开展，对古代遗址的破坏日益严重。特别是在浙江嘉兴等地推行的平桑田改水田的工程，大批遗址被彻底毁坏，造成不可弥补的损失。但在这个过程中也发现了不少新的遗址。因此考古工作者一定要抓住机遇，应付挑战，把良渚文化的考古工作引向深入。现在不抓紧，将来就无法挽回了。

为此，在今后一个时期内要尽量做好以下几件工作：

（1）要加强遗址的调查勘探和保护。现在一些重要的遗址已经或正在采取保护措施，但保护过程中仍然有不少问题。要仔细研究这些问题并及时加以解决，更要注意新发现遗址的保护工作。前提是要进行全面的调查和勘探，做到心中有数。我曾经多次强调对良渚遗址群要进行全面的调查和勘探，省考古所做了切实的工作，发现了比过去所知多几倍的遗址和地点，对一些过去已知的地点也有了新的认识。他们的经验可以作为其他地区考古调查的参考。

（2）要加强考古资料的管理和利用。现在有一个市属良渚遗址管理处和博物馆，省考古所有一个良渚工作站，要考虑如何配合。最好是建成像苏秉琦先生提倡的有科学管理又对外开放的资料库与研究中心。

（3）要制订中长期的田野考古与研究的规划，尽量变被动为主动，不能老是跟着基本建设屁股后头转。要加强科学技术的投入，有计划地培养相关人才和添置必要的设备，把良渚文化的考古研究切实地向纵深推进。

（2006 年 11 月于杭州）

在良渚论坛上的讲话

（2009 年 6 月 12 日）

大家好！

首先，我在这里表一个态，在这次会议上提出的《国家考古遗址公园管理办法》《国家考古遗址公园的评定细则》和《关于建设考古遗址公园的良渚共识》这几个文件，以及单霁翔局长、王国平书记他们的主旨发言和主题讲话，我都衷心拥护。

关于大遗址的保护，从国家文物局的角度已经提出多年了，这么多年来所积累的很多经验值得肯定，但仍然存在不少问题。究竟怎么样才能切实得到保护，还一直在探索，因为这个问题是非常重要又非常困难的。

大遗址为什么非常重要？因为它集中了非常多的重要历史信息。比如说一个城市遗址，就包括了一个城市的衙署、各种各样的民居、手工业作坊、商业店铺，有的还有寺庙等宗教性建筑，当然还有街道、水井等等，方方面面，很多很多。但是，这些都已经埋在地下，得有一个逐步发现、认识的过程。而这些大遗址经常在现在的大城市底下，或者是在大城市的外围，或者是经济建设的重点地区，如果这儿也不能动，那儿也不能动，就怪不得别人会感觉烦，认为我们考古总是耽误他们的经济建设，这也就导致了我们具体从事文物考古工作的同志"两头受气"——保护不好，要受到批评；不让人家施工，那人家对自己也没有好感。这一直是困扰我们的非常头疼的问题，但是通过大家的努力，应该说这些年我们已逐步摸索到了一些怎么样保护大遗址的办法、理念，也就是在这个会上提出的这几个文件。

讲到这些办法和理念，我们可以以良渚遗址的保护为例来加以说明。今天这个会议在良渚召开，会议的主题就是"大遗址保护良渚论坛"，通过会议我们还要形成一个"良渚共识"，就是因为良渚遗址的保护本身有相当的代表性。这个遗址是在 1936 年发现的，到现在已经 70 多年了。但是这个遗址受到特别的重视是在 1986 年以后，1986 年和 1987 年发现的反山和瑶山两个遗址，出土了大量非常精美的玉器，让世人一下子感觉到了良渚遗址的非同寻常。接着，1987 年 12 月因为 104 国道要拓宽，在莫角山遗址发现了大量的红烧土堆积，经过研究，发现那些红烧土实际上原来是土坯，经火烧过，搬运到遗址边沿又经夯打过，有的红烧土堆积里面夹的陶片都是良渚时期的。之后我们对莫角山的周围进行仔细观察，发现它是一个长方形的土台。那个时候我记得牟永抗同志还拿了一张 20 世纪 40 年代的航空照片，那个上面非常清楚地显示，莫角山就是一个长方块，长约 700 米，宽约 450 米，面积竟达 30 万平方米。这样一个长方形台子不可能是天然形成的，肯定是人工筑成的，至少是利用天然土丘加以裁弯取直、填平补齐才可能形成这个样子。继续在周围勘察，发现断断续续都有红烧土堆积，更加证实了我们的认识。这是多么巨大的工程啊！如果没有强有力的组织机构，完成这样的工程是难以想象的。这样良渚遗址的独特地位就越来越显现出来了。

后来在莫角山上面的长命印刷厂的院子里，也就是我们昨天举行"良渚国家遗址公园启动仪式"的地方，在那里进行考古发掘，发现在 1400 平方米的范围内全是夯土，夯土面上密密麻麻都是夯窝。后来经过进一步的挖掘和勘探，发现周围有两三万平方米的夯土。根据经验，我们可以判断这种夯土应该是大型建筑的基址。这显然不是一般的建筑，一时又难以准确定性，所以不叫宫殿，就称之为礼制性建筑，超大型的礼制性建筑。而莫角山的旁边就是出土大量玉器的反山贵族墓地。一个新石器时代的遗址怎么会有超大型的礼制性建筑和那么高等级的贵族墓地呢？这不是要调整我们的认识吗？

从那个时候起，我们就建议对良渚遗址群进行保护性规划。要规划首先就要对整个遗址群有一个全面的了解。省考古所不断地进行调查，开始只知道有四十几个遗址点，后来发现越来越多，从 50 多个、90 多个，直到现在的 135 个遗址点，以后还可能有新的发现。所以，从反山、瑶山的发现到莫角山遗址的发现，再到良渚古城的发现，我们对良渚遗址在史前文明中的重要地位的认识也不断提升，保护的力度也必须跟着加强。我这里要特别强调的是：大遗址的保护一定要与考古工作相结合，只有通过考古工作，才可能逐步发现、逐步认识，很难一步到位。因此做规划时一定要留有余地。

一开始我们对良渚遗址并不能看得那么清楚，这也正是大遗址保护工作有相当大难度的原因。当考古工作者开始认识到这个遗址重要的时候，暴露的迹象并不很充分，怎么跟政府相关部门和老百姓讲呢？你说反山、瑶山出土了那么多精美的玉器，是重要，那就保护反山、瑶山好了。你说莫角山重要，那就保护莫角山，但是你要保护一大片，几十平方千米，说它非常非常重要，到底怎么个重要法，又说不出个一二三来。在这种情况下，你要当地的各级领导干部大家都来重视，让老百姓都来配合，这个确实太难了。

那个时期我们国家还处在改革开放的初期，经济放开了，老百姓的积极性很高，纷纷办厂、做生意。我记得当时在良渚遗址群的地方，104 国道的两边，密密麻麻的一路几千米差不多都是商业店铺，进行竹篾器和各种小买卖，有的地方盖了工厂，要考古人员去配合。还有人在北面的山上开采石头，因为那里不是遗址保护区，在那儿开石头并不违法，但是对环境影响极大。山上挖开了一个个的膛口，天天放炮，轰隆轰隆巨响，拉石头的拖拉机马达声像坦克似的，碎石机的声音又像机关枪，烟雾弥漫，简直就像一个大的战场。这个时候我们跟老百姓说这个遗址要保护，可是在山上采石，那里不是遗址保护范围，怎么不能开采呢？这个老百姓就很难理解，所以这种大遗址保护的理念，文物考古干部不仅自己要认识到，关键是还要让老百姓认识到，这必须有一个过程。

良渚遗址至今还保护得比较好，除了业务人员的努力，主要还是政府领导非常得力，从省、市到区的负责同志，多年来坚持不懈，克服各种困难保护良渚遗址。为了更好地保护良渚遗址，下令拆除了妨碍遗址保护的长命印刷厂等房屋建筑，也关闭了山上开采石头的场所，还搬迁了一些民居。现在我们看到的良渚遗址群的环境多么好啊！老百姓的心情也发生了变化，早期的时候，我们的保护力度还远不如现在，不断地会出现有盗墓的，尤其是那些古董商，走家串户地收买古物，现在这种情况基本上绝迹了。

根据施昕更写的那个《良渚》报告，良渚遗址是他在 1936 年发现的，1938 年出了报告，在报告上他就写到：这儿的老乡挖的玉器是一筐一筐的，一筐一筐地在那儿卖啊！我们现在看到的美国弗利尔博物馆里收藏的几件最好的玉璧，就是弗利尔 1919 年在上海收买的，当时就说是出在浙江某个地方，我想应该是在良渚挖出来的。那个时候是一个无政府的状态，根本谈不上遗址的保护问题。

现在的老百姓的认识，我认为经历了三个阶段：第一个阶段是要发展经济，有点顾不上保护；第二个阶段是注意到保护了，但认识还不到位，还没有同环境联系起来；第三阶段把遗址和环境保护统一起来，因此现在环境改善许多后，大家都很高兴。所以王国平同志特别指出：这次开会，老百姓的心情完全不一样了，把遗址和环境的保护看成是自己的事了。我想，当我们把遗址保护好，并且把良渚遗址公园建设好的时候，老百姓注意自己文化素养的提高，自觉到这儿来感受良渚文化的熏陶，那时候的认识又提升了，我们的保护工作才算是到位了。

恐怕很多大遗址的保护都会走这么一条道路，所以说良渚遗址的保护有相当的代表性。在这里召开这次会议，特别是提出要形成"良渚共识"，我觉得意义重大。但是，我们认识到这一点，真正要做下去并不是很容易的。比如说我们要建设遗址公园，建设的过程中是否也要适当地动点土，再整治一下？若要整治一下考古就得先行，考古工作跟不上，就不能轻举妄动。因此，这对考古人员也提出了更高的要求，要求我们不能停留在现在的认识上。

我一直认为良渚遗址重要，我们现在对良渚遗址及其重要性的认识也已经比过去提高了很多。

这个遗址为什么那么重要？

第一，它的文化发展水平在全国同时期的文化中是最高的，对于探索文明的起源是最有希望的。

第二，它的范围非常大。就我们现在所知道的，已发现的有135个遗址点。内容非常丰富，有中心、有区划，有城墙，有莫角山那样的巨型台基和超大型礼制性建筑，也发现了一些高低不同等级的房屋和许多做得十分讲究的水井。还有手工业作坊，在塘山遗址就发现了制玉的作坊；在卞家山还发现了码头，至于到底是港口还是船码头，我们现在还不是很清楚；另外还发现了祭坛和很多不同等级的墓葬。这在全国同一时期的遗址里面来讲没有第二个，非常齐全。

第三，这个遗址群至今还保存得比较好。尽管在它的上面现在有良渚和瓶窑两个大镇，5万人口住在这个地方，而且经济比较发达，毕竟破坏还不算太大，地下遗存都还留着，这种情况是十分难得的。

正是因为这么重要，才受到各级政府和各方面人士的特别关注。现在又决定在保护方案的基础上建设遗址公园，并且建立专门的考古研究机构，使遗址的保护和进一步的研究有了希望。我作为一个考古工作者感到无比的高兴。预祝我们的会议圆满成功！谢谢大家！

禹会村遗址与淮河文明

——2013 年 12 月 21 日在"禹会村遗址与淮河流域文明研讨会"上的发言

各位女士、先生们：大家上午好！

首先，感谢东道主邀请我参加这次学术盛会。为什么说这是一次学术盛会？首先是因为我们讨论的课题非常重要，第二是因为到会的各位学者在这方面都有很深的研究。我个人尽管也看过一些资料，知道禹会村发掘的大致情况和主要收获，但是我还是第一次到这里来，所以我抱着一个态度，就是来学习，想亲身感受一下。会上安排要我先讲几句，我只好答应。

首先，我觉得这个会的主题非常好。题目是禹会村遗址与淮河流域文明研讨会，禹会村聚落遗址经过了几年的发掘，获得了重大的收获。遗址面积比较大，在淮河流域同一个时期的遗址里面算是比较大的。它的一系列重大的发现，首先是有三十多个长方形坑的大型礼仪性建筑，我当时看到简报感到非常震撼，在中国考古历史上还是第一次发现。怎么解读呢？在它的西边，靠淮河这边挖了个沟，沟里面有很多陶器。这些陶器的火候不高，却很有特色，反映了不同的文化渊源。沟里面有很多动物骨骼，还有一些粮食痕迹。怎么会出现这种情况？我们一般在考古遗址中发现陶器比较集中的地方，要么是一个房子里面放着很多陶器，这个房子被火烧掉了，陶器压在里面了，那也不是太多；要么是一个灰坑，在灰坑里面扔了很多破破烂烂的陶器；要么是一般的垃圾堆，陶器损坏了以后往里面扔。禹会沟中的陶器这么集中，明显是有意识地埋进去的，并且与礼仪性遗迹联系在一起，就不能不令人深思这是什么性质的遗址。

发掘者认为这是一个祭祀遗址，而且很可能与"禹会诸侯"的涂山有联系，是在这里会合诸侯的时候举行大型仪典的地方，这个想法是有道理的。历史上关于大禹的传说非常丰富，但是矛盾很多，哪一个能坐实呢？大禹和涂山氏的关系是大家所关注的，但涂山的地望也有五种不同的说法。比较起来，禹会村旁的涂山似乎更近于事实。所以发掘者把它跟"禹会诸侯于涂山"，或者按《左传》说的"禹合诸侯于涂山"联系起来，这些想法是很有道理的。《左传》上记载为"禹合诸侯"，《史记》上记载为"禹会诸侯"，我想了一下，这个"会"是什么意思？历史上多有诸侯会盟的记载。"合"呢，文献上有"纠合诸侯"，"合"有"纠合"的意思，恐怕"禹合"更符合历史，但是历史已经那么讲了，那也不必去改历史。这就是说，历史文献的记载、历史的传说有它真实的一面，但是如果跟考古遗址相联系，这是一个验证的过程。我认为，现在有这些想法可以，但是说一定是，百分之百肯定，我们还不到那个时候。我们以后还要做一些工作。这个遗址这么大，不只是有这个遗迹，还应该有别的遗迹，能够做这么大的礼仪性建筑，一定还有别的支撑的地方，所以我跟王吉怀研究员讲，他有做聚落的经验，我们应该把这个遗址作为整个聚落来继续考察，并且纳入中华文明探源工程，要继续做些工作，把这个遗址整体的面貌、性质和演变的过程弄清楚，要考虑有没有其他性质建筑和墓地等。所以下一步首先是遗址要保护好，千万不能再破坏了；同时要继续研究、考察、发掘，把问题进一步搞清楚，这是我的期望和初步想法。

我为什么说这个会议的题目出得好，因为它跟淮河流域的文明相联系。中国的历史，过去大家认为重头戏在黄河流域，所以一般的人以为中国的文明就是黄河文明。后来我们在长江流域也做了很多工作，发现长江流域的文明起源也不晚，文化发展的水平也很高，各有特色，所以中国的文明应该叫作两大河文明。中国的两河文明比西亚的两河文明大得多，有很大的基盘和回旋余地，她的厚重的历史也从未中断，这些特点都是西亚的两河文明无法比拟的。但是黄河和长江中间还有个淮河。淮河和秦岭在地理学的研究里是中国南北的一个分界线，但是从文化上来讲，淮河还是一个沟通的渠道。淮河文明有自己的特点，同时又是一个东西南北大融合的熔炉，我们从这些遗存也可以看得出来。所以淮河流域的文化研究，淮河流域文明起源的研究，应当纳入我们的中华文明探源工程。

前不久河南舞阳贾湖遗址开过学术研讨会，它的发掘成果我们就很吃惊，那么早就有那么发达的文化。其实我们往东看一下，蚌埠还有双墩遗址，双墩文化年代也很早，文化也很发达，再往东还有江苏的顺山集遗址，安徽还有侯家寨遗址，在7000多年以前，淮河流域的文化其实就已经很发达了。它还有一个演变的历史，一是它自身的演变，二是和东西南北文化的交流、融合的过程，这应该是中华文明探源的一个非常重要的内容，所以我说这个会的主题非常好。而且我到了以后才知道禹会村的发掘刚结束没多久，发掘报告就已经出版了，考古界很少有这种情况，虽然不是说唯一的，但是比较少，这是与中国社会科学院考古研究所、与王吉怀研究员工作的认真分不开的。一会儿还有发掘报告的发布会，我先对大会表示祝贺，对你们的工作表示祝贺，谢谢大家！

略说城市与文明的关系

——在上海"城市与文明"国际学术研讨会的讲话

（2014 年 8 月 21 日）

上海是中国的第一大城市，也是一个文明化程度很高的城市，以"城市与文明"作为这次国际学术研讨会的中心议题，是非常合适的。

关于城市与文明的关系，我考虑用三句话来概括，是不是合适，与各位交流一下。

第一句，城市的出现是文明起源的重要标志。

关于文明起源的标志，一般认为最重要的是文字的发明，或者说要有文字、青铜器、城市三要素的出现，才算真正进入了文明社会。我看最重要的还是城市。从考古工作的角度来说，文字的发现是极为困难的。比如郑州商城，从城市规模上来说，没有人会怀疑当时已经进入文明阶段，但如此之大的城市仅发现一件刻字骨片，且并非发掘出土，只是青铜器的发现数量较多，且等级很高。至于偃师商城，不但没有发现文字，也没有发现青铜器，但谁也不能否认其已经进入文明阶段。因此不能认为只有三个标志同时出现才是文明起源。我认为，文明起源最重要的标志是城市的出现。

城市的出现有一个过程，是聚落演变到一定阶段的产物。聚落何时出现？目前的考古材料还不能证实旧石器时代是否存在聚落。进入新石器时代，特别是伴随着农业的产生，定居的生活方式随之出现，人们聚居在一起，共同从事农业生产，聚落逐渐形成。开始都比较小，以后逐渐扩大。从中国的情况看，到新石器时代中期的聚落就已经有相当的规模。例如东北地区的兴隆洼文化的聚落，每个都有数十乃至上百座排列整齐的房屋，周围有壕沟环绕。中原地区的裴李岗文化、贾湖文化，山东地区的后李文化以及湖南北部的彭头山文化等，都有数十座房屋组成的聚落，其中的房屋都极为相似，是一种凝聚式的聚落。到新石器时代晚期的仰韶文化，其早期聚落如半坡、姜寨、北首岭、大地湾等处所见，出现了由围壕及若干组房屋组成的向心式的聚落，聚落中的房屋分组或因血缘关系、或因生产关系，在生产生活中，不同组之间开始出现差别。随着这个差别的进一步发展，聚落内部和聚落之间产生分化，至仰韶中晚期出现了中心聚落。即在一群聚落中，有的聚落在规模上和遗迹、遗物的规格上超过了其他聚落，河南灵宝西坡就是典型的例子。中心聚落进一步发展就产生了城市，城市是聚落演变、生产发展和社会分化到一定阶段的产物。

生产的发展导致社会分化，而社会分化在手工业上表现得最清楚。手工业有两类，一类是与生业紧密相关的，如石器时代的石器制作、陶器制作、家庭纺织，这类手工业的技术要求较为简单，其发展难以产生社会的分化；而诸如玉器漆器等高级手工业却能促使社会分化的产生。高级手工制品的制造从原料选择、加工等方面，都需要有掌握专门技术的工匠，他们不但拥有较高的技术，同时也具备较高的文化和艺术修养。诸如良渚文化的玉器、象牙雕刻和漆器等高级手工业产品，就是由这些工匠制作，他们不从事日常的生业活动，只有较大规模的聚落，或者说是中心聚落才能供养他们，他们的产品则专供聚落中的少数人群——贵族使用。贵族阶层在掌握了这些高级手工业的原料、技术、产品后，又进一步想控制更多的原料、更好的技术，同时觊觎其他聚落的相应资源，应运而生的就是武器，用以进行掠夺。为了应对这种武装掠夺，城是当时最为简单有效的手段，至此，由城墙防护的城市取代了中心聚落。城内的人群与城外的人群产生了差别，出现了城乡二元结构。城市集中了当时最高的技术、最好的产品、最高的文化，是文明因素集中的表现。

第二句，城市的发展是文明发展阶段的重要标志。

文明的发展集中体现在城市，文明发展的不同阶段自然也会在城市的发展变化上体现出来。例如欧洲中世纪的城市和资本主义工商业兴起以后的城市就大不一样，中国商周时期和汉唐以来的城市格局就不大一样，跟近代的城市更不相同。试比较一下明清时期的北京、长安等城市和近代兴起的上海、天津、广州和汉口等城市就会一目了然。普通聚落无法体现文明化的程度，比如河南三杨庄发现的汉代农村遗址，就跟近代农村的情况十分相像。汉代农业工具与近代农村使用的工具也差别不大。可见两千多年来社会有了很大发展，文明有了很大进步，而农村的变化极其缓慢，无法反映文明发展的脉络，从而无法代表文明发展的进程。不过城市是不能孤立发展的，一定要有广大的乡村作为依托，反过来也会在一定程度上带动乡村的发展。城市与乡村之间是一种相互依存的关系。知识、技术、文化集中于城市，城市的发展依赖于乡村供给粮食等农产品和各种原材料，以及丰富的劳力资源，而乡村的发展又需要城市提供农具等多种手工业制品。城市越发展，对乡村的支持会越大。城乡之间是相互依存而不是相互对立的。把城乡关系说成是统治与被统治、剥削和被剥削的关系是不正确的。城市的发展体现了文明的发展，城市发展水平越高，其文明发展程度越高。

第三句，城市形态是区分不同文明传统的重要标志。

城市既是文明的载体，不同的文明自然会在城市的风格上体现出来。比如中国的城市在形态上就区别于欧洲或美洲的城市。古代美洲的城市没有城墙，是以作为神庙的金字塔为中心而形成的城市，是一个宗教中心、政治中心和文化中心；而古代欧洲的城市虽然有城墙，但这些城墙只是用于保护贵族阶层的城堡的组成部分，大量依附于城堡的手工业人群是生活在城墙的周围，他们与从事一般生业活动的人群一样，都无法得到城墙的保护。因此不同的文明，有不同的文化传统，产生了不同的城市形态。换言之，不同城市形态就成为不同文明传统乃至不同文明发展阶段的重要标志。随着近现代工商业和交通的发达，文化交流越来越频繁，各地城市的面貌也有越来越接近的趋势。不过只要认真比较一下，各民族国家的城市还多少有自己独特的风格，比如西欧跟北欧或南欧的城市风貌和建筑风格就不大相同，跟俄罗斯等更不相同。同在东亚，中国跟日本或东南亚国家的城市和建筑风格也各具特色。可见不同的城市形态乃是区分不同文明传统的重要标志。

良渚古国，文明奇葩

——在良渚遗址考古发现八十周年学术研讨会上的总结发言

（2016 年 11 月 26 日）

浙江良渚是个很吸引人的地方，国内外很多学者都希望参与到良渚遗址的发掘与研究中来。我也曾先后十多次到良渚遗址学习和考察，并被聘为良渚遗址群保护专家组成员。虽然未能直接参与良渚遗址的发掘，但看到浙江省文物考古研究所的同仁有了一个一个的重大发现，心里总是特别高兴。

良渚遗址最初的考古发掘至今八十年了，这八十年可以分为三个阶段。

第一阶段五十年。1936 年末到 1937 年初，当时西湖博物馆的绘图员施昕更，在梁思永先生主持山东历城县龙山镇城子崖发掘，并出版了中国第一部大型田野考古报告的启发下，在自己家乡良渚镇附近的棋盘坟、茅庵里等六个地点进行了考古试掘，获得了大量石器和黑色的陶器。1938 年正式出版了《良渚——杭县第二区黑陶文化遗址初步报告》，引起了学术界的关注。因为城子崖在龙山镇，故被称为龙山文化。又因为出黑陶器，所以也称为黑陶文化。良渚既被称为黑陶文化遗址，明示与城子崖属于同一文化。梁思永先生将龙山文化分为三区，良渚一类遗存被划为杭州湾区。后来类似的遗存陆续有所发现，文化特征明显不同于龙山文化，到 1959 年夏鼐先生才正式提出应命名为良渚文化。此后虽然有草鞋山和寺墩等重要遗址的发现，初步知道良渚文化有较高等级的贵族墓葬，并随葬有琮、璧、璜、玦等玉器，但对整个文化的研究进展较为缓慢。

第二阶段二十年。1986 年和 1987 年连续发掘了良渚遗址核心区的反山和瑶山两处高等级的贵族墓地，瑶山还有明确的祭坛遗迹。王明达告诉我，反山是人工堆筑的土山，用土量大约有两万立方米。山顶建墓，这次发掘的 12 座墓只占整个墓地的一小半。两处墓地都出土了大量精美的玉器，单是反山 12 号墓就出土了 600 多件。其中的琮王更是精美绝伦，上面就用极细的线条刻划出八个神秘莫测的神人兽面纹。同样刻有神人兽面纹的玉钺，其柄部还通体髹漆并镶嵌无数细小的玉粒，尽显豪华与威权。墓中还有镶嵌玉饰的彩绘漆盘与漆杯，以及象牙"笏板"等，还有很多穿缀在衣服上的玉饰件。

如此高等级的墓葬，被葬者生前地位的显赫可想而知，我想他应该是一位总揽神权、军权与财权的良渚王。旁边那些大墓埋葬的什么人？我想无非是最高统治集团的成员。他们的朝廷设在哪里，是首先要弄清楚的问题。很巧的是，就在1987年将近年末的时候，因为要扩展104国道，就在紧靠反山的莫角山东南发现大批良渚文化时期的红烧土块，跟着这个线索追寻，发现莫角山竟是一个人工筑成的长方形大土台，面积达30万平方米。当时就设想这应该是一个台城，上面的大莫角山、小莫角山和乌龟山应该是宫殿或神庙所在。而在它周围的几十个遗址，应该是跟它有密切关系的一个遗址群。此后又连续发现了汇观山、卞家山和姚家墩等重要遗址，直到发现了良渚古城才进入第三阶段。

第三阶段十年。2006年，刘斌在瓶窑葡萄畈首次发现了古城墙的一角。墙基垫大石块，上面夯筑黄土，工程浩大，由此展开了探查整个城墙的工作。经过一年多的努力，终于探清了一座约300万平方米古城的范围。记得我曾经特地来杭州参加良渚古城的新闻发布会，当场书写了"良渚古城，文明圣地"的题词。古城发现的意义重大，竟然引起了多方面的质疑。但省考古所的各位对自己的工作充满信心，他们知道只要严格按照田野考古操作规程办事就不会出错。经过不懈的努力，整个古城的布局和结构越来越清楚，事实本身回答了那些冒充内行的质疑。不久，在城东约30千米发现一个以玉架山、灯笼山、横山和茅山等组成的遗址群。其中茅山发现有大面积的水稻田和配套的道路与水渠等，显然不是一般农户所能有，而应该是一个公共机构经营的农场。在古城以西的矮山区更发现有岗公岭等十处水坝形成的大小水库群，集水面积达100多平方千米。并且与古城北边长达5千米的塘山水渠连接，共同构成了一个集防洪、灌溉与漕运多种功能于一体的庞大的水利系统。建设如此浩大的工程，需要成千上万的劳力持续多日的施工，还需要大量后勤物资的保障，如果没有一个强有力的机构来组织是难以想象的。同样，如果没有一个精英阶层的"水利工程师"来勘察设计，以至到现场组织施工，也是无法实现的。

三个阶段，一个比一个时间短，一个比一个成绩大，这与考古学理论和方法的进步有关，与考古团队持之以恒、锲而不舍的努力有关。我认为良渚考古工作成功的经验值得很好地总结，可以作为类似遗址如何开展考古工作的典范。

如此发达的良渚文化，到底是不是进入了文明社会，是不是建立了国家，是人们普遍关心和思考的问题。人们往往把文明和国家联系在一起，说国家是文明的总结。我觉得两者固然有关系，毕竟还是两个不同的概念，文明是对野蛮而言的。从良渚贵族的衣食住行就可以看出文明化的程度。衣服虽然看不到了，但衣服上装饰的各种玉制品，包括玉带扣等，还是可以想见服饰的华贵程度。头发看不到了，却有插发的玉笄，梳子是象牙做的，为了装饰还镶上一个精致的玉梳背，身上则佩戴玦、璜、项链、手镯等玉器。不但高等级贵族如此，普通贵族和地方贵族也莫不如此，只不过有程度的差别，那可能体现着某种礼制！当时饮食也很讲究，一是饮食器复杂多样，除了一般的簋、豆、盘、碗、碟、杯，还有特制的椭圆形鱼盘和滤酒器。可谓食不厌精，脍不厌细。良渚到处是水，但是还要凿井，可见十分讲究卫生。房屋的情况可以从莫角山上层层夯实的地基再铺上木板，庙前房屋的柱子不用圆木，而加工成40厘米见方的，可见住房也很讲究。这样的生活还不算文明吗？

良渚是不是产生了国家，这要问什么是国家。过去讲国家，总是说国家是阶级斗争不可调和的产物，是统治阶级镇压人民的工具，但在良渚似乎看不出这种情况。良渚社会很和谐，也比较富裕。你看庄桥坟或新地里那些基层平民的墓葬中仍然有不少随葬物品，卞家山的普通墓葬也有独木棺，随葬陶器、石器和少量玉器。当然良渚社会已经有明显的阶级分化，有贵族和平民，有高等贵族和普通贵族。同时还有职业分工。士农工商，前三种人的分工很明确。有没有商不好说，但远近产品的交换肯定是有的。工本身还可分为玉、石、漆、木、陶、丝绸等行业。钟家港和塘山两个玉器作坊又有分工，前者做工明显比后者精细。这显然是一个高度组织化的社会！如果把眼光放大，从整个良渚文化来观察可能会更加清楚。

良渚文化是广泛分布于太湖流域的考古学文化，良渚古城同如此广阔的地区是否只有文化上的联系，还是存在着某种程度的实际控制？我们知道良渚古城的核心地区之外还有不少著名的遗址，包括上海的福泉山、江苏吴县的草鞋山、昆山赵陵山、无锡邱承墩、武进寺墩、江阴高城墩等，都是用人工堆筑的小土山做墓地，苏秉琦先生形象地比作土筑金字塔。上面埋葬的多是大小贵族。这些贵族墓中随葬的也多为玉琮、璧、璜、玦、钺、梳、带钩等，样式跟良渚核心地区的十分相似。特别是玉琮等上面刻划的神人兽面纹，也跟良渚核心区的一致，只是多为简化的形式。这说明什么？说明这些地方的贵族也有同样的礼制和宗教信仰，他们很可能是秉承良渚最高统治者的意志治理各自所属的地区，好像后来的州县一样。因此，良渚应该是一个广域王权的国家。恩格斯讲国家有两个特点，一是公共权力的设立，二是按地区划分人民。良渚古城和巨大的水利工程的建设，正是体现了强大的公共权力；地方贵族各自治理一方也就是按地区划分人民。这样看来，良渚时期明显建立了国家，而且是一个很像样的广域王权的国家。良渚文化至今没有发现金属器，生产工具主要是石器，最多属于新石器时代晚期。如果强调玉器的作用而划为玉器时代也未尝不可。没有青铜器，更没有铁器，在这种情况下能产生国家吗？良渚作了肯定的回答。即使是一种特例，在社会发展的理论上仍然是一个重大的突破。

良渚作为一个考古学文化也值得好好地总结一下。良渚文化有以古城为标志的核心区，有环太湖的主体区。还有一个扩张区，扩张到长江以北，比如蒋庄、花厅，那是用武力征服的。西面扩张到江西和安徽，南面扩张到浙江南部的遂昌好川。最后还有一个影响区，比如山东的大汶口文化、广东的石峡文化、山西的陶寺文化、陕西的石峁等。如果把良渚文化画一个圈，你画哪一层圈？显然一个圈难以如实反映情况。我们在研究别的考古学文化时，是不是也要考虑类似的情况。

　　探索中国文明的起源，首先要从中国特有的自然地理环境出发，分析这样的环境怎样孕育和滋养出具有如此特色的文化。同时要考察从旧石器时代以来逐渐形成的文化传统。中国文明是在不同的自然环境和不同的文化传统下，以不同的方式发展起来的，同时又发生复杂的相互关系。张光直先生曾经提出一个中国文化的相互作用圈，认为最早的中国就是在这个相互作用圈内逐渐形成的。实际上这个相互作用圈主要在长江流域和黄河流域，圈内有多个比较发达的文化。其中良渚文化所在的自然环境是最优越的，文化的发展也是比较成熟的，因而率先形成了古国。良渚古国应该是中华文明开创时期的一朵奇葩。如果说中华文明有五千年的历史，良渚文明应该是最有说服力的。所以我在会上题词："中华文明五千年，伟哉良渚!"还在良渚考古工作站题词："良渚古国，文明奇葩!"

《良渚玉器》序言

　　中国史前玉器以良渚文化最为发达，良渚文化的玉器又以良渚核心地区的反山、瑶山出土者最为集中，数量最多，档次最高，蕴含的内容也最为复杂。如何解读是一件十分困难而又具有重要意义的事情。

　　解读良渚玉器，离不开对整个良渚遗址的认识。良渚遗址是以良渚古城为中心的巨大群落。古城中心有莫角山等类似宫城的高等级建筑和钟家港的玉器等手工业作坊，周围有反山、瑶山和汇观山等王室祭坛和高等级贵族墓地，还有卞家山船港码头等水运设施。更有塘山运河和彭公大坝等世界级的超大型水利枢纽工程。而这一切又是以极其发达的稻作农业为基础的。

　　良渚文化的稻作农业已普遍实行犁耕，虽然只是用石犁铧，但总比耒耜的效率要高得多。正是因为有了犁耕，才可能开辟像茅山那样大面积的稻田，才会有莫角山上那样巨大的粮仓，那里被烧毁的稻谷遗存就有数十万斤，这在中国同一时期的史前文化中是独一无二的。如此发达的农业自然可以养活大量非农业人口，包括各种专业的手工业者、权势阶层和神职人员等，大大促进了职业分工和社会地位的分化。亚当·斯密在其著名的《国富论》中说"分工是文明的起点"。对良渚文化来说，这种复杂的专业分工自然也是文明起源的重要标志。

　　良渚核心地区的高等级建筑和各种巨大工程的建设，需要集中大量的人力物力。在当时的条件下，只有掌握巨大财富和军事力量的贵族集团和他们的首领才能办到。反山、瑶山高等级墓葬所埋葬的应当就是这样的贵族集团。而反山 12 号墓埋葬的死者很可能就是一位王者，我们可以称之为良渚王。王者行使权力要达到无可争议，还必须依靠神力，让大家相信王权神授。

　　本书在解读良渚玉器时首先注意到精心刻划而十分独特的神像，包括完整的神人兽面像和各种简化的形式。它被刻划在除玉璧以外几乎所有个体较大的玉器上，尤以各种形式的玉琮为最。其中的兽面像很可能是良渚玉器中龙首纹的另一种表达方式。那是一种神圣的徽号，可以称之为良渚文化的神徽。

　　本书将良渚玉器分为六类，即葬具上的礼仪用玉，反映神权的琮和琮式玉器，反映王权的钺和权杖，反映财富观念的璧，礼仪服饰用玉和礼仪工具用玉，大致是符合实际情况的。说明玉器的使用已经渗透到良渚贵族生活的方方面面，是良渚古国文明的集中表现。

　　本书在解读良渚玉器的功能时还特别关注考古发现的情景，以了解某些玉器的组装和配伍关系。例如葬具上的礼仪用玉，如果不与埋葬方式和礼仪联系起来考察，单从器形和纹饰上观察是难以确知其用途的。玉钺和权杖的瑁和镦，以及数以百计的小玉粒，如果不是在考古发掘时注意其相互之间的关系，单凭其形状和纹饰是无法确知其功用的。良渚玉器的佩饰中有一种所谓冠状器，因海盐周家浜发现其卯销在象牙梳上，遂被命名为玉梳背。本书注意及此，但仍然保留冠状器的名称。因为冠状器很像神像的冠帽，不仅是实用器，还具有礼制的内涵，这样处理应当是比较合适的。

　　本书图版编排十分考究，文字说明也颇具匠心。在以前多种良渚玉器图录的基础上又有显著的提高。对研究良渚玉器和良渚文化都是十分难得的好书，相信会得到广大读者的欢迎！

（2018 年 7 月 10 日于北京大学蓝旗营寓次）

邯郸实习忆旧

我真正懂得一点考古学应该是从邯郸实习开始的。那是 1957 年，永远难以忘怀的 1957 年。那年春天的北京大学校园特别热闹。同学们拥护党中央整风的号召，发扬北大的民主传统，在校园里贴了许多大字报，有的搭讲台发表演说，充分表达爱党爱国的感情。可是仅仅热闹了一个多月，一场"反右运动"像泰山压顶一样盖了下来。我们班也批评和批判了几个同学，都是历史专业的。考古专业一向被认为不大关心政治，说我们是"两耳不闻窗外事，一心只把古来考"。其实是言过其实，因为下学期就要出外实习半年，在业务上抓得紧一些以便做些准备是很自然的。

9 月初一开学，我们考古专业 53 级的全体 15 名同学、几位老师和工作人员，在宿白先生率领下，开赴河北邯郸进行田野考古实习。指导实习的老师主要是邹衡先生，赵思训先生指导照相，刘慧达先生指导测量和绘图，52 级毕业留校的祝广琪先生则协助邹先生指导。学校总务处还专门派了李忠负责行政后勤，后来由部队转业的刘闯接任，另外还带了两名炊事员做饭。我们的考古工作是跟河北省文化局合作进行的，省文化局派其下属文物工作队的孙德海队长和刘来成参加辅导，他们原来是全国考古人员训练班第二和第四届毕业的，有比较丰富的田野考古经验。他们带了老马和拴柱两名技工，还派李宝珠跟李忠一同负责行政后勤。邯郸市文化馆的柴俊林和省文化学院的江达煌等也参加学习。大队人马都住在邯郸市西约 9 千米属于邯郸县的涧沟村，在村前西头盖了一个大席棚做伙房和饭厅。参加发掘的民工也都是涧沟的村民。

我们开始发掘的地点就在涧沟村北。遗址北部和东部为沁河环绕，部分已被沁河冲毁，剩下的不足 3 万平方米。遗址的西北和东南各有一个打靶场，东北有一座拦洪坝。省文物队孙德海等此前已经在那里发掘了一大片，约 1200 平方米，称为 1 区。我们是接着他们发掘区的北面来布置发掘区的，称为 2 区。发掘的方法是开探沟，多是 2 米 × 10 米，方向正东西。事先由探工普遍钻探，哪里地层较深就在哪里开探沟，所以互不连续。我挖的是 HJ2T6，即邯郸涧沟第 2 区第 6 号探沟。探沟挖下去再往外扩，才知道发掘的是一个大坑，别的同学挖的也都是一些大坑，坑外基本上没有文化层。文化遗迹仅发现 3 座陶窑、2 座水井和 1 座乱葬坑，实际发掘面积 1420 平方米。省文物队在第 1 区也挖了一些大坑，同时发现了 5 座陶窑和 2 座水井，与水井相连还有两条小水沟。至此整个遗址已基本挖完了。两区都没有发现任何房屋遗迹。除 1 区发现两个婴儿瓮棺葬外，也没有发现其他墓葬。倒是杨式挺挖的一座水井中发现有先后扔进去的 5 具人骨架，孙国璋挖的一个圆坑中发现有 10 具人骨架，只是当时没有清理。柴俊林挖的一个水井深 7 米，近底部发现有 60 多件汲水罐。

涧沟遗址的文化遗存以龙山文化为主，其次是早商文化，后来发现其中一部分应该属于先商。龙山文化可分两期，早期的陶器多灰褐色，饰绳纹和篮纹，有肥袋足双鋬鬲。晚期多磨光黑陶，有朱红或红黄白相间的彩绘。从龙山文化到早商，这里应该都是陶器制造场。那些大坑无疑是取土坑，水井应该是为取水和泥用的。至于那些乱葬坑，其中的死者男女老幼都有，有的做挣扎状，有的身首异处，有的头部有砍伤或烧焦痕迹，应该是外地族群来争夺陶器制造场而发生战斗的牺牲者。特别值得注意的是，有两个龙山文化的大坑底部各埋三个人头盖骨，有的上面还有剥头皮的痕迹。这应该是战斗胜利者砍下敌方头颅做头盖杯并留下头皮以做纪念的证迹。后来我曾专门写了一篇文章加以说明。

在涧沟发掘期间，我们几个同学利用休假的日子到附近的百家村遛弯儿，在一条小沟边无意发现有灰层，随便刮一刮发现有不少陶片。其中有彩陶和篮纹陶片，应该是属于仰韶文化的。后来这类遗存就被命名为百家村类型或大司空类型，算是一个额外的收获。涧沟发掘的后期，大部分同学的探沟和灰坑已经挖完，只留下贾洲杰等同学继续挖。其余同学分为两组。一组到邯郸近郊的齐村—百家村发掘战国墓葬，他们共挖了 32 座赵国下级贵族的墓葬。我和纪仲庆、戴尔俭、白瑢基、袁樾方五名同学一组则到涧沟以西约 3 千米的户村龟台寺进行发掘，由邹衡先生和刘来成先生指导。

龟台寺遗址在一个龟形的小土台上，元明时曾经在台上建了一座寺庙，故名。台顶面积 3000 余平方米，遗址仅分布于东北部分。因东北两边被沁河冲刷，所剩遗址已不足 1000 平方米。我们的发掘仍然采取探沟的方式，发掘面积 674 平方米。龟台的发掘有两个插曲。一个是当别人的探沟中发现一些灰坑时，白瑢基的探沟没有灰坑。他很奇怪，叫我去看。我一看沟壁上挂了好几个灰坑，他挖掉了还不知道。才发觉他有色盲。后来考古专业规定不要招收有色盲的学生。二是我挖的探沟紧贴北边悬崖，在挖第 81 号早商的灰坑时，因坑中填土比较松软，在找边时突然垮塌，我的下半身被埋，铁锹把都砸断了。幸亏没有把我掀到崖下，否则不堪设想。后来我们在崖边发掘时都在腰部绑一根粗绳，另一头拴在靠里边的大木桩上，以保证人身的安全。不过我们的发掘还是有很大的收获，发现了龙山文化、早商和西周三个时期的文化遗存。这里的龙山文化比涧沟的晚，陶器多深灰色，绳纹、篮纹和方格纹都很发达，本身还可以分为两期。早商文化也可以分为两期，分别与郑州二里岗上下层对应。西周也可清楚地分为两期，这是一个新发现，是对西周遗址的首次分期。

整个发掘工作结束后，随即分组开展田野调查。我在新石器时代组，由李仰松先生从学校赶来指导调查。同行的有徐秉铎、李炎贤、袁樾方和白瑢基等。商周组由邹衡先生带领纪仲庆和杨锡璋等到邯郸以南不远的峰峰矿区调查。宿白先生和刘慧达先生带领杨泓和孙国璋等也到邯郸以南峰峰矿区附近的南北响堂山调查石窟。战国秦汉组由苏秉琦先生的研究生俞伟超带领调查邯郸附近的赵王城和临漳的邺城等遗址。这后面三组都取得了非常丰硕的成果。

我们新石器时代组走得最远，一直往北到石家庄西北的平山县调查。那里是革命老区西柏坡所在，正在修岗南水库，我们的调查就是在预计为水库淹没区内进行的。我们住在县城，在县教育科搭伙。人家一天吃两顿饭。上午9点开饭，我们7点就出去跑路调查。下午4点开饭，我们要到6点多才回来，完全吃不上热饭，只有带玉米面蒸的饼子上路。当时已经是11月末，天气很冷，饼子冻得硬邦邦，简直像块可以打狗的石头。野外调查专门找田边地角，不走好路。一天下来又累又饿，还只能吃这种打狗饼子，我的胃一下子坏了，痛得很难受，从此留下了一个病根。现在想起来怎么那么傻，把调查的时间调整一下，跟人家一同吃饭不就好了嘛！问题是十多天的调查十分辛苦，收获却很小，只发现了尚庄和韩庄两处小遗址。陶片跟安阳后岗仰韶文化的差不多，后来这类遗存就被称为后岗类型。袁樾方和白瑢基没有跟我们一起走，他们在田兴村附近的地头见到几块陶片，一看是新石器时代的，就在那里挖了一条小探沟。探沟内的文化层很浅，出了一些彩陶和篮纹陶片。我后来帮他们整理，觉得跟百家村的陶片有些相似，彩陶花纹却不大相同，应该是同一时期的东西，只是有些地方差别，也算是一个不小的收获。

田野调查结束后，考古队全体人员转移到邯郸市里的防洪指挥部，所有发掘和调查的标本和资料也都搬到了这里，以便开展室内整理。发掘时采集的标本绝大部分是陶片，因此整理资料时首先要清洗和拼对陶片。这对于真正认识各类陶器是一项必不可少的工作，也是一项基本功的训练。然后按照单位和地层关系进行排队，也就是类型学研究的训练。这时苏秉琦先生专门从北京赶来，指导我们进行陶器排队，并亲自动手做试验。排好队后就挑选标本绘图并制作卡片，再把发掘时的纪录和测绘图纸等一起按单位归并放入资料袋。最后分组撰写发掘报告。这时已进入1958年初了，全国开展轰轰烈烈的除四害运动。邯郸打了许多麻雀，街上小摊贩有油炸麻雀卖，5分钱一只。李炎贤特爱吃，一次就能吃五只。还有道口烧鸡，有的同学买了大伙吃。这跟平山的情况简直是天壤之别了。

实习快结束时，我们还与邯郸市文化馆合作举办了一个实习成果展，老师和同学参加讲解，参观的人很多。这大概是最早的一次公众考古活动吧。此后北大每次考古实习后大都进行类似的活动，效果很好。

王湾考古琐记

在我的考古生涯中，王湾考古占有重要的位置。那是在 1960 年上半年的事，快一个甲子了。我那时是北京大学历史系考古教研室的助教。二月份开学后，中共历史系总支副书记徐华民和考古教研室副主任宿白先生召集李仰松、夏超雄和我三人，说这个学期考古专业 57 级的学生要进行田野考古实习，系里派你们三人进行辅导。李仰松任实习队长，负责全面工作；夏超雄除业务辅导外，负责全队的政治思想工作；严文明则可以多考虑业务方面的事情。李仰松曾经带领 54 级和 56 级在陕西华县泉护村和元君庙进行考古实习；夏超雄则是在 1959 年下半年协助邹衡先生指导 55 级在洛阳王湾的考古实习，这次实习的地点还是在洛阳王湾，是驾轻就熟。只有我是第一次作为教师指导学生实习。不过我对 57 级这个班的同学比较熟悉。前一年我刚刚跟他们共同编写中国新石器时代考古讲义，那是乘"大跃进"的风潮，我对学生还没有上课学习就编写讲义简直是匪夷所思，再说我自己也刚毕业不久，还没有正式上课，就跟学生一起编写讲义，也实在是勉为其难。现在又参加辅导考古实习，说是要打破过去考古发掘的旧框框，要贯穿"大跃进"的精神云云，心里也颇多疑惑。

王湾原来称南王湾，东距洛阳市区约 15 千米，位于涧河的东南河湾处。遗址就在村西北的高台上。实习队初到王湾，同上次一样分住在老乡家里，上工非常方便。这个村落有两个部分，主体部分在遗址东部的陡崖下；另一部分紧接遗址南部，在平地上挖了十个正方形竖坑，并在四壁掏挖窑洞。每个窑洞住一户人家。少数人家有两个窑洞，一个住人，一个养牛和放置杂物等。竖坑底部平坦，是大家共用的广场。这样的窑洞不需要任何建筑材料，有一把镐头就可以掏挖出来了。住在里面冬暖夏凉，十分舒适。我过去只知道利用黄土高坡建窑洞，没有听说平地也可以挖坑建窑洞，这次算是开眼界了。

王湾遗址首先是中国科学院考古研究所洛阳工作站发现的，经邹衡先生复查后才决定在此进行考古实习。遗址范围东西和南北均约 100 米，东、北、西三边都逼近断崖，部分遗存已被塌毁，原来的面积应该超过一万平方米。第一次和第二次发掘分别位于遗址的北部和南部，总共发掘 3625 平方米，包括遗址的主体部分。文化遗存以新石器时代为主，其次为周代和北朝，另有一座西晋砖室墓。每个时期的遗存都很丰富，地层复杂，各种遗迹相互叠压和打破的关系更是层出不穷，对实习队是一个很好的锻炼。

新石器时代文化是王湾考古的主要收获。通过两次发掘，可以大致将其分为三期八段，包含了从仰韶文化到中原龙山文化的全过程。不但为豫西地区新石器时代文化建立了一个详细的年表，梳理了长时段的文化发展谱系；同时也廓清了中国新石器时代考古学研究的一些长期争论不休的问题，例如仰韶文化与龙山文化的关系问题，仰韶文化本身的类型与年代分期问题等。我在 1963 年 2 月写的一篇《从王湾看仰韶村》的文章中已经做了比较详细的介绍。

我们第二次发掘的主要收获之一是发现了最早的仰韶文化遗存，包括 1 座房屋和 4 座瓮棺葬，都分布在发掘区的东北部。房屋为方形的木骨泥墙，因为被火烧毁，有两个躺着的幼儿来不及起身逃走，被烧塌下的屋顶盖住了。幼儿旁边有两个杯形口尖底瓶，一看就知道是相当于半坡早期的。房屋内还有鼎、罐、盆、钵等陶器，罐内有烧焦的小米。因为我是全队负责新发现遗迹登记和编号的，房屋发现后我随即给予编号 F15，并且在指挥板的图纸上画了简单的实测图。我看到保存那么好的房屋十分动心。特别是层层抹泥的屋顶整块塌落，翻转过来有非常清楚的木椽印迹。如果按坐标摆放后仔细测量照相和记录，可以准确地复原屋顶的结构。不过那个地方属于第一组的发掘区，是李仰松辅导王岩发掘的。我负责辅导的是第二组，在发掘区的西南部分，要回去照看。王岩是急性子，等我不在场时三下两下就翻开了，没有仔细测量和照相。整个房屋的实测图也画得很草率，这使我非常伤心。其实王岩的做法也与当时要求大干快上的"大跃进"精神有关。另一个更加突出的例子是测绘墓葬中的人体骨架图。当时发现了不少新石器时代和周代的墓葬，测绘人骨和随葬品是很麻烦的事。李仰松介绍他在陕西华县指导实习时发现的人骨更多，每个骨架只测头手脚五个点就行了。有个同学甚至说王湾墓葬中的人骨架多是仰身直肢葬和侧身屈肢葬，刻两个印模不就行了！这话显然有点抬杠的意思，实际上不可能那样做。因为要大干快上，工地很少用民工，大部分发掘和运土任务都是由同学自己干。运土是用独轮小木车推的，走在只有一米宽的隔梁上很危险。幸好只翻了两次车，旁边探方挖得不深，并无大碍。没有想到夏超雄辅导的第三组出了事。该组林沄挖了一座又窄又深的战国墓，挖到七八米深才见人骨和随葬陶器鼎豆壶等。因为到了傍晚快下工了，就用虚土掩盖。第二天上工时，他跟往常一样踩着墓壁上的脚窝下去，不小心踩偏，整个人就摔下去了，连哎哟的声音也没有听到。大家慌了神，不知如何是好。我要夏超雄赶紧跟洛阳的八一步兵学校联系，并立即乘运土筐下去把林沄抱着坐到筐里提上来。林沄身子轻轻的软软的，一声不吭，真是急死人了。好在步校的医生乘吉普车很快就赶来了，到医院仔细检查只是轻微脑震荡，真是谢天谢地！可爱的林沄回来跟没事人一样，不久就开始照常工作了。

王湾发掘结束后，实习队全体即到洛河沿岸的洛宁和偃师两县进行考古调查，并在偃师高崖进行了试掘，发现了与王湾相似的地层关系。随后就到考古研究所洛阳工作站进行室内整理和编写实习报告。在整理过程中拼对复原了大量陶器。我在翻检第一次发掘的陶片时，发现有一些很厚的黑光陶片，上面有刻划和不规则的镂孔。拼对出来竟然是一个非常豪华的大型器座。再看上一次已经复原的可盛 100 斤粮食的篮纹大瓮，还有这次发掘的 H459 出土的瓦足盆和大陶盘都不同一般，其他陶器也很大气，可见王湾三期文化的发展水平之高，远远超过一般性的估计。而王湾遗址很可能是一个中心聚落所在，可惜因为后期破坏，没有发现较大的房址和墓葬。

我们在资料整理过程中，把第一次和第二次发掘的陶器加在一起排队。新石器时代划分为三期八段，周代基本按照洛阳中州路西工段的分期标准。最后写实习报告时是分期分组进行的。王湾二期的资料最多，写作进展缓慢。后来由林沄花了一个通夜就完成了。我只负责写了整个报告结语。最后由字写得好的郭大顺和韩榕誊清抄写了一遍，实习任务就算完成了。

王湾考古实习结束后曾经由李仰松执笔发表了一个简报。正式考古报告由李仰松负责，从 1961～1965 年，再从 1974～1975 年，中间还有几名参加过实习的学生协助。邹衡先生则负责周代部分，温明荣负责北朝部分。最后由北京大学出版社于 2002 年 6 月出版。花了这么长的时间一遍一遍地整理核对和研究，基本情况总该弄清楚了吧。但很遗憾，报告的主体部分新石器时代的叙述简直是一锅粥。

报告将王湾新石器时代分为三期六段。其中第 10 页图八王湾新石器时代遗址陶器分期表中，第一期一段只有庙底沟期的器物，完全没有更早的以 F15 所出为主的半坡期器物。可是后面叙述第一期文化的陶器时，又把半坡期和庙底沟期的合在一起。H215是一个很大的灰坑，出土了近百件陶器和十几副猪下颌骨，可是在灰坑介绍中完全没有提及，也没有一张平面和剖面图。更奇怪的是坑中出土的陶器在图八中标明为一期二段，而在图版十至十三用四个版面专门发表 H215 的器物，可见还是很重视的，却标明属于二期二段！实际上都不正确，应该是二期一段才比较合适。图八的二期四段中把秦王寨期和庙底沟二期的合到了一起也不恰当。再看第 11～15 页讲典型地层中器物的演变关系时，每一件出自某某灰坑的标本，又画蛇添足地说是属于某某地层，而且是属于两处相距数十米的探方中完全不搭界的某某地层，真是匪夷所思。报告中图表和文字表述相矛盾或错误的地方比比皆是。例如图五南区遗迹分布图中 G22 是北朝的大沟，却标成了表示周代的斜线。而附表一中注明周代 3～5 组的 H480 在图五中反而标成了表示北朝的图例横线。横穿整个南区中部的北朝大沟也完全没有反映。如此等等不一而足，怎么就不好好核查一下呢！

安阳考古记略

1962 年 9 月 5 日，由高明领队，我和夏超雄、李伯谦、张剑奇率领北京大学历史系考古专业 59 级全班同学和两名越南留学生到河南安阳进行田野考古实习，参加中国科学院考古研究所安阳队的工作。当时考古所在安阳小屯建了一个工作站作为安阳队的驻地，我们也就住到了安阳工作站。经与考古所协商，我们实习发掘的地点选在豫北纱厂所在的大司空村旁边。这地方过去考古所挖过，情况比较熟悉。当时安阳队的队长是郑振香，副队长是魏树勋，队员有杨锡璋、邱宣充等，他们都是北大考古专业毕业的校友。名义上郑、杨和邱参加辅导，但实际上主要还是北大的教师担任辅导。开工之前由郑振香作了"解放前安阳考古工作情况"的报告，接着由我讲授"田野考古方法"的课程。然后郑振香陪我考察工地并确定发掘的具体位置。

9 月 12 日正式开工。鉴于遗址的文化层比较深，又有墓葬和灰坑等遗迹，我决定采取 4 米 ×5 米的探方，东北各留 1 米宽的隔梁，实际发掘的是 3 米 ×4 米，只比一般探沟宽 1 米。这样既便于控制地层，又便于发掘遗迹。第一阶段叫作试掘，两个学生挖一个探方，教师把着手教。大约 20 天后，有些探方快做完了，学生发掘的基本方法也初步掌握了。于是就全面铺开，一个学生一个探方，训练独立发掘和记录的能力，教师只做重点指导。我是业务总负责，要掌握整个工地发掘的情况和进度，给每个探方和新发现的遗迹或墓葬编号。学生发掘时要每天做工作日记。我则做全工地发掘的工作日记，到晚上还要把学生的工作日记收集起来检查和批改。发掘过程中，每个探方差不多都有一两个半米宽、一米多长的坑，不像是墓葬，民工说那是挖天花粉的坑。下面就挖到许多灰坑和墓葬，还有两条很长的灰沟。墓葬都不大，应该是商代晚期平民的墓葬。女同学郑允飞挖的 53 号墓算是最大的，除了随葬有较多的陶器，还有一个汉白玉的俎。后来又发现了漆棺的痕迹，允飞不敢动手，特地把细心的胡人瑞叫来。胡用一根小竹签一点一点地剔拨，终于露出一大片彩色漆皮，上面有非常鲜丽的云雷纹花纹。发掘期间是非常紧张的，每个单位做完后要测量、画图、照相，写发掘记录。出土器物要登记造册，移交保管处。遇到雨天只好停工，就在豫北纱厂的饭厅或小学教室讲课。我先后讲了"仰韶文化的类型与分期问题"和"关于龙山文化的若干问题"。还请魏树勋讲了如何根据占卜用龟甲反面钻凿痕迹的形状和排列方式来进行分期的研究。

田野发掘结束后做了个小结。然后分为两组进行田野考古调查。李伯谦率领一组沿着洹河往西，调查了大正集和范家庄等地，并在大正集老磨岗进行试掘。事前我曾经到大正集去过一次，发现那里有所谓后岗类型和大司空类型两种仰韶文化遗存。后来试掘想找到两者的地层关系，却只挖到了大司空类型的遗存。这两个类型的名称是安志敏先生提出来的。他执笔写的《1958～1959年殷墟发掘简报》（《考古》1962年2期）中，根据高广仁在大司空挖的一座陶窑和一个灰坑中出土的彩陶跟后岗彩陶不同，认为两者应该属于不同的类型，并推测大司空类型早于后岗类型。在安阳工作站大门内放置的一个坡面柜中，陈列了简报中发表的那几块彩陶片。我想了解一下全部相关陶片的情况，问郑振香放在哪里。她说都埋掉了，埋在哪里也不知道，真令人哭笑不得。当时安先生大概以为大司空那样的彩陶是一个新发现，其实早在20世纪30年代初，吴金鼎等人在安阳附近发掘的秋口同乐寨就发现了那样的彩陶，在侯家庄高井台子和大正集老磨岗发现的陶片中两种彩陶都有。我1957年在河北邯郸实习时清理的百家村遗址，所出陶片就跟大司空遗址一样，河北的考古学者称之为百家村类型。从全面情况来分析，后岗类型明显早于大司空类型而不是相反。

我带领一组同学往东，主要在洹河南岸调查。那里有两条东西向的缓坡，分别称为广润坡和茶店坡，实际是洹河改道以前的河滩，遗址多在这两个坡上。我们在蒋台屯东面一个池塘边的陡崖上看到了多层的龙山房屋遗迹，都是白灰地面，中间有火塘。墙壁是夯土筑成，约40厘米厚。我第一次看到有这么清晰的多层房屋剖面，随即用皮尺加钢尺草测并画图。我们调查了十多处遗址，最后在大寒南岗、鲍家堂和郭村西南台进行了试掘。大寒南岗是一个很大的龙山文化遗址，我们在岗顶偏北的地方挖了一条探沟，不多深就发现了白灰地面和圆形火塘，是典型的龙山房屋遗迹，因时间关系没有把整个房基做出来。南岗北边的断崖上和鲍家堂都发现有仰韶文化的遗存，发掘所得陶片都是属于大司空类型的。

田野调查结束后天气已逐渐转冷，于是从11月19日开始转入室内整理。我首先讲了室内整理的方法和具体安排。又请考古所技工王振江讲了陶器的修复方法。同学们在拼对陶片、修复器物后，就要挑选标本、画图和制作卡片，最后要写出发掘报告。大家都很用功，有时晚上还自动加班。我及时讲了陶器排队和如何分型定式与分期问题。最后写报告时我又讲了如何写报告和如何使用参考书的问题。期间正好体质人类学家颜訚先生来访，我就请他给同学们讲了一课"什么是人类学"。同学们感到收获很大。

　　实习期间我们通常是休息大礼拜，每十天才休息一天，以便洗洗衣服或办一点个人小事。也有的到安阳街上去玩玩。我没有什么事情，一天带陈振裕沿着洹河边散步，顺便看看有什么遗址。走到柴库，看到旁边断崖上有文化层迹象。拿小铲一刮，发现有三个明显的层次，从包含陶片看，竟然依次是小屯、龙山、仰韶三叠层！看来这样的情况在安阳乃至整个豫北地区是很常见的。我们往西一直走到了秋口同乐寨，那里也有一个仰韶文化遗址。有一次杨锡璋告诉我，说安阳西边的水冶有一个手工制造陶器的老人，人们称呼他原始老头，是不是有兴趣去看看。我当然愿意，于是就同他一起去。水冶在古代曾经是一个冶铁的地方，但我们没有看到冶铁的遗址。老杨带我到一个孤零零的小土岗上，那里有三座小土窑，正是老人制造陶器的地方。一座是住室兼工作间，一座是烧陶器的窑，中间一座是放熟泥和晾干陶坯的窑。烧好的成品就码放在外面，数量不多。因为当地供销社会定期来运走，同时送些吃的和其他生活必需品。老人有一个小孙女，做陶器时孙女用脚蹬轮盘，老人扶泥拉坯，成型后用线绳割下，摆放在一块木板上，再运到旁边窑洞里上架晾干。问老人是不是感到孤单和寂寞，老人说习惯了。可惜那天没有带相机，实在应该把这个难得的场景记录和实拍下来！

　　安阳实习时正直全国三年大饥荒的后期，生活十分困难。我们吃的粮食只有又糙又涩又发硬的高粱橛子，十分难吃。我又有严重的胃病，吃这种东西痛苦至极。高明看我实在难熬，工作又离不开，便想法子弄了几斤挂面。我还舍不得吃，偶尔煮点吃，虽然是无油无佐料的光屁股面，也还是一种难得的享受。其实我们几个教师的身体都不大好，李伯谦和夏超雄都有肝炎，夏还有很严重的糖尿病。我和夏一同住在阁楼上的小房间里，他因为尿急尿频，一夜要起床五六次，简直是活受罪。越南留学生黄春征是苏秉琦先生的研究生，学新石器时代考古，苏先生交给我指导；黎春焰是宿白先生的研究生，学青铜时代考古，田野实习都让我们带。因为是外国人不能跟我们一样受苦，需要特批大米白面等细粮。高明只好专程去郑州找省粮食厅办理手续。可是女学生郑允飞是新加坡归侨，也实在受不了吃高粱橛子的苦，多次哭闹，要求按归国华侨改善一下待遇，但想尽法子就是办不成。

　　生活虽然很苦，考古实习还是取得了较好的成果。我们发掘的大司空村遗址毕竟是商代晚期盘庚迁殷的王都所在。《竹书纪年》谓商殷在此建都后，"二百七十三年更不徙都"。我们用小铲释天书，虽然只接触到那早已湮没的历史的一角，却勾起我们想把过去被颠倒的历史再颠倒过来的豪情。在安阳工作站，一进大门的右手边墙上显著的位置，挂着郭沫若书写的一首诗。那是他参观和考察殷墟的即兴之作，大意是暴虐无道的商纣王其实还有很大的功劳，应该为他翻案。我怎么看着就不舒服，也戏填了一首词，盛赞武丁而鞭笞商纣，名曰《殷墟怀古》，兹录如下：

殷墟怀古　水调歌头

盘庚创基业，洹上立殷城。一统山河万里，功烈维武丁。

夷纣拥玉亿万，尽是众人血汗，设炮烙酷刑。白骨若有知，固应鸣不平。

乾坤改，追往事，久沉沦。昔日孔圣，已叹文献不足征。

今有太学稚子，专攻大地天书，历史要究明。帝王何足道，奴隶是主人！

红花套的记忆

一

前些日子收到林春的一封信，说红花套考古报告终于完成了，要我写个序言云云。回忆我带学生到红花套进行田野考古实习已是近 40 年以前的事情，有些情况可能记不大清楚了，写序言有些困难，但大致的情况还了解一些，也值得回忆一下。搜索记忆，大约是 1973 年冬的某一天见到了石兴邦先生，他告诉我长江流域规划办公室（简称长办）组织了一个考古人员培训班，有很多人，在湖北省宜都县红花套发掘。那个遗址很好，特别是有很多打制石器，过去都当作乱石块扔掉了，很可惜。要好好收集起来研究才对。他问我有没有兴趣带学生去做点工作，我说让我考虑考虑吧。不久中国历史博物馆的李文杰来看我。他在红花套考古培训班当辅导员，情况更加熟悉。他拿了一份油印的发掘简报给我，仔细介绍了那里的情况，认为那里是一个制造石器的作坊遗址，值得好好发掘和研究。也希望我去看看，能够参加工作就更好。那时正是"文化大革命"时期，在学校里是军宣队和工宣队掌权，鼓动工农兵学员搞斗批改，我和俞伟超都作为右倾回潮的典型挨了批判。接着又是"批林批孔"运动，把我抽调到历史系大批判组，我没有写出任何大批判的文章。不久又调到学校"批林批孔"动态研究组，待了一个多月。我对那种政治环境很不适应，确实想换个环境。翌年初长办考古队的陈淮来找我，正式邀请我带学生去实习，说是还有别的学校和单位的人参加，是考古发掘大会战。我当然想去，但自己不能做主，就跟当时考古专业的分总支书记李志义商量。李担心我的身体状况能不能做田野工作。因为我在历史系食堂当司务长时劳累过度以致胃病复发，做了次全切的大手术后，身体很虚弱，经常晕倒。我说在外面总比在学校的日子好过些。李看出我确实想去，就说那我也陪你去，免得在家里担心牵挂。我们商量怎么去还得有个说法。那就说要打破过去课堂上讲考古、黑板上划地层的旧教学方法，实行开门办学，理论联系实际。到考古工地一定要自己动手，边实习、边劳动、边上课，必要时还可以做点社会调查和宣传。经请示得到同意后就决定由他带队，教师有吕遵谔、赵朝洪和我，率领考古专业 73 级全体工农兵学员，于 4 月初奔赴宜都红花套，住在长办设在红花套公社（现在是红花套镇）所在地的防洪指挥部，大部分同学则分散住在老百姓家里。同时到达的还有厦门大学和四川大学考古专业的师生，以及湖北、四川、陕西、云南、贵州等省的文物考古人员，总共 150 多人，确实是一场大会战。

二

红花套遗址属公社的杨家畈大队第三生产队，距离公社有 2.5 千米。北距宜昌市 30 千米，南距宜都县城 15 千米。长江从宜昌到宜都基本上是从北往南流的，只是稍微偏东一点。红花套遗址即在长江的西岸，紧贴岸边。南北约 280 米，东西约 40 ~ 80 米不等。由于江水冲刷，遗址的边沿有些崩塌，在河漫滩上散布有许多陶片、石器和红烧土块等。不过在大江对岸还有一个东周时期的遗存为主要内涵的古老背遗址，可见长江的河床在这里并没有什么变动，应该是相当稳定的。

这次考古发掘由于参加的单位多，难以统一，就采取分片包干的方式。北京大学发掘的地点在江堤内侧距生产队的牛栏不远，与四川大学的发掘区邻近。其他单位的发掘区自成一片，不相连续。因此工地也没有一个业务总负责人。不过大家都是采取 5 米 × 5 米的探方进行发掘，标本采集和记录方法也基本相同。遇到一些现象有时候也相互磋商讨论。我们在发掘之后随即进行了初步整理，前后历时三个多月。

在 1974 年考古大会战之后，1975 ~ 1977 年又进行了几次规模不大的发掘，其中 1976 年春有中山大学考古专业的师生参加。这些发掘在遗迹、遗物等方面虽然增加了不少资料，但在总体内容上并没有多少突破。先后参加或指导部分资料整理的有石兴邦、李文杰、唐金玉、杨建芳等，最后由林春进行了全面整理并写出发掘报告。她在 1974 年作为厦门大学考古专业的学生参加了红花套遗址的考古发掘，对那里的情况是很熟悉的。后来长期在长办考古队工作，全面接手红花套资料整理的任务，断断续续持续了许多年。期间曾经多次请教苏秉琦先生，也曾多次跟我商讨。由于石器部分特别重要，自己又没有多大把握。为了慎重起见，最后请张弛进行了详细的研究。

综观历年考古发掘的收获，大致可以归纳为以下几点：

第一，在北大发掘区，大概是在郭旃挖的一个探方中，发现了屈家岭文化叠压大溪文化的地层关系。这里屈家岭文化的遗存虽然很少，但是有屈家岭遗址晚期的折盘豆残片等典型器物，从而第一次从地层上证明了大溪文化早于屈家岭文化。这在现在已经成为常识，但那时以为屈家岭文化主要分布在江汉平原，大溪文化主要分布在三峡地区，两者究竟是什么关系？仅仅是地区性差别，还是也有年代早晚，并不清楚。红花套主要是大溪文化，屈家岭文化的遗存十分稀少，但碰巧就发现了那么一个地层关系，不啻为一项重要的收获。

第二，红花套的文化遗存主要是大溪文化，这是一望就清楚的。我们在发掘后进行初步整理时曾经区分为早、中、晚三期，后来林春整理时更细化为四期。这是第一次对大溪文化进行分期，后来关庙山等遗址的发掘，证明这个分期是基本正确的。不但如此，我们发现在大溪文化晚期的遗存中有不少典型的黑陶曲腹杯，跟屈家岭遗址早期的朱绘黑陶杯十分相似。这就提出了一个问题：我们划分的大溪文化晚期是否也应该叫屈家岭文化？或者反过来，屈家岭遗址的早期跟晚期是否应该分开？是否可以把早期划到大溪文化阶段而作为一个地方类型来处理？当时只是提出了问题，并没有一个明确的答案。后来张绪球在其《长江中游新石器时代文化概论》（湖北科学技术出版社，1992年）一书中第一次明确将屈家岭遗址早期一类遗存从屈家岭文化中分出来，改称为大溪文化油子岭类型，以后又改称为油子岭文化，年代与大溪文化晚期相当。

第三，在遗址倒塌的房屋堆积和许多坑穴的填土中有大量的红烧土，那是被火烧毁的泥墙的残块。其中有大量的稻壳和稻草痕迹，偶尔也能见到稻粒的痕迹，证明大溪文化时期已经有比较发达的稻作农业。在此以前只知道屈家岭文化有稻作农业，距今不到5000年。红花套的发现则把长江中游史前稻作农业的历史提前了1000多年，为进一步探索稻作农业的起源向前推进了一大步。

第四，在遗址的房屋遗迹中还发现有不少竹篾的痕迹。有的是铺在地面上竹席的痕迹，有的是篾编墙壁的痕迹，甚至有的柱子的痕迹刮平以后可以看到两道圆圈，很像毛竹的断面，说明大溪文化时期已经大量利用竹材，而且能够劈篾编席乃至盖房。我曾找到一块墙壁的红烧土，上面有非常清晰的篾编痕迹（图一）。现在当地农村中比较讲究的房子墙壁也是编篾后抹草泥，外面再抹一层掺稻谷壳的谷糠泥，跟红花套大溪文化房子的做法十分相似。

图一　在红花套采集的墙壁残块，上面有清晰的篾编痕迹

　　第五，红花套遗址最突出也最重要的发现当然是石器制造场。遗址中发现的石料和初步加工中留下的废料、残次品等可能以十万计，数量之多难以准确统计。石料都是从江边河滩上选取的河卵石。最大的像冬瓜，我们就称之为冬瓜石。上面往往有许多酥点，明显是作为石砧，在对石料进行初加工时砸出来的痕迹。一般的石料往往成堆放置，且多半放置在某个小房子的旁边。例如第一次发掘的 F1、T43F2 和 F3 的旁边都堆放了许多石料和少量半成品。有的则放在直径 2 米左右的浅坑里，例如 H233、H234、H235 和 T66H246 等都是。这些坑全都位于江堤外侧接近河滩的地方，里面堆满了从河滩采集上来的砾石，作为制作石器的原料。在第一次和第二次发掘所发现的许多房址，大多数并不适于日常居住，而是与制造石器相关的工房。例如 F109、F201、F202、F203、F205、F206、F207 和 F301 等房屋中都或多或少有砾石、石片、残石器或半成品，有的还有石砧、石锤或砺石。而最集中的则是 H11 和 H342。

　　H342 近方形，长 3.9、宽 3.6、深 0.34～0.56 米，当时当作灰坑编号，实际上是一所制造石器的工房。其中发现有 3 件布满疤痕的冬瓜石，最大的一件长 46 厘米，旁边有 14 件石锤和 3 件砺石。周围有许多作为原料的砾石，以及少量石斧、石锛等残次品，总数达 310 件之多。在第一次发掘时发现的 H11 则是一个近圆形的浅坑，直径 2.5～2.6 米，坑壁抹有 5 厘米厚的草拌泥，估计原本是一个工棚。在这个工棚里原先只做打制和琢制等初步加工，后来在上面设置了磨制石器的工作台，安放了两块砺石和一个坐石。左边的砺石侧立，磨面较粗；右边的砺石平卧，磨面较细。后者旁侧还垫了一块石头以保持磨面水平。砺石后面放置一个冬瓜石，操作者正好坐在上面进行砥磨的工作。李文杰特地画了一张素描和工作设想图（图二、三）。类似的工作坑还有 H3、H27 和 H285 等。

　　红花套石器的制法可以根据大量的石料、半成品、成品、残次品和废料，结合石砧、石锤和砺石等工具进行推测。大致有以下几个步骤：先是选料，根据所要制作工具

图二　H11 磨制石器工作台素描

图三　在 H11 磨制石器工作设想图

的要求选择适当质地和大小的原料。最简单的是石砧和石锤，只要选择合适的砾石，无须加工就可以直接使用。其所以说是石器，是因为石砧上有大量打制石器时留下的酥点或疤痕。石锤有大小两种。大的较重，上面的打击痕较粗，是打击初坯时留下的。小的较轻，上面的琢击痕较细，是对粗坯进行琢击成形时留下的。其他石器制作时尽量选择质地、形状和大小合适的坯件以减轻工作量。

第二步是打制，把选好的坯料放在石砧上用石锤打击以形成初坯，许多石斧就是这样开始加工的。例如有一件石斧的初坯，就是选了一块跟石斧大小相当的扁平砾石，把两边弧出的部分打掉就已经初步成形，还没有进行琢磨，算是一件半成品。不过遗址中这样的半成品很少，多半是半途打坏了就扔掉，这样的残次品倒是不少。在打制过程中会产生许多石片，在遗址中这样的石片成千上万，全部是打下的废料，并不是什么打制石器。

第三步是琢击，要把初坯上不平的棱角去掉，进而把斧、锛等整体形状琢出来。许多石斧的器身就是这样琢出来的，只要磨光刃部就行了。

第四步是磨制。为了提高功效，有时要在较粗的砺石上磨平，再在较细的砺石上磨光。前述 H11 的工作台就是这样设计的。通常石斧只磨刃部，石钺、石锛、石刀和石镞等则是通体磨光。有的石器特别光亮，估计还有一道抛光的手续，但这样的例子并不多见。

第五步是钻孔。遗址中很少发现有钻孔的石器，仅仅看到有少量石钺，且多半是残破的。器身通体磨光，孔眼笔直，明显是管钻法钻出来的，同时发现的一些石芯也证明了这一点。

红花套制造的石器主要有斧、锛、凿、镞，还有少量钺、磨盘、磨棒、杵、纺轮和圆球等。石斧最多，达 700 多件。还有一种所谓圭形凿，实际上无法凿孔，应该称为雕刻器才是。我想这些石器大部分是为交换而制作的，所以遗址里成品很少，而废品反而较多，废渣更是到处都是。值得注意的是发现了一件特大的石斧王，长达 43、宽 14.5～17.5、厚 4.7 厘米，重 7250 克，全身琢制得十分平整，刃部磨光，形制十分规整（图四）。这样大的石斧无法安柄，更无法使用，谁也抢不动。它是红花套石器制造场的标志性纪念物，甚至有可能是石工们作为圣物膜拜的对象！

三

红花套的住房有圆形、方形和长方形三种。早先只有前面两种，晚期才出现长方形房屋。圆形房屋直径约 4 米，方形房屋边长 3.5 米左右，室内面积多是 10 平方米左右的小房子。总数不过 24 座，都是木骨泥墙的茅草房。墙壁往往使用篾编，外面抹草拌泥和谷糠泥。晚期发现的两座长方形房屋，只有 F111 的房基是完整的。此房长 11.8、

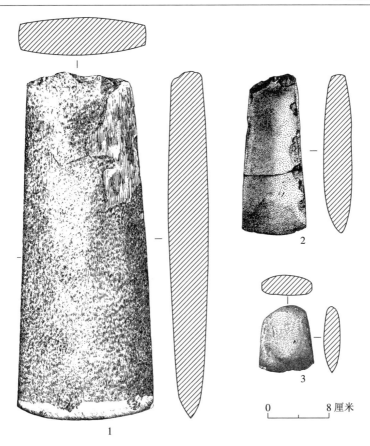

图四　红花套石斧王与普通石斧大小对比

1. 石斧王（采集：615）　　2. H375：53　　3. T76⑤：151

宽 5.1 米，北头又伸出 4 米长的门棚。它是红花套最大的房屋，但室内面积不过 35 平
方米，且只有一个火塘，只好住一家人或者一个小集体。虽然红花套遗址并没有全部发
掘，无法知道住房遗迹的总数。但从现有房基分布情况来看，即便加上已毁弃不存和尚
未发现的在内，总数应不会太多。何况是经历了那么长的时间，同一时间的房子就更
少了。

　　红花套没有发现成年人的墓葬，只发现了 20 个婴儿瓮棺葬，分别埋在 8 个坑里，
每坑一个或两个，最多一坑 7 个，都是较早时期的。仅仅根据这些房屋和瓮棺葬难以准
确推测这个时候聚落的组织状况。估计常住人口不会太多，应该主要是制造石器的工
匠。考虑到住房有成组的情况。例如 F201、F202 和 F203 便是一组，F205、F206 和
F207 也是一组。T43F2 近旁有些破坏，从残留的遗迹看也应该有一组房屋。而这些组
房子之间又看不出有特别的安排与联系，因此不排除是来自附近别的几个聚落的工匠的
居所。我曾经在《宜都城背溪》考古报告的序言中谈到那些长江岸边的小聚落居民的

生计应该主要是捕鱼和制作石器，没有发现陶窑却有很好的陶器，陶土里还掺和了许多稻谷壳。推测当时的农业聚落应该在离江岸稍远的平原地带，陶器大概也应该在那里烧制。要么江边的人同他们交换了陶器，要么江边这些小遗址不过是这些农业聚落中部分专业人员的临时性营地。红花套也可能有类似的情况，只是规模大得多，专业更单一。像这样大规模的具有全套成熟技术的石器制造场，其产品明显不仅是为本聚落使用，而主要是用于交换的。我在发掘红花套的时候就强烈地感受到了。从聚落演变的历史来看，这种专业化生产的出现，应该是社会复杂化趋势的一种表现。

四

1974 年到红花套参加考古发掘当然首先是带学生进行田野考古实习的需要，就我而言则还有暂离学校那种令人压抑的政治氛围的考虑。正如前面所讲到的，那次考古实习也确实有不小的收获，但要避开政治干扰却是很难的。我们当时是打着开门办学的旗号，边发掘还要边上课。当我准备上课时，学校工人毛泽东思想宣传队的苗某人就很严肃地对我说：你准备怎么讲？不要还讲老一套封资修了。我说当然不是，他不相信，要我先讲给他听听。我感到木然，一句话也没有说。在旁边的厦门大学进修教师吴绵吉听不下去，就说：你不要欺负人，这里实习没有严老师行吗？他身体又不好。你无非是仗着工宣队的气势压人，你也不是正经的工人，不过是二七厂的一个小技术员。你能压北大老师，还能把我怎么样？说得他哑口无言。那次实习确实是比较艰苦的，上工要排队走五里路，太阳直晒得火辣辣的，还要一路唱革命歌曲。下到探方里又十分闷热，挖土运土、划地层、找现象等都要自己干。女生杜玉冰一下去就满身冒汗，急得直哭。我因身体虚弱，几次晕倒，幸好有李志义和吴绵吉等多方照顾。学生总还是要一点自由。因为在长江边，校方命令不许下江游泳。有的学生就到附近的水塘里游泳，被四川大学某工宣队员发现了，就向我们反映，说是违反了纪律。有个别年龄较大的学生晚饭后到江边谈恋爱，也被某工宣队员发现来告状，要求严肃处理云云。但是不管怎样，在田野考古总还是比在学校精神上轻松多了。发掘中还有一个小插曲。有一天我正在帮学生划地层，陈淮也在工地，他兴冲冲地跑来告诉我，说在江堤外重庆博物馆的人员在第 56 号探方发掘到了一座大溪文化的墓葬。那时我们正在找墓葬，却苦于得不到线索。我连忙跑过去看，那是很小一座墓，死者仰身直肢，随葬一件石斧。发掘者介绍说，这个探方挖下去大部分是几个大溪文化的红烧土坑，挖到坑底才发现这座墓。墓坑很浅，周围基本上都是生土。从地层关系和随葬石器来看，属大溪文化应该没有问题。我大致看了一下探方周围的情况。发现西壁还挂着两个红烧土坑的剖面，类似的坑在红花套非常多，一看便知道属大溪文化。我用手铲仔细刮墓中的填土，显露出了一个陶器的口沿，青灰色，不像是大溪文化的陶器。再刮下去，发现了一些料珠，那至少是春秋战国的。最后把陶器起取出来，证明确实是战国的。这就奇怪了，大溪文化的红烧土坑下面怎么能出现战国墓呢？我说那当然不可能。可能是战国墓的墓口早就出现了，因为里面的填土跟周围的土色差别不大，没有红烧土坑那么显著，就被忽略了。其实只要在探方的发掘中仔细全面地刮平地面，是可以发现墓口的。这个例子提醒我们在做考古发掘的时候，一定要仔细认真，动手还要动脑。否则做错了自己还不知道。这件事等于给我们上了一堂很好的田野考古课，在场的各位发掘人员都表示受到了很好的教育。过了几天，一位学生拿了几粒高粱米给我看，说是在大溪文化的地层里找到的。我一看米粒还很新鲜，就说不像是史前的遗存，怀疑是从清扫探方的扫帚上掉下来的。她说探方已经扫干净了，再说河姆渡不是还发现有金黄色的稻谷吗？我说那是因为那里有海侵的淤积层的特殊条件下才保护下来的，红花套不具备那样的条件。这个探方的土比较潮湿，掉下几粒高粱容易踩进土里去，所以要特别细心才是。有的先生不相信遗址里那些红烧土是被火烧成的，说遗址西边的山坡上就有红土，不会是从那里运来的吗？我说新石器时代的房屋往往是木骨泥墙茅草顶，容易失火。木头烧起来自然会把附着的土烧红，个别甚至烧流或烧成青灰色的，红花套也有。可能是这里风大，容易失火，所以红烧土特别多。诸如此类的问题还有一些，有的平常也没有怎么深思。所以我常常想，干什么事情都要多动脑子，才能把事情办好。

红花套发掘告一段落后即进行初步的资料整理。工作结束后，吕遵谔先生带几名学生到长阳县进行旧石器时代考古调查，我和李志义等则带学生到长沙参观省博物馆和马王堆汉墓展览馆等。红花套的考古实习就这样结束了，时间过去将近40年了，我对红花套考古的记忆却一直无法淡忘！

长岛考古琐记

长岛考古开篇

长岛原来属蓬莱县，是传说中蓬莱仙山所在。全县有大小 32 个岛屿，像一串珍珠洒落在渤海通向黄海的大门口。其中的庙岛旁边有很好的避风港，南来北往的船只常常在此停泊，北宋宣和四年即公元 1122 年，由福建船民和商贾出资在岛上建了一座天后宫，俗称天妃庙，船民纷纷上香祈求和感谢海神娘娘的保佑。为了让海神娘娘认识自己的船只，往往要造一只一米多长跟真船一样的模型。据说这样的模型有三百多只，跨越的时间有八百多年，那可是船舶史的极好资料。可惜在"文化大革命"中被当作四旧给毁掉了，只在博物馆还留下几只。原来那个岛叫沙门岛，因为那座庙很有名，大约从明朝后期开始，所在的岛就被称为庙岛，整个长岛县的岛屿就被称为庙岛群岛（图一）。

图一　从南长山岛看庙岛上的天后宫

早就想到长岛县去做考古调查，因为那里是山东半岛通往辽东半岛的必经路线，这条路最早是什么时候开辟的？有没有一些迹象可寻？再说如果海岛上有遗址，所依托的生态环境跟陆地上应该有所不同，能不能通过考古工作深入地探索一下？正好苏秉琦先生刚从长岛回来，他也想让我到长岛做些工作。经过与有关方面的联系，决定1980年秋到岛上去看看。

1980年11月18日~12月16日，我带领北京大学考古专业的两名研究生佟伟华、安家瑶和贵州省的进修生严进军，会同烟台地区文物管理委员会的李前庭、李步青、王锡平，还有中国社会科学院考古研究所山东队的韩榕，一行八人渡海到长岛县，并与县博物馆的宋承钧一道，进行了一个月的考古调查。当时天气很冷，海风很大。我们从南长山岛开始调查，往北经过北长山岛、砣矶岛、大钦岛，每处都发现有重要的史前遗址。本来还打算到最北的北隍城岛，在那里肉眼就可以看到旅顺的老铁山。因为风太大，只好折回往南到大黑山岛。可是刚一进岛，北风夹着鹅毛大雪铺天盖地，整个岛上白茫茫一大片，完全无法进行考古调查。想出岛也不可能，因为风大，船只无法开行。就这样足足在岛上窝了三天。我们住在乡政府的招待所，挤在被窝里取暖，顺便讨论和总结这次考古调查的收获。步老（李步青）喜欢说个笑话给大家逗乐，一会儿又埋怨大黑宋（宋承钧）怎么把我们带到这个地方来了。大宋说大黑山肯定有史前遗址，天公不作美，我有什么办法？我当然也不死心，我们的工作总不能就这样结束吧？

锁定北庄

事情真是凑巧。有一次我起床到屋后小解，那里有一道盖房子时挖成的断崖，抬头一看，断面上似乎有一些红烧土。职业的敏感让我十分惊喜，立刻回屋里取了小铲，动手一刮，就知道是被火烧过的房屋遗迹。于是我就不停地刮，把整个剖面都暴露出来，竟然是并排三座半地穴式的房屋基址。里面的陶片跟蓬莱紫荆山一期的很像。我兴奋异常，不管手冻得僵硬发麻，咬牙把整个房址的剖面图测绘出来。回到屋里，我就跟大家商量，从1981年起，北京大学的田野考古实习就转移到北庄来，由我负责，北大、烟台和长岛三家合作，进行长期的考古发掘，以便对这个海岛上的史前聚落进行全面的研究。今后长岛的考古就以北庄为重点，结合其他遗址的工作，将会有重要的收获。原来忐忑不安的心一下子踏实下来了。因为大风雪的阻隔，一时出不了岛，我就抓紧时间把此行的考古调查报告写完。本来我是边调查边记录，在北庄只是最后整理清稿，出岛后就寄给石兴邦先生。因为石先生告诉我陕西要出一个《考古与文物》杂志，叮嘱我无论如何都要支持一下。我就把这篇《山东长岛县史前遗址》寄送过去，最后发表在那个杂志的创刊号上。

海岛上的史前聚落

北庄遗址的发掘是从 1981 年秋开始的，当年北大的田野考古实习主要在栖霞县的杨家圈，那是跟山东省文物考古研究所合作的项目，早就计划好了，北庄只能派少量师生，由赵朝洪领队，发掘了遗址西南部的一片。1982～1984 年三年的秋季都是全班人马，由张江凯领队，发掘了遗址的大部分。

1987 年春又进行了补充发掘。先后参加的人员有北大教师葛英会、赵辉、宋向光，研究生佟伟华、李权生，进修教师王建新和进行基础实习或专题实习的本科生；烟台地区有王锡平、林仙庭和所属各县的文物干部。长岛县的各级干部、当地民众和驻岛部队自始至终都给予了热情的支持和帮助。

经过发掘，揭示了一个比较完整的史前聚落。年代大致相当于大汶口文化早期，我们称之为北庄一期。之后还有北庄二期、龙山文化和岳石文化的少量遗存，以及十几座战国墓葬。发掘的最后阶段又发现了少量比北庄一期更早的，大致相当于福山邱家庄一期的遗存。可以说北庄遗址几乎代表了整个长岛史前历史的缩影。而最重要的当然还是北庄一期的聚落遗址。

北庄一期的聚落位于大黑山岛的东岸，北依岛上东北端的烽台山。聚落即建于山下的缓坡上。考古发现的房屋基址明显地分为南北两区。北区东西约 60 米，南北将近 30 米。南区距北区约 30 米，顺地势下降一两米，范围略小，东西也是 60 米，南北仅 20 米。总共发现房址 90 多座。李权生和张弛都曾经将房址分成三期，每期还可以分成若干组。表明这个聚落内部应该有一定的层次结构，可以看出至少有三级组织，并且曾经持续了相当长的时期，是一种比较稳定的结构。步老高兴地比喻为东半坡。其实北庄比半坡完整得多，跟陕西姜寨一期的仰韶文化早期聚落倒是有异曲同工之妙。

所有房屋都是半地穴式的。一般在地穴四周的地面做一个 0.3～0.4 米宽的平台，地穴底面、四壁和平台上都用海胶泥抹平。紧贴平台内侧立几根柱子以支撑屋顶，平台外侧则筑矮墙。秦大树在清理 39 号房基时我正在那里，发现紧贴平台外侧还有明显的墙基。这墙只有十几厘米厚，中间有一排密集的木棍痕迹，明显是木骨泥墙。因为墙体很薄，木棍又很细，估计不会很高，最多有半米上下。这样房屋在地面上就显得很矮，有利于防御海上的大风。而室内仍有足够的高度供居住其中的人自由活动。我发现有的房址周围的平台上还放置有石磨盘和一些陶器，免得放在地面上碍事，这样住在里面就比较舒服了。北庄的房址因为保存得比较好，不但可以比较正确地复原，对于其他史前文化中大量存在的半地穴式房址的复原也可以作为重要的借鉴和参考。

在北庄南北两区房址之间的斜坡地带略偏西的位置发现有十几座墓葬，其中有两座多人合葬墓特别引人注意。一座有 62 人，另一座有 39 人，全部都是二次葬。考虑到两

長島考古琐记   187

者都被后期灰坑打破，估计原来的人数还要多一些。此外还有一座6人二次合葬，两座二人合葬似乎都是未成年的小孩。其余单人则都是仰身直肢葬。只有一座二人合葬墓随葬了一件陶鼎。在清理两座大合葬墓时，我特别请吕遵谔先生现场起取人骨并进行初步的鉴定。发现大部分人骨都有枕骨变形，并且拔除了上颌侧门牙，这两者乃是大汶口文化普遍流行的风俗。结合出土陶器的特征来看，北庄一期的居民应该就是大汶口文化的居民，也就是东夷人的祖先！

图二　北庄一期的陶鸟鬻

根据从北庄一期地层中提取的植物硅酸体和孢子花粉的分析，可知当时的植被以落叶阔叶树为主，还有少量松树和竹林。草本植物中除禾草类以外，还有喜湿的蓼类，说明当时的气候比现在还稍稍湿润一些。北庄一期发现的动物骨骼甚多，其中家畜有狗和猪，野生动物有野猪、斑鹿、狍子、獐子、貉和各种海鸟。有座房子的平台上放着一个陶鸟鬻（图二），活像在海面上游弋的水鸟，说明北庄一期的居民对水鸟是特别熟悉的。

狗和猪是可以由人工从大陆带进去的，那么多野生动物是怎么进入岛上的呢？原因是长岛在地质史上，曾经多次与陆地相连。形成海岛后原来的野生动物自然就留下来了。

北庄一期居民的经济生活是丰富多彩的。佟伟华曾经在一座房址里发现了少量粟粒，住在遗址旁边的张振邦老人看了，立刻回屋里拿了一把小米进行对比，几乎是一模一样。后来在另一些房址被烧成红烧土的墙壁碎块中也不时发现粟和黍类的皮壳。而且有些房址中还发现了加工粮食的石磨盘和石磨棒，说明当时已有一定的农业，同时饲养猪、狗等家畜，猎取各种鹿类等野生动物。更由于所在海岛的便利，可以大量地捕捞鱼类和各种贝类。所捕鱼类以真鲷为主，数量甚多，还有东方鲀等。贝类则有砗磲、蚶、鲍鱼、大连湾牡蛎、文蛤、日本镜蛤、菲律宾蛤仔、厚壳贻贝、锈凹螺、单齿螺、脉红螺等。其中有些贝的原产地远在外国，反映当时也许有远距离的海上交通。现在的长岛县有常住人口的十个岛中，南五岛是半农半渔，北五岛全是渔业。大黑山岛是南五岛之一，6000多年以前已是半农半渔。根据我们多年的调查，其他岛屿史前的生业也是南北有别。因为南五岛相对较大，有适于农耕的土壤；北五岛较小且多岩石之故。

东夷祖先探海的足迹

我们到胶东和长岛进行考古的目标之一是为了探索东夷的文化遗迹。东夷在夏商时期曾经是一个强大的族群，到西周时山东建立了齐、鲁两个大国，东夷很快被边缘化，胶东是其最后的据点。如何从考古学遗存中识别，则还是一个没有解决的问题。1979年我带领北大考古专业的师生发掘了牟平照格庄遗址，发现那里的文化遗存虽然有点像龙山文化，但仔细分析还是与龙山文化有明显的区别，年代也比龙山文化晚些，已经进入夏代纪年的范围。于是我便在《夏代的东方》一文中明确提出那便是夏代夷人的文化，并命名为岳石文化。在长岛，我们在大黑山的北庄、北长山的北城、砣矶的后口和大口以及大钦岛的东村都发现有这个时期的遗存。

在北长山岛的西北角有一个珍珠门遗址。因在一座小山的西北坡，地势也向西北倾斜，西边和北边临海处都有二三十米高的陡崖，下面是很深的珍珠门水道，形势十分险要，完全不适于居住，只可能是临时性的作业场所。我们于1980年调查后，就想进一步了解遗址的情况，便于1982和1983年进行了两次发掘，发现很少有文化层，只有一些灰坑遗迹。有些灰坑修整得比较好，可以避风或进行某些处理海产品的作业。灰坑中出土许多石锤和大量砸开的石片，后者大概是加工鱼类和海贝的工具。同出的陶器明显分为两类。一类为手制的素面红陶，数量较多，主要有敞口乳状袋足鬲、甗和圈足碗等，其素面风格应该是继承了胶东地区的龙山文化—岳石文化和烟台芝水二期文化的传统，而制作技术则有逐步退化的现象。另一类为绳纹灰陶，数量甚少，有鬲、簋和瓮等。一望就知道是商文化系统的东西，年代则在商末周初。这是一个十分重要的发现。由此知道商文化的势力已发展到胶东，甚至影响到了海上的长岛。而土著文化虽然被迫退处海岛一隅，却顽强地保持自己的风格。这就是东夷的文化，我们称之为珍珠门文化。在长岛发现珍珠门文化的遗址还有南长山的王沟、北长山的北城和店子、砣矶的大口以及大钦岛的北村等处，说明在商周之际，长岛仍然是东夷的天下。我们注意到从北庄一期起，整个长岛都已布满了先民的足迹。最北的北隍城岛有一个山前遗址，遗物还相当丰富。从北隍城岛肉眼可以看到旅顺的老铁山，相距只有40千米，对善于探海的东夷先民不会是严重的障碍。佟伟华写了一篇文章详细分析了新石器时代山东半岛和辽东半岛文化交流的情况，认为从北庄一期起，就有不少文化因素传到了辽东半岛。而辽东半岛的文化因素只有极少部分到达长岛而没有登陆到胶东半岛，说明那极少的因素大概是长岛的东夷先民带回来的。此后文化传播的方向一直是由南往北，充分显示了东夷祖先探海的足迹。他们同我国东南沿海的百越一样，都是开拓海疆的先行者。

长岛与环渤海考古

　　1987 年 5 月，在长岛考古基本告一段落的时候，我们在烟台和长岛两地召开了胶东考古座谈会。苏秉琦先生首先仔细观摩了全部出土遗物，接着又全程参加会议并发表了很好的意见。到会的学者有故宫博物院的张忠培，中国社会科学院考古研究所的高广仁、吴汝祚、韩榕，山东省文物考古所的郑笑梅、张学海，山东大学的蔡凤书，辽宁省文物考古所的郭大顺、孙守道、许玉林，烟台地区文管会的李前庭、李步青、王锡平，长岛县博物馆的宋承钧，北京大学的李仰松、李伯谦、张江凯和我，一共有近 30 位学者。我主持会议时特别强调，欢迎大家仔细观摩标本，画图、照相、做记录都可以。写文章要用哪些资料也可以提供。请大家来，理所当然要尽量给各位提供方便，真诚希望得到大家的帮助。苏先生在充分肯定胶东和长岛考古工作的同时，特别提出要把这项研究纳入环渤海考古的大课题中。他说渤海好比中国或东方的地中海，环海各地的文化交流是早就存在的，只是我们的工作还做得不够。渤海既是中国北方的门户，也是连接中国、朝鲜半岛和日本的重要通道。这方面的研究也还刚刚起步，以后要继续做下去。像这样的座谈会也要继续召开，可以采取轮流坐庄的办法。这次会议就算是第一次环渤海考古会议，以后再开第二次第三次。按照苏先生的意见，后来在临淄、大连和石家庄分别召开了第二至第四次环渤海考古会议，除本国学者外还有不少外国学者参加。长岛与环渤海考古从此成了一个国际性的课题（图三、四）。

图三　苏秉琦先生在观摩北庄出土器物

图四   胶东考古座谈会在烟台博物馆合影
前排左起：左一至左六：刘德璞、孙守道、严文明、高广仁、荣凤刚、苏秉琦
　　　　　　左八至左十一：张忠培、李仰松、杨鸿勋、吴汝祚
中排左起：赵朝洪、杜在忠、韩榕、许玉林、李伯谦、郑笑梅、李步青、张文军、李前庭、宋玉娥
后排左起：王焕礼、吴玉喜、张江凯、王锡平、陈雍、赵辉、王迅、葛英会

重游长岛

长岛是扼守京津门户的战略要地，我们刚进岛时还没有对外开放。尽管水产十分丰富，但因没有同外面的市场连接，对虾仅卖五毛钱一斤，一大盆海红只卖一毛钱。老百姓收入不高，政府也没有多少钱。即使在这样的情况下，各级干部和老百姓乃至当地的驻军，对我们考古队都十分热情。在工作和生活上都给予了无微不至的关心和帮助。我们在岛上的生活都过得非常愉快，同时也结交了不少朋友。随着改革开放的深入，长岛的经济社会面貌也发生了很大的变化，各项事业都有了很大的发展。对文物保护和考古工作的支持也大为加强。北庄遗址已经被列入国家级文物保护单位。县政府更是请专家设计建立了遗址博物馆和遗址公园。我应烟台市和长岛县朋友们的邀请曾经几度旧地重游，还应邀为北庄史前遗址博物馆题字（图五）。

2010 年我偕夫人重游长岛时，亲眼看到岛上的现代化建设也已有了很大的发展。

图五　在北庄史前遗址博物馆与夫人留影

滨海大道宽敞整洁，新楼林立。还新建了县博物馆和鸟馆等，游人熙熙攘攘，一片繁荣景象。一晃就是 30 年了，我也成了老人。感慨系之，遂提笔赋诗两首：

一

长岛考古三十年，北庄大口到山前。

东夷功业开新宇，海洋文明着先鞭。

二

蓬莱传说有神仙，海市蜃楼似有缘。

幻影哪如真实美，从来仙境在人间。

武夷山厦门行

(2012 年 5 月 27 日~6 月 3 日)

　　厦门大学有关方面邀请我去该校"人文国际讲座"做学术报告，顺便到厦门和周围地区玩玩。记得我还是 1978 年参加江西庐山"南方几何印纹陶学术讨论会"后跟几位朋友一起去过厦门一次，看了厦大校园、集美中学和陈嘉庚墓园，印象很深。陈先生是著名的华侨领袖，他把自己全部积蓄都用在国内的各项事业上，厦大和集美也都是陈先生捐款建设起来的，对先生的爱国热情十分感佩。厦大人类学系有许多老朋友，能够见面叙旧也是人生一桩乐事。于是决定于 2012 年 5 月春夏之交，还不很热的时候去看看。年纪大了一人行动不太方便，正好张弛有个研究生何奇原来是厦大的学生，对那边的情况很熟悉，让他陪我去比较方便。于是就决定先到武夷山玩玩，然后再到厦门去，这样会比较顺当。

　　何奇是纳西人，普通话说得很好，一点也看不出是个少数民族学生。他有个女朋友小杨在民族大学读研究生，也是纳西人。纳西人数不多，但文化水平高，有自己独创的本民族文字东巴文。据说现存的东巴文经卷就有两万多部，经师还能够朗诵。东巴文是半象形半指事会意字，对研究文字起源很有意义。能够与何奇在一起聊聊纳西人的情况也是很愉快的。何奇于 5 月 27 日下午陪我到首都机场，乘厦门航空公司的班机于 18：30 起飞，将近 21：00 抵达武夷山机场。厦大的吴春明和当地文物干部一同到机场迎接。然后进入市内到悦华酒店办理住宿。这是一所四星级的旅游酒店，在武夷山是最好的一家，设备和服务都很不错。说来惭愧，我知道武夷山是著名的世界自然与文化遗产，却不知道武夷山市在哪里。到了之后才知道是崇安县改名，就像徽州改名为黄山市一样。1978 年我乘鹰厦铁路的火车经过武夷山时正当早晨，山上云雾缭绕宛如仙境，那是我对武夷山的第一印象。但那只是一掠而过，这回却可以尽情欣赏整个武夷山风景区的面貌了！

到九曲溪漂流

武夷山属于中亚热带季风气候区，地形复杂，峰峦叠嶂，相对高差达 1700 米。特殊的地貌和地理位置，形成了良好的生态环境。在第四纪几次气候剧变的过程中所受影响较小，成为多种动植物的避难所，是地球上少有的多种生物资源的宝库。武夷山有四大景区，即西部的生物多样性区，中部的九曲溪生态区，东部的自然与文化景观区和西汉时期的东越王城遗址区。我们对特殊动植物知识甚少，西部地区就没有去。今天有微雨，我们如果先到九曲溪乘竹筏漂流，在蒙蒙细雨中欣赏两岸美妙的风光会别有一番风味。

九曲溪发源于武夷山脉主峰西南，全长约 63 千米。其中下游近 10 千米已开发为漂流区段。我们在早饭后即乘车往西走十多千米到星村，那里特设有一个竹筏漂流站。看见有很多人排队，我们买票后每人领到一件塑料雨衣，罩在身上跟在加拿大参观尼亚加拉大瀑布时穿的塑料雨衣几乎一模一样。按规定每个竹筏最多坐六个人，两人一排。由一名竹筏工撑篙兼导游。我们从第九曲开始顺流而下。历经九曲十八弯，两岸千峰竞秀，万木争荣，云雾缭绕，雨丝轻飘，感觉如入仙境。小溪水流很浅，清澈见底，拐弯的地方则有深潭。竹筏慢慢往下漂，导游则不时拿竹篙拨正航向，沿途不断地讲述各个景点自然风貌的特点、相关的神话传说和人文故事。他知识面广，口才又好，讲起来妙趣横生，听着简直是一种享受。我们一面听他讲，一面欣赏两岸的景物。发现有的陡崖上似有崖居和悬棺葬，有的崖壁上还刻有苏东坡等人的题词。据说两岸这类遗存还有许多，是九曲溪人文景观的重要内容。可惜因为在蒙蒙细雨中看不真切。如果有时间上岸考察一番，必定会有更大的收获（图一）。

图一　微雨中打伞乘竹筏在九曲溪上漂流

这次漂流全程将近 10 千米，只觉得时间过得太快，想不到武夷山竟有这么好玩的地方。回来写了一首小诗：

九曲溪漂流

闽北武夷景色幽，清溪九曲绕山丘。

丹崖肃立迎游客，绿树婆娑频点头。

两岸风光看不尽，一张竹筏任漂流。

平生不信神仙事，却似神仙天上游。

考察东越王城

5 月 28 日下午雨停了，春明建议我们到东越王城去考察一番。从酒店乘车南行约 40 千米到兴田镇城村的汉城遗址。那里有一个闽越王城博物馆，馆长丁海祥热情接待，我们就先看博物馆。福建在先秦时期到汉代初年有一个闽越国，汉武帝时，闽越王郢被其弟余善杀害并自立为王。当时武帝已封丑为越繇王，都东冶（今福州），奉闽越先祀。武帝只好又封余善为东越王以"与繇王并处"。据考证城村汉城当即为东越王城遗址（图二）。博物馆陈列大部分是东越王城的遗物。其中的瓦、瓦当和陶水管等建筑材料和一些铜铁器大多是仿自中原汉文化的产品，而日用陶器则多是继承闽越地区几何印纹陶文化传统而略有改进。有些器物则体现越汉两种文化的融合。我们从博物馆步行到城址的东门，门外有一群建筑基址。然后经北门进城，到高胡坪和大岗的主殿区。整个城址一览无余。记得这个城最早是由福建省博物馆的张其海主持发掘的，他原来在山东

图二　在东越王城遗址前

省文物考古研究所工作，参加过临淄城的发掘，有做城址的经验，工作做得有条有理。那时叫崇安汉城。我不知道崇安改成了武夷山，到了武夷山也不知道会参观崇安汉城。可见随便改换地名不是一件好事。

这个城大致呈不规则的斜长方形，面积约48万平方米。四周环山，坐落在一个小盆地中。城东临近崇阳溪。城内地势高低起伏，建筑错落有致。高胡坪甲组建筑基址有大殿、侧殿、厢房和门房，中间有庭院，布局严谨，与中原地区的汉式建筑格局相似。但主殿内柱网密布，各柱础石之间相距仅有1米，应该是干栏式建筑栽桩的础石。这又体现出越式传统建筑的特点。整组建筑基址都保护得很好，也便于参观。没有任何为保护和参观而兴建的设施。现在一些国保级的重要遗址要建所谓遗址公园，弄了许多现代设施，花费了许多钱不说，实际上还破坏了遗址，与保护遗址的本来愿望背道而驰。这座城址的保护很好，又便于参观游览，实际上就是一个遗址公园，应该成为推广的典范。据说现在准备申报国家遗址公园，我看是够条件的。但又听说南平市要搬迁到城村，并改名为武夷山市，那现在的武夷山市又该改个什么名称呢？再说在如此重要的都城遗址近旁建设一个地区级的大市，对保护遗址到底会有什么影响，是不是组织过专家进行科学评估了呢？实在令人有些忧心忡忡。

到丹霞嶂和瑞泉岩看崖居

到武夷山一定要看崖居，那是最富有地方特色的人文景观。在九曲溪漂流时看不清楚，就决定到丹霞嶂和瑞泉岩水帘洞去观看。

29日上午同吴春明、何奇及武夷山世界遗产监测中心主任俞建安等一道乘车到酒店对面不远的大王峰后，沿崇阳溪往北行十多千米到丹霞嶂附近，在山谷小道上漫步行走，一路看到两边丹霞地貌的山体变化多端，有的像擎天柱，有的像老鹰昂头张望的样子，非常奇特。更多的是笔立的陡崖，有的陡崖上有成组的崖居。丹霞嶂为一又高又宽、几乎直立的崖壁，壁面朝北，近顶部有数道宽窄不一的岩缝。崖居就建在较宽的岩缝中。这道岩缝略有倾斜，东高西低，距离地面约50～70米不等。从东往西由山门、住房和吊装物品的天车架构成。住房外面有石砌墙，房间则用夯土墙相隔。下面一道较窄的岩缝也有房间，通过洞穴可与上面的房间相通。房间外面有木栏杆围护的走廊。所谓天车架是用木头做成的架子，下面设置木轱辘，装上绳索可以从下面吊装生活必需的物资。据说里面还有清咸丰年间的题刻，说明是为躲避匪患而兴建的。我们坐在路边特为游人设置的条石凳上仰望高耸的崖居（图三）。一面仔细观看，一面惊叹古人如何在直立的陡崖上凿孔打桩并建造起成组的房屋来！我在2006年曾经到美国科罗拉多州南部参观印第安人的蒲埃布洛村落和上面的崖居。那些崖居也是建在红砂岩的缝隙中，只是没有武夷山的崖居那么高，我还特地从一个简易的木梯爬进去仔细观察过。里面很窄

图三　在丹霞嶂壁下看天车架崖居

也很暗，虽然隔成了房间，但相互可以沟通。房间里面只有土床、火塘和石磨盘等，十分简陋。住在里面主要是为遮风避雨和躲避野兽。尽管也有防御功能，却绝没有武夷山崖居那么险峻，更没有武夷山崖居那么丰富多彩的人文要素。

看过丹霞嶂崖居后，我们又从山间小道向北走去，最后走近一个叫作瑞泉岩的巨大的陡崖。崖壁朝东，宽约百米，呈弧形向两边展开并向内凹，顶部前倾，形成巨大的岩厦。崖厦顶上有两道清泉，飞流直下，终年不绝，颇有瑞气，故名瑞泉岩（图四）。又因为流水泻下像个帘幕，遮挡在岩厦的前面，所以后来又有人叫作水帘洞。崖壁上便有明代崇安人胡文翰的题刻，横额"水帘洞"，上联"今古晴檐终日雨"，下联"春秋花月一联珠"。如此绝妙的美景，可惜我们这次没有看到。这个岩厦开发较早，宋代道士江成真曾经在这里建清微洞真观，后又改称为水帘道院。历年几经变迁，原有建筑多已毁坏，仅存山门等遗迹。我只好登山门察看一下周围的形势，想象当年的情景。让我更感兴趣的是左侧的三贤祠。该祠始建于南宋年间，祠内供奉刘子翚、刘甫和朱熹三位贤人（图五）。其中二刘都是朱熹的前辈。据说刘子翚曾经多次带领朱熹拜访刘甫，三人共同讲学论道。原祠早已破旧不堪，现存祠宇为1923年重修。全祠均为木构建筑，因岩厦内不会有雨，所以连屋顶也是用木板盖的。我从斜坡慢慢走上去，走到祠内恭敬地向三位先贤致礼。其中朱熹虽属晚辈，却成就最大，名望也最高，他在武夷山住过很长时间，留下了许多相关的遗迹，应该全面调查整理才是。

由于时间的关系，我们只看了丹霞嶂和瑞泉岩两处年代不同、功能有别的崖居。其实武夷山的崖居甚多，各种崖居所依托的自然环境颇不相同，形态结构和使用功能更有

图四　在瑞泉岩岩阴下，后为俞建安

图五　在三贤寺前

很大的差别，并不都是一般的住所。比较特别的就有书院和佛、道参拜与修行等宗教场所，甚至还有制茶的作坊。现知各种崖上建筑遗迹多为宋至明清期间所为，是不是还有更早的，则需要进一步勘查。武夷山还有更多的崖葬和崖壁题刻，所有这些崖壁上的遗存共同构成了武夷山区与自然景观融为一体的极富特色的人文景观。类似的崖壁文化遗存在江西、湖南、贵州等省的山区也有分布，只是没有武夷山这么集中，也没有这么多种类。学术界一般比较注意各地发现的悬棺葬和崖葬，却很少见到有关崖居的报道。吴春明说他们对武夷山的崖壁遗存做详细调查研究后，还准备对中国南方崖壁文化遗存的分布、年代、形制和功能等方面进行全面的研究。我认为这是一个很有意义的工作，应该作为国家的重大项目在人力物力上给予有力的支持。

为了体验一下当地民俗，我们就在附近找个地方吃农家饭，喝功夫茶。下午开车经过星村又走了几十千米，最后到遇林亭参观南宋龙窑。窑址依山而建，已经发掘的两座分别长70多米和113米。发掘后重新填埋，外形可以全部看到。下面一段没有填埋的窑腔盖了一个简易的棚子，观众可以清楚地看到窑腔的结构。窑址周围树木葱茏，山脚下是草坪，旁边盖了一个不大的博物馆，朴素大方。整个遗址保护得非常好，与周围的环境也很协调。这不也是一个很好的遗址公园吗？

访厦门大学人文学院考古专业

我们从遇林亭用过晚餐后乘车直接到武夷山机场，不意飞机晚点，很晚才飞到厦门机场。从机场到厦门大学经过好几个桥梁和隧道，曲曲弯弯，晚上找不到方向，只见铁桥高架海上，灯火辉煌，十分壮观。后来才知道厦门是个近圆形的海岛，机场在岛的北端，厦大在岛的南端。我们坐车大概是绕了个半圆弧才到厦大的。到学校后就直接住逸夫楼宾馆，已经很晚了，没有惊动别人。第二天早饭后由吴春明陪同参观厦大人类学博物馆。老朋友吴绵吉也特地赶来一同参观。我看他身体很好，多年不见，相互都很想念，问长问短。从逸夫楼到博物馆有一段路，正好参观校园。两边大多是白墙红瓦的新建筑，在绿树掩映之下显得特别美丽而典雅。博物馆的陈列比我过去看到的丰富多了，并且很有特色。看完博物馆回到宿舍，老朋友蒋炳钊来看望我。寒暄了几句，才知道他因患糖尿病割去了8个脚趾。我事先完全不知道，否则我一定会首先去看望他的。

按事先的安排，下午到考古教研室与各位同仁见面，其中还有在厦大兼职的焦天龙。首先参观实验室，到处都是做水下考古的设备和标本。然后同大家一起座谈（图六）。吴春明首先为我介绍了教研室各位同仁，接着讲了专业教学、实习和科研的情况，我说北大和厦大的考古专业是兄弟学校的兄弟专业，我们一直相互关心相互支持。厦大这个专业规模不大，教师人数也不多。但从林惠祥先生开始直到现在，都办得很有特色。坚持考古与人类学或民族学相结合，坚持以东南百越及其史前文化的研究为主，并重视与东南亚相关文化关系的研究，近年来又开拓海洋考古。这样有特色并做出重要成绩的专业在全国高等学校中没有第二家。希望继续坚持传统特色，尽量做大做强。教育部和国家文物局等相关部门应该给予实实在在的有力支撑。

游鼓浪屿和胡里山炮台

学校本来安排我第二天到鼓浪屿游览。正好我有个侄女新云就在厦门，听说我到了厦门大学，就和她丈夫一起带着三岁的小儿子来看我，并一同到鼓浪屿游览。当我们开

图六　在厦门大学考古教研室座谈

车到轮渡码头时，发现这里的游人极多，简直挤不开身。记得以前我第一次上鼓浪屿时参观了许多小洋楼，还爬到日光岩上去过，这回连想都不敢了。我们在人丛中挤来挤去，最后转到郑成功纪念馆，倒是比较清静了。我们就在纪念馆参观休息，缅怀这位曾经收复台湾，为中华民族立下大功的英雄。从鼓浪屿出来，由侄女婿蔡艳辉开车接我到他们在海仓的家休息，顺便又看了他自办的小工厂。看样子他们小家的日子过得不错，我心里也无比的高兴。回校后吴绵吉夫妇特地请我到校门外不远的南普陀寺旁吃素餐。老朋友相聚叙旧，情意绵绵。他们的长子也来作陪，可谓"怡然敬父执"。他长得一表人才，在中国银行工作多年，颇有成就。

6月1日天气有点热。吴春明驾车带我们到厦大东边海岸的胡里山炮台参观（图七）。那里是清朝时期重要的海防前哨，特别从德国购买了两尊克虏伯大炮。我们只看到架在掩体中的一尊，炮筒又粗又长，据说有几吨重。问另外一尊在哪里，说是1958年砸碎炼钢了。这么好的钢还怎么炼？如此珍贵的历史文物炼成了一堆废铁渣，实在愚蠢至极！如今特地在炮台旁办了一个常设展览，全面介绍克虏伯工厂的情况，还有当时清兵兵营生活及士兵操练的情况等的实物和照片。这些都是十分珍贵的历史资料。

从胡里山出来顺海岸边向东走，海风习习，空气特别清新。走在沙滩上软软的，特别舒服。走了一段路到椰风寨附近，看到旁边树立着巨大的标语牌，上书"一国两制统一中国"八个大字。才知道对面不远就是小金门。再往前走，就到了前埔社区，厦大在那里有部分教职工宿舍，锺礼强就住在那里，他就接我们在一家餐厅里吃海鲜火锅，别有一番风味。

下午回到学校，应邀在人文学院的"人文国际讲座"做学术报告，大约有二三百

图七　参观胡里山炮台

人参加，讲完后还有不少提问，我都一一作答，气氛热烈。晚上人文学院周宁院长设宴招待，副院长和历史系主任等也参加。席间谈了很多问题。我特别强调厦门大学具有人类学特色的考古专业非常重要，近来又开展海洋考古，国内高等学校中仅此一家，几十年坚持下来不容易，在国家学科建设中应该是重点扶植的对象。但他们人数很少，发展中会有不少困难，希望院系方面给予大力的支持。很高兴几位负责人都有同感。

参观漳州土楼

6月2日上午由吴绵吉、吴春明师生二人陪同到漳州华安县仙都镇参观大地土楼。这里的几座土楼都是蒋家所建，我们重点参观全国最大、号称土楼王的二宜楼（图八、九）。华安县博物馆馆长林芝谋特地赶来陪同参观。这座土楼始建于清乾隆三年（1738年），至三十五年（1770年）建成。创建者蒋士熊是一位儒商，曾经支持刘铭传建设台湾，得到清政府的嘉奖。旋又在家乡建设多处祠堂庙宇，最后才决定建设自家的二宜楼。但未完工便过早离世，最后由儿孙完成。该楼平面为正圆形，直径73米有余，高16米。外墙为土筑，底部厚2.5米，逐层上收，顶上厚0.8米。全楼只有一个大门，关上大门谁也攻不进去，可以有效地防御盗匪。里面房屋有内外两环。内环一层，外环四层。内环围绕的院落有600平方米，可以进行各种公共活动。那里有两口水井，可供日常生活必需的用水。内外环的房屋都是木构瓦顶单元房，内环每个单元有一进厅，左右分别为厨房和餐厅，后面有小天井，有过道与外环房屋相通。外环一层为仓房。二、三层为卧室，四层为各家祖堂。单元房前有一圈联通的走廊，上下则有楼梯相通，互相串门很方便。全楼有191个房间，最多可住500人左右，规模够得上一个不小的村落了。

图八　在二宜楼前

图九　二宜楼内部一瞥

我看所谓土楼只是就外墙来说的，如果从整个建筑来说，也许称围楼更加合适。我们进去参观，房屋主人都很欢迎。我们在一家堂屋小坐，主人用功夫茶和各种特色小吃招待。一些单元房堂屋的布置很讲究，正中墙壁上挂着祖先的画像，两边墙壁上往往有壁画和诗联。标题为第一家的公共祖堂内有"三世同堂""五世其昌""九世同居"等题材的大幅壁画。有的壁画内容为《西厢记》等故事，有的画行孝图，还有不少画花鸟或山水，多是国画风格，也有个别的西洋画。据说总共有二百多幅。还有其他装饰彩绘数百幅。诗联有的是与壁画相配，有的是在廊柱等处的楹联。内容多是赞美家乡山水，或是鼓励读书上进，知书识礼。有的房屋墙壁糊了外国英文报纸，大概是返乡的华侨的住房。有些地方还有各种木雕和少量石雕。整个建筑的文化氛围十分浓烈，简直像个民间艺术博物馆。

我们从二宜楼出来，到后面参观两座较小的土楼。这两座楼一方一圆，是蒋家孙辈人建造的，里面住家的情况也差不多。据介绍漳州的土楼还有很多，主要分布于南靖、华安、平和、诏安、云霄、漳浦等县，总数有800多处。其中二宜楼是第一个列入国家级文物保护单位的土楼。2008年，整个福建土楼更被列入世界文化遗产名录，成为全人类的宝贵遗产。现知最早的土楼是漳浦县的一德楼，建于明嘉靖三十七年（1558年），可惜已经塌坏，只剩残迹了。其次是华安沙建乡宝山的齐云楼，建于明万历十八年（1590年），在一座小山上，为椭圆形，保存尚好。

我过去在广东北部的始兴和东部的梅县参观过客家的土楼，也有方形和圆形两种。据说客家土楼和闽南土楼属于两个不同的系统。闽南土楼内部是单元式，客家土楼内部是通廊式，房间的平面布局颇不相同。客家土楼的分布范围甚广，但不知始建于何时，很可能比闽南土楼早一些。闽南土楼可能是受客家土楼的影响和启发，又结合本地风俗的一种变通的形式。最初可能是为防备倭寇的抢劫骚扰而建造的，对于加强亲族内部的团结，弘扬祖传的优良家风也会起到很好的作用。如此相互模仿，代代相传，形成了一种极富地方特色的乡土文化的显著标志。

我们从华安土楼回厦门的路上，还看了一处仙字潭岩画。说是岩画，其实是刻在水潭岩壁上的文字（图一〇），当地人可能以为是神仙留下来的，所以叫仙字潭。此岩刻从唐代起就不断引起有关人士的注意。宋代初年成书的《太平广记》引唐张读《宣室志》云：仙字潭"石壁之上有凿成文字一十九言……郡守因之名其地为石铭里。盖因字为名，且识异也。后有客于泉者能传其字，持至东洛，故吏部侍郎韩愈自尚书郎为河南令，见而识之。其文曰'照□黑视之鲤鱼天公畀杀人牛壬癸神书急急'，然则详究其义，似上帝责蛟螭之词，令戳其害也。其字则蝌蚪篆书"。明代何乔远的《闽书方域》亦谓仙字潭"壁中有古篆六行二十四字，广数尺"[1]。但盖山林经过研究认为是岩画而非文字[2]。我只是粗粗看过，觉得还是像字，且字迹工整，笔道粗细均匀，已经脱离了

---

[1]　福建省考古博物馆学会编：《福建华安仙字潭摩崖石刻研究》，中央民族学院出版社，1990年。
[2]　盖山林：《中国岩画学》，书目文献出版社，1995年，第77～79页。

图一〇 仙字潭岩壁上铭刻的古越文字

原初象形文字的阶段。我想应该是闽越人创造的一种文字，比山东邹平丁公和莱阳前河前被认为是东夷的陶文进步得多。可惜遗留下来的仅此一处，总数也不过几十个字，现在已无法识别了。即使如此，这方岩壁刻画的古越文字实在太重要了，一定要加以保护才是。

　　傍晚回到厦门，许多朋友到宿舍来送行，还送了不少纪念品。第二天去飞机场前又有一些朋友送行。整个日程就算完成了。这次武夷山厦门之行时间不长，收获却很丰富。留下了难忘的印象！

我的北大情

——纪念北京大学建校 120 周年

我是 1953 年考上北大的。高中是在湖南著名的省立第一中学后改名为长沙第一中学毕业的。当时我们班的同学有不少报考北京大学，我的第一志愿就是北京大学。为什么首先选择北大？因为北大太有名气了。谁都知道北大是中国政府最早开办的新式大学，对中国近现代历史影响巨大。北大是新文化运动的发源地，有一大批具有新思想的著名学者。我读了他们的书，可说振聋发聩，受到极大的感染。我进了北大，做了北大人，就感到有某种心灵的满足。

1953 年正是我国开始大规模经济建设的时期，同学们都想选择能够在将来为祖国的科学和经济建设贡献力量的学科，我和许多同学都报考了物理系，以为科学的前沿在物理学方面。我们班有七名同学考上了北大，其中五名在物理系，一名在数学力学系，我却被录取在历史系，这是完全没有想到的。因为我认为自己的学业成绩比较好，数理化水平也不比他们低，历史课反而是学得最差的。

因为我对历史学没有兴趣，对北大历史系当然毫无了解。进了历史系，才知道这里有许多大师级的著名教授。系主任翦伯赞就是与郭沫若、范文澜齐名的三大马克思主义历史学家之一。教授中国史的张政烺、邓广铭、邵循正，教授世界史的齐思和、周一良、杨人楩和教授考古学的向达等，都是学贯中西，并且是中外知名的学者。不过开始也就是知其名，听课以后才逐渐仰慕他们的学识和高尚的品德修养。先生们不但课讲得好，对我们这些初入大学的年轻人又非常关爱，循循善诱。我在这种情况下居然逐渐认识到学历史也不失为一种不错的选择。北大历史系有中国史、世界史和考古三个专业，学生要到二年级时才在老师的帮助下选择专业。当时考古教研室主任是中国科学院考古研究所的苏秉琦先生兼任的，他听说我喜欢理科，鼓励我学考古。说考古学也需要自然科学知识和技术，学历史就用不上了。还说考古学是一门非常年轻的学科，发展前途广阔。全国的考古学者又非常少，急需培养相关的人才云云。我就这样进入考古专业学习，毕业后又留在考古教研室工作，几十年没有挪窝，现在还是北京大学考古文博学院的教授。从而也就跟北大结下了不解之缘！

北大的历史是不断上进的，也是非常坎坷的。记得1956年上面号召向科学进军，北大师生几乎铆足了劲，图书馆和实验室都挤得满满的。那年暑假我正好跟着中国旧石器时代考古之父、北京猿人的发现者裴文中先生到内蒙古赤峰和林西一带实习。先生的学识和修养给我以极大的教益。我在考古的征途上虽然是初次学步，却从此下定决心要为祖国的考古事业奋斗终生。

1957年中央号召全党整风。北大师生以无比的热情投入运动，大字报贴满校园，大会小会发表了许多宝贵的意见，但也有不少偏激乃至错误的言论。我和许多同学都认为对这些言论应当严肃批评，用事实进行说服教育。没有想到后来竟演变为雷霆万钧的"反右"运动。不过"反右"中教学还是照常进行的。按照教学计划，1957年下半年，我们53级考古班要进行田野考古实习。全班同学在诸位老师的带领下，到河北邯郸地区进行实习，先后发掘了涧沟、龟台两处新石器时代至商周时代的遗址，还有齐村一百家村的赵国贵族墓地，之后又在周围的许多地方调查了一大批遗址，收获非常丰富。

1958年初回到学校帮助老师整理考古资料。毕业时我被留校，分配在考古教研室当一名助教。不久就赶上了"大跃进"。在大炼钢铁的热潮中，我们居然也在学校里搭起了小土炉。不过北大作为一所高校主要还是提倡科研"大跃进"。鼓励年轻人要解放思想，敢想敢说敢干，让学生编写教材。我那时就跟57级学生一起编写新石器时代考古的教材。虽然觉得有些不切实际，但对我毕竟还是一种锻炼。此后我作为一名年轻教师，几乎每年都要讲授"新石器时代考古"课程，并且结合上课不断修改教材。1964年正式出了一本红皮的铅印讲义，实际上是我国第一部新石器时代考古的专著而得到广泛的传播。

田野考古实习是考古专业学生的必修课，而指导实习的任务主要是由年轻教师担当的。我差不多是每年的上半年上课，下半年带领学生实习。看似很劳累，实际上对自己工作能力的锻炼和业务水平的提高都大有好处。

1964年初，我刚从甘肃考古实习工地回来，旋即被派到北京市组织的"四清"工作队。先后到通县骚子营、朝阳区北甸、顺义天竺和昌平后牛坊参加"四清"，少则一两个月，多则半年。之后就是"文化大革命"，中间曾到江西鲤鱼洲五七干校锻炼。回校又干了一年后勤工作，到食堂当司务长。1972年考古专业开始招收工农兵学员，我又捡起了教学工作。1977年恢复高考招生，教学计划相应地进行调整，从此才走上了正轨。过去北大的考古专业在全国是唯一的，"文革"后期许多高校也成立了考古专业，纷纷要求我们支援人力和教材。我们虽然从1958年就开始编写中国考古学的教材，但一直没有完成。此时不得不重新规划，正式成立编委会。我们在先后招收硕士和博士研究生的同时，也接受了不少进修教师，算是对兄弟单位的一点支持。过去我们主要研究和讲授中国考古学。限于当时的条件，教师基本上没有出过国门。随着国家的改革开放，我们的教师也陆续到国外讲学或做访问学者。同时也请外国学者来讲学，接受外国的访问学者，并招收外国留学生和研究生。在这种情况下，仅仅作为历史系的一个专业就很不方便了。于是在各方面的支持下，1983 年正式成立了考古系。随后建立了以碳－14 方法为主的考古年代实验室，建立了赛克勒考古与艺术博物馆，成立了中国考古学研究中心，出版了不定期的学术刊物《考古学研究》。随着事业的发展，后来又扩充为考古文博学院。所有这些努力，是在北大不断向前发展的总形势下实现的，并且一直得到校方的关怀与支持。现在北大要建设世界一流的大学，这是北大义不容辞的历史责任，我们每个北大人也都要有这个雄心，并且要竭尽绵薄，奋勇争先，以表达我们对北大的拳拳深情。我曾写过一首小诗，现录于此。诗中的燕园情也就是北大情！

燕园情思

我志在北大，北大伴清华。城中难发展，燕园安新家。

初进新校园，望见博雅塔。塔影映未名，风景美如画。

湖畔有书斋，冠名德与才。德才均备全，体健好身材①。

元培老校长，自由揽人才。精英多聚集，包容大胸怀②。

独秀举大旗，请来德与赛③。德赛配德才，育出栋梁材！

敬爱马校长，亲如好家长。师生皆兄弟，独胆担大义④。

倡新人口论，宣讲费苦辛。威权压不倒，拳拳报国心。

难忘五七年，春风拂燕园。为表爱国情，赤子献丹心。

忽闻闷雷声，黑云顿压城。有理无处申，失言变罪人。

五八大跃进，教育要革命，师生勤出进，燕园不宁静。

文化大革命，大革文化命。教授挨批斗，知识当粪土。

没事打派仗，学校变战场。回首燕园梦，世事成渺茫。

浩劫十年过，青春逐逝波。岁月催人老，不容再蹉跎。

教学回正轨，科研爬高坡。继承好传统，更要唱新歌。

奋力数十年，北大换新颜。琼楼拔地起，学术勇争先。

---

① 未名湖北岸七座书斋冠名为德、才、均、备、体、健、全，后将前五座改称红一至红五楼。

② 蔡元培任北大校长期间提出"思想自由，兼容并包"的办学方针，尔后成为北大的重要传统。

③ 曾任北大文学院长的陈独秀首先提出要"拥护那德谟克拉西（民主）和赛因斯（科学）两位先生"。

④ 马寅初校长对师生讲话时，开头总是说"诸位兄弟！兄弟我要讲的是……"非常亲切。

大师勤授业，学子多出色。科学上高峰，院士超五百①。

声誉遍寰宇，迎来远方客②。回首崎岖路，难免断魂魄。

闲来未名行，处处是柳荫。柳荫遮不住，博雅伟岸身。

精神沁人心，北大催上进。我为北大人，心中有明灯。

老来当益壮，不负培育恩。坎坷六十春，不改燕园情③。

（原载《精神的魅力（2018）》，北京大学出版社，2018年）

---

① 历年被选为中国科学院院士和工程院院士的北大教师和校友超过 500 人，多人获国家最高科学技术奖。

② 据不完全统计，北大在校外国留学生约 4000 人。每年接待两万多外宾，包括约 80 位外国大学校长。

③ 我在燕园学习和工作已逾六十春秋。个人的青春、理想和事业，都是跟燕园分不开的。

怀念俞伟超

——在俞伟超逝世十周年追思会上的讲话

（2014 年 3 月 14 日）

首先感谢各位。伟超走了十年了，论年龄我比他还大两个多月，但他比我早上学，是我的师兄。我们共事那么多年，有很多时间都是一块讨论一块商量，他对我的学术思想的成长有很大的帮助，对我个人也有很多帮助。所以我庆幸这辈子有这么好的一位朋友和师兄。

俞先生像一块磁石，他人格的高尚和为人的亲和，在我们这代人里很难找。你看他对师长多么尊重，对同辈的人无话不说，对年轻人帮助很多，真正的无私。这个人一辈子就是为别人活了，他自己生活得很苦很苦。他花了那么多时间扑在工作上。你看他留下了很多著作，他怎么写出来的？都是开夜车到一两点、两三点。我在他去世后写了一篇小文章，说在我们这一辈人里他是一面旗帜。这个话不是随便说的，你们仔细想想，我把他看成一面旗帜，他可以为我们学习的地方太多太多。怎么样做人？我们中国古代对于知识分子的最重要要求就是做人。他是个什么人？是有伟大人格的人。所以我们现在缅怀他，才有了这么一个聚会。

我想也只有他有这么大的吸引力。去世十年了，有这么多人缅怀他，在座的和不在座的，很多人都在缅怀他。

第二个就是他的学术思想。有的年轻朋友说他是考古界的思想家，我觉得这个头衔很好。他不是一个就事论事的人，他是把考古学跟整个学科的发展联系在一起的。他说考古学就是人学，这就是一个思想家能想出来的，能给学科定位的。我估计我们在座很多人看过他的著作，我觉得应从思想的高度看待他的著作。

再次，考古学在他的手下成了一个很吸引人的工作，所以他的学生说他是诗一样的考古学。俞伟超注重美学、注重精神，这个我想我们也应该仔细的研究。我们要继承他的事业，这个精神值得大家思考。我作为他的师弟、同事、朋友，我是时时刻刻有意识地向他学习。我也不是个太谦虚的人，我不是什么人都学习的。在我的整个学术思想经历中，工作和做人上我都是有意识地向他学习的，所以在我心目中他是一个崇高的典范。

今天这个会，你们考虑我年纪大了，不一定来。因为这种事情我也很伤心，我也在想：我来了说什么呢？但我不能不来，请大家理解我的心情。

我们应该永远缅怀俞先生，继承他的事业，发展他的事业。

（原载《古代文明研究通讯》第 60 期，2014 年）

纪念佟柱臣先生（代序）

著名考古学家佟柱臣先生离开我们两年多了，他以 92 岁的高龄走完了平淡而光辉的一生，真正做到了"淡泊明志，宁静致远"。先生名如其人。因此，我在八宝山的追悼会上，特地写了一副挽联："治学励志当柱石，为人谦和做臣民"。同时还写了一幅题词："淡泊明志，与世无争；辛勤耕耘，奉献一生。无牵无挂，无怨无悔。先生精神，惠泽后生"。表达了我对先生的崇敬和仰慕。

先生是中国社会科学院考古研究所的研究员和荣誉学部委员，著作等身，涉猎面极广。举凡东北考古、新石器考古、边疆民族考古、博物馆学等诸多方面都有重要的贡献。先生早在学生时期就对考古发生兴趣。自学阅读了许多考古书籍，还经常到野外实地调查。这几乎养成了他终身的习惯。古人说治学要读万卷书、行万里路，先生是实实在在的身体力行者。他虚心好学，曾先后得到金毓黻、罗福颐、裴文中等著名学者的指导和帮助，使自己的学识日益精进。

先生的考古生涯是从他的故乡起步的，对东北地区的考古调查和研究是全面性的，从旧石器时代直到辽金以后，内容包括村落遗址、城址、窑址、墓葬和长城等。著名的牛河梁遗址、夏家店遗址等都是先生首先发现的。他还参加了裴文中先生领导的西团山考古发掘。而在英金河北岸发现长达一百余里的燕秦汉长城，则是我国学者早期对长城研究的重大成果。

先生从 20 世纪 40 年代起，曾先后在沈阳博物院和中国历史博物馆任职，对博物馆的藏品编目、管理、陈列说明等都进行了认真的研究，期间还特地到苏联访问和考察了莫斯科、列宁格勒（即今彼得格勒）等地主要的博物馆和博物馆学研究所，进而对博物馆学有了更深的理解。还曾经在北京大学考古专业讲授部分博物馆学课程。

先生是满族人，特别关注边疆历史和少数民族地区的历史考古研究，倾注了大量心血，发表了许多重要的见解。最后完成的《中国边疆民族物质文化史》更是一部奠基性著作，表达了维护祖国统一和民族团结的强烈感情。

先生是我国新石器时代石器工艺研究的开拓者和集大成者。为了全面掌握我国新石器的情况，跑遍了全国除西藏和台湾以外的各个省区，将已发表和未发表的各类石器亲自观察、测绘和统计，数量达 10 万件之巨。他据此对全国新石器进行分期分区分文化的系统研究，并且与世界各地的新石器进行比较，最终完成了 220 万字的巨著《中国新石器研究》，这需要有多大的胆识和毅力啊！更有进者，为了研究石器的制作工艺，特地考察现代石匠的作业过程，向石匠师傅学习。结合他对大量石器的观察，知道要制造一件典型的新石器，大致须经过选料、选形、截断、打击、琢、磨、作孔等多道工序，并且对每一道工序都做了仔细的考察。为了观察工具使用中形成的摩擦痕迹，特地购置了一架体视显微镜，亲自观察和拍照各种微痕。还拿了这些微痕的照片请清华大学副校长、著名机械工程史学家刘仙洲等先生从力学上进行研究，以便对各类工具的安柄和使用方式做出更加科学的解释。是国内最先研究石器微痕并取得成功的考古学家。

先生对中国新石器文化进行了全面而系统的考察，认为中国幅员广大，各地的自然环境不同，文化发展水平不同，特征不同，因此主张多中心论和不平衡发展论。他一方面明确指出中国新石器文化不是从一个地方起源再传播到全国各地的，同时又提出黄河中下游是文化最发达，因而也是最早进入国家的地区。这一前瞻性的见解为以后越来越多的事实所证明。

先生德高望重，为人厚道，谦虚谨慎，从不以权威自居。自己勤奋治学，又注意提携后进，许多年轻学者都曾得到先生的关怀和帮助。真正做到了"学而不厌，诲人不倦"，体现了为人师表的长者风范，赢得了大家的尊敬和爱戴。这本文集收集的许多文章就是最好的体现，我想也是对先生最好的纪念！

（2014 年 2 月 18 日于北大蓝旗营蜗居，原载《无限悠悠远古情
——佟柱臣先生纪念文集》，科学出版社，2014 年）

永远的老师

——纪念宿白先生

宿白先生字季庚，本来是老北京大学文科研究所的研究生。1952年院校调整后在新的北京大学历史系设立中国第一个考古专业并成立考古学教研室，室主任由当时的中国科学院考古研究所研究员苏秉琦先生兼任，宿先生任副主任，具体的教学组织工作主要由宿先生担任，包括考古实习的组织和领导。专业成立之初，学生的田野考古实习是参加中国科学院考古研究所的重要考古工地的发掘，由考古所工地负责人指导。例如50级和52级的同学都参加了西安半坡的考古发掘，但不参加室内整理，相关资料不许抄写带回学校，不利于学生考古能力的培养。1956年在北京饭店召开的第一次全国考古会议上，北大历史系主任翦伯赞先生为此发了脾气，决定以后北大的考古实习由自己来组织。1957年53级的考古实习就是由北大考古教研室自己组织，并且由宿白先生亲自领队的。那次实习的安排是首先对事先选定的遗址集中进行田野考古方法的系统训练，时间约两个月。接着分途进行约半个月的田野考古调查，最后两个月进行室内整理和编写报告，让学生受到了一次田野考古方法的全面训练。此后北大考古专业的实习基本上都是按照这一模式进行的。宿先生办事认真，积极负责。考古专业初办时曾经设计了一个比较完整的课程体系，大部分教师需要外请，并尽可能配备助教，以便经过一段时间的培养能够接班。这些事很多都是由宿先生操办。他对年轻教师的培养特别关心，要求也特别严格。他要做教学检查，亲自听课。记得我做助教的时候，讲课的效果反映还不错。宿先生就特地来听课，课后提了一大堆意见，给我极大的震动。可是他提的确实有道理，对改进教学大有好处，从而也促进了年轻教师的成长。经过宿先生的精心安排和一段时期的锻炼成长，北大考古专业的课堂教学和田野考古实习基本上已全部由自己的教师担任。专业培养的学生在业务水平和工作能力上都比较出色。记得教育部社科司文科处曾经专门派了两名干部来调查，他们说北大考古专业每年毕业的学生只有一二十名，是一个很小的专业，可是全国文物考古界的主要领导差不多都是由他们担任的。据统计他们升任副高或处长以上职称的比例是全国文科所有专业中比例最高的。他们想了解一下我们是怎样培养的。我想这既和考古专业的特点有关，也应该与宿先生的努力有很大关系。20世纪70年代后期，不少综合性大学也办起了考古专业，并希望北大给予帮助，这给我们很大的压力。再说北大的考古专业一直设在历史系，负责教学和田野考古实习的只有一个教研室，下设资料室、照相室、绘图室、技术室和实验室等，没有自己的办公室和行政管理机构，非常困难和不方便。因此一些教师就酝酿成立考古系。现在说要建立一个什么系再平常不过了，在当时却是一件大事。谁来当这个系的主任，外面有各种传闻，宿先生当然也知道。我们当时想还是宿先生最合适，校领导也是这个意思。我知道凡是沾一点荣誉的事宿先生都会推脱。我麻着胆子找宿先生，没有想到先生很爽快地答应了，说"不就是要我多办点事吗？"这事办得如此顺利，大家都高兴极了。考古系在宿先生领导下首先建立了山西曲村等考古实习基地，建立了碳－14年代测定实验室，接着又建立了赛克勒考古与艺术博物馆，为以后的更大发展奠定了坚实的基础。

宿先生对考古系的课程建设一直十分上心。北大考古专业建立之初，课程建设完全是白手起家。作为最基础的课程中国考古学是由相关著名学者分段开设的。旧石器时代考古由裴文中和贾兰坡先生讲授，新石器时代考古由安志敏先生讲授，商周考古由郭宝钧先生讲授，秦汉考古由苏秉琦先生讲授，隋唐考古则由宿先生自己讲授。后来这些课程除隋唐考古外都基本上由本专业较年轻的教师接任。随着全国考古发现和相关研究的进展，各段课程的内容也不断充实和提高。宿先生的隋唐考古除了充实内容，还不断向前后扩展，成了"三国两晋南北朝隋唐宋元考古"。其他各段的划分基本上没有多大变化，大家开玩笑说是铁路警察各把一方。宿先生觉得这样的分段教学虽然可以发挥相关教师的特长，但作为一个整体的中国考古学却被肢解了。这样对学生的学习不利，对教师正确把握教学内容也没有好处。于是他提议要开设一门"中国考古学通论"课，同时保留各分段的课程。可是谁来开这门课呢？他考虑了一下说："开始恐怕只好由我们两个人抬了，以后再由年轻人接棒吧"。于是就让我讲先秦，先生自己讲汉唐宋元。我自知有相当的难度，在先生的督促下，也只好应承下来。后来证明这样的调整确实很必要，效果也是很好的。

大家都知道宿先生对学生和年轻人要求严格，其实他对自己要求更加严格，做一件事情就一定要把它做好。宿先生的时间抓得特别紧，每天早晨4点多就起床看书或写作。他说这个时候最安静，效率最高。有两件事给我印象很深。一是改革开放后好不容易可以出国了，可是他第一次应邀去美国讲学，空余时间全泡在美国国会图书馆了。他说那里有些善本书国内没有，就在那里抄了两厚本资料，字写得整整齐齐。回来拿给我看，那种一丝不苟的认真精神很使我感动。二是1994年1月我和宿先生应台湾"中研院"邀请出席海峡两岸历史学与考古学学术交流研讨会，同行的有张政烺和胡厚宣等著名学者。会后东道主招待我们参观日月潭和阿里山等风景名胜，老先生们都玩得很高兴。宿先生却一人去图书馆抄写资料。他说来台湾一趟不容易，有些善本书内地没有，只好在这里抄录一些。他这种见缝插针专心治学的精神，连同行的老先生们都很感佩。他给老家沈阳文物考古研究所题写的所训"致学存乎心，补拙莫如勤"，也正好道出了先生自己的心声。先生天资聪慧，思维敏捷，效率极高。你给他一篇文章，几分钟就看完了。你以为他没有好好看，其实他都看明白了，还能给你提出一些中肯的意见。先生讲课也很快，条理分明，没有一句多余的话。而且一面讲一面在黑板上写字画图，图画得又快又好，我们记笔记都很难跟得上。记得高尔基说过什么是天才？天才就是聪明加勤奋。宿白先生是绝顶的聪明加绝顶的勤奋，才会有那么多方面别人难以企及的成就。他是中国考古学界的一棵参天大树！

（据 2018 年 5 月 11 日在北大考古文博院召开的
宿白先生追思会上的发言补充修改）

痛悼周昆叔先生

　　惊悉周昆叔先生在今天早晨突然逝世，不禁愕然。上个月他还跟我长时间通电话，他知道最近要召开中华文明探源工程第四期的总结会议，谈了许多自己的想法和期望。他是那样的激动，不时咳嗽，接着又说。我劝他多注意身体。他说此事太重要了，一定要我把他的看法带到会议上去，我答应了他。不想第二天他又写了三张纸的意见通过快递送来。我从他的笔迹上看出是用颤巍巍的手写出来的，身体不好，还那样执着，令人十分感动。我当然遵嘱把他的意见书带到会上，讲了他的意见，又把文稿交给了主持人。一位终生致力于环境考古的学者，怀着炙热的爱国情怀，足迹踏遍了祖国的山山水水，每到一处都有一番思考。又处处关心考古的新发现和研究成果，并且把两者有机地结合起来，形成自己对伟大中华文明的独到的见解。晚年他把有关嵩山地区环境考古的文章编成文集，让我作序。想不到书还没有出来就匆匆走了！昆叔是我多年的老朋友和好兄弟，在此临别之际，不尽哀思，并将《嵩山文化序》一并发表，以表悼念之情。

（2016 年 7 月 17 日）

忘不了的忆念

南京走了，悄无声息地走了。我每天傍晚在蓝旗营小区院子里散步，以前总能见着他由爱妻搀扶着慢步的样子。他看到我空手走路，总是很关心地叮嘱我说："年纪大了，身子不大稳，要拿根拐杖才好"。可是现在见不着了，感到无比的失落。

回忆六十多年前，我们是北京大学历史系 53 级的同窗，他是我们班唯一的华侨，平常话语不多，普通话说得不大好，却是一位满腹经纶的才子。所幸以后又一同留校。南京是世界史专业毕业的，就留在亚非史教研室当助教；我是在考古专业毕业的，也就在考古教研室当助教。好在都还在历史系，还能经常见面。我在考古专业教授新石器时代考古，听课的学生中有一名华侨女生叫郑允飞。1962 年我带领 59 级学生到河南安阳殷墟进行考古实习，学生中就有她。那时生活极为困难，吃的是又黑又硬的高粱橛子。我有胃病，她身体也不好，同病相怜，相互照顾。我们发掘的地点在大司空村旁，是一片商代晚期的墓地。她运气很好，挖到了最大的一座墓，里面有彩绘漆棺的残片和许多器物。她工作认真，一丝不苟，得到当时任中国科学院考古研究所安阳工作队队长郑振香的夸奖。因为都是华侨，又都在历史系，很容易跟周南京相识相交。回学校后不久，她就跟南京结婚了。因为这层关系，我跟南京也走得比较近了。

1969 年，在林彪一号命令之下，北大和清华的几千名教师被下放到江西鄱阳湖边的鲤鱼洲，说是走五七道路，实际是劳动改造。那里本来是鄱阳湖水下的沙洲，由人工筑堤排水建农场，即所谓围湖造田。堤内地面比堤外湖面还低，又是血吸虫病的疫区。我和周南京以及历史系的同仁都被按照部队编制编排在八连。住在自己搭建的茅草棚里，每天下田干繁重的农活，晚上还要"斗私批修"。我那时因为过度劳累，胃病大发作，多日饮食不进。那里又没有任何医疗条件，实在无奈。周南京和几个同事看到我那个样子，觉得拖下去很危险，提出要把我送回北京医治。尽管遭到军宣队的反对而未果，但我心里是十分感激的。后来找了一位老中医扎针治疗，才慢慢恢复过来。

跟我们一同下放的历史系教师中有一位郝斌。他原来也是我们 53 级的同窗，产业工人出身，早在张家口中学时就入党了，上大学后又当了北京大学学生会的主席，政治上应该是很过硬的了。他为人谦和，当老师后跟学生的关系也十分融洽，受到大家的爱戴。没有想到在"文革"初期的 1966 年 7 月 26 日晚上，"中央文革小组"首次在北京大学东操场万人大会上亮相。大会由江青主持，她在批评新北京市委派下来的工作组执行了资产阶级反动路线的同时，话锋一转，说你们北大历史系有个教师叫郝斌，在"四清"工作队迫害她的女儿李讷，说什么阶级斗争搞到她的家里来了。不知情的人一头雾水，真以为是多么严重的事情。场下齐声喊抓郝斌！幸亏郝斌当晚在城里家中有事，没有来学校，否则不堪设想。事情的起因要追溯到 1964 年。那年冬春北京大学历史系的教师和高年级学生被分派到顺义县天竺公社参加"四清"。郝斌任天竺大队第十生产队"四清"工作组的组长，李讷是组员之一。工作组下去要访贫问苦，扎根串连，揭发农村干部的四不清问题，后来更把四不清问题上升到走资本主义道路的问题。当时对所有农村干部都是背对背，不听他们的意见。郝斌觉得这些农村干部也是党培养起来的，不能只听别人揭发，也应该到他们家里去看看。李讷不同意，闹得有些不愉快。后来李讷感冒了，有些发烧。郝斌建议她回家休息，好了再回来，她不肯走。当时阶级斗争的弦绷得很紧，她的身份是保密的。郝斌生怕出事。白天照常工作，晚上一人裹着棉大衣在外放哨。日子一天天过去，李讷的烧老退不下来，只好让郝斌把她送回家，到家后江青还曾设宴表示感谢。事情过去两年了，怎么一下子变成迫害她女儿了？但在当时的政治气氛下，谁敢说一句公道话？郝斌的日子从此就不好过了。一下子被打入"黑帮"的阵营，受尽了折磨。后来名义上被解放，并且同大家一起下放到江西鲤鱼洲劳动改造。大家都知道他受了冤屈，但谁也不好说什么，在这种情况下郝斌也难得提起精神。周南京看不下去。他为人耿直，不畏权势，爱憎分明，有话就说，批评郝斌不能"一朝被蛇咬，十年怕井绳"。这话如果引申就是骂江青，当时就有小人告状，南京理直气壮地加以回击，这在过去那个年月是极不容易的。他的凛然正气赢得了大家的尊敬。

　　作为华侨，他热爱自己的祖国，经过多少艰难困苦和恶风恶浪也矢志不移。他对海外华侨华人的命运又极为关注。几乎穷毕生的精力完成了 12 大卷的《华侨华人百科全书》《世界华侨华人词典》及《华侨与华人问题概论》等一系列著作。他炙热的情怀和无限牵挂的心情在《一言难尽南国相思豆》的诗篇中表达得淋漓尽致，真正是感人肺腑。

　　南京胸怀宽广，他热爱自然，热爱人类，热爱祖国，热爱一切美好的事物；又不留情面地鞭笞腐恶。为了抒发感情，他晚年大量写诗填词，不拘格律、五言、七言、长短句、自由体、仿马来亚民歌，怎么方便怎么来。他主张"裸诗"，要循其自然，发肺腑之言。从诗中你可以看到一个活灵活现的周南京。他诗兴大发，简直像涌泉一样，几乎一天一首。可是你看他写诗的日期，绝大部分是在他得病以后写出来的。他早就知道自己患了前列腺癌，却仍旧处之泰然。他多彩的人生实在令人欣羡和赞叹，可是他又知道谁都会有最后的一天，他是那样地坦然面对，写出了如下的诗句：

> 如果那一天终于来到
>
> 不要悲泣，更不要嚎啕
>
> 我最不喜欢的就是这一套
>
> 悄然地
>
> 任何仪式都不要
>
> ……
>
> 最后静静地
>
> 请把我的骨灰撒向大海
>
> 让他自由自在地沉浮流漂
>
> 到那遥远的虚无缥缈！①

多么感人的最后遗言啊！他是一个巨人，他的人生是那样地完美，能够做他的同学、同事和朋友实在是三生有幸。得知南京离世，心头忍不住悲痛，随即写了一首短诗，以作永恒的纪念。兹特抄录如下：

哭周南京

耕啊耘啊白了头②，白头耕耘仍不休。不休迎来大丰收③，丰收之余忆红豆④。

红豆相思赴燕都，燕都风雨度春秋。有话就说沥肝胆，书生赤诚誉神州。

忆昔同窗同留校，同日发配鲤鱼洲。老来同住蓝旗营，同话当年情意投。

诗词泉涌为自乐，亦庄亦谐亦自由。不意好友先期走，远望沧海涕泪流⑤！

---

① 周南京：《如果那一天终于来到》，载《柳暗花明诗词集》315 页，香港生活文化基金会有限公司出版，2015 年。

② 《周南京诗集》中有一首《耕耘曲》云："人生坎坷异彩添，数场惊险处泰然。残阳如血欲何为？依旧耕耘观西天。"不啻为他自己一生的写照。

③ 南京著作甚丰，有《华侨与华人问题概论》《华侨华人词典》等多部。尤以主编 12 卷本的《华侨华人百科全书》用力最多，影响也最大。

④ 2013 年，南京八十周岁，已是耄耋老叟。写长诗《一言难尽南国相思豆》，回忆历历往事，感人至深。

⑤ 南京有诗《我的故乡是大海》。现在他的骨灰已经洒到大海里去了，祝愿他海阔天空任遨游！

祝贺与期望:《考古》创刊40周年

《考古》是我国最重要的考古学杂志之一。创刊40年来,发表了大量的考古资料和许多重要的研究成果,在国内外都有很大的影响。它的成长和发展的过程,在一定程度上反映了新中国考古学成长和发展的历史。可以毫不夸张地说,任何研究中国考古学的人都不能不阅读《考古》杂志。作为《考古》的忠实读者,我为这个杂志的成功而感到高兴,谨向辛勤操劳的编辑同仁们表示感谢与衷心的祝贺。

我想《考古》杂志之所以办得比较成功,恐怕主要是因为它的主编和编委会的成员具有崇高的学术地位,能够正确地把握办刊物的方针,保证其应有的学术水平,从而也就赢得了全国考古学界的支持。可惜这一传统在"文革"后没有完全得到坚持,否则这个杂志还会办得更好一些。现在全国考古工作蓬勃发展,学术空气十分活跃,给办好杂志创造了非常有利的条件,同时也给编辑人员提出了挑战。过去文物考古界只有三大杂志,现在定期刊物就有十几种,连同不定期的共有五十多种。这里面就有竞争。希望《考古》在保持优良传统的前提下,要勇于开拓创新,办出特色,办出水平。要提倡考古学理论的研究与探索,这方面要向兄弟刊物学习。要积极介绍先进的田野考古方法和室内研究方法,介绍新的科学技术手段,为提高我国的田野考古水平做出贡献。资料的发表一定要准确、清晰,有些不合规格的插图和照片要重画重照,否则不予发表。要牢牢把握考古学的发展方向,尽量发表最重要的前沿性课题的研究成果。要提倡对外国考古学的研究以及中外考古学的比较研究,为中国考古学走向世界迈出扎实的步伐。要用一定的篇幅登载考古界的学术动态和书刊评介,一以提供信息,二以活跃学术空气。版面设计和印刷质量也很有必要花大力气改进。要做到这些当然不是很容易的,必然会遇到许多困难。但只要下定决心,总是可以逐步达到的。这是我衷心的期望,我相信也是许多读者的期望。

衷心的祝愿

——纪念《考古与文物》创刊 100 期笔谈

改革开放初期，学术界充满春天的气息，考古学界也空前活跃起来。大量的文物与考古学杂志，定期和不定期的，正式与非正式的，像雨后春笋般冒了出来。不但打破了"四人帮"统治时期扼杀学术，不许出版任何学术刊物的局面，而且从根本上改变了以往文物考古界只有《文物》《考古》和《考古学报》三大杂志的局面。其中打头阵的，就是《考古与文物》杂志。记得创刊之初，友人楼宇栋告诉我，说陕西省考古研究所要办一个刊物，主要发表考古资料和研究成果，正式向国内外发行，要我支持一下。我当时的心情可以说十分兴奋。因为要打破考古学界的沉闷空气，最好的办法莫过于一些有实力的研究机构自办刊物，而陕西考古所可说是最有实力的单位之一。于是欣然把准备投给《考古》的一篇文章给了《考古与文物》的创刊号。这份刊物创办以来已经经历了十六个春秋整整一百期了，正如大家所期望的那样办得很好也很有生气。发表的资料以陕西为主又不完全限于陕西的范围，鉴于西北各省至今还没有一份正式的考古学期刊，适当地发表有关各省的考古资料是应该的，这也是对各省考古工作的一种支持。研究文章涉及的范围更广泛一些，这是很自然的。即使陕西的问题，也必须放在整个中原乃至全国的范围内进行观察。鉴于陕西在中国古代历史上特殊重要的地位，这样做是更有其必要性的。此外刊物中还拿出一定的篇幅介绍国内外的考古学理论、方法和技术，特别是某些自然科学技术在考古工作中的应用，这都是做得比较好的。编者牢牢把握学术刊物的特点，严肃认真，注重质量；决不搞那种花里花哨、哗众取宠的东西。在当前出版界某些不正之风的冲击下做到这一点是很不容易的，我们对编者的辛勤操劳和学术责任心表示衷心的感谢。

《考古与文物》之所以办得比较好，我想首先是因为陕西考古所实力雄厚，有许多重要的田野考古工作和科研项目，能够保证每期都有一些重要发现的报道和重要的研究文章。其次是刊物注意主动地组织稿件，并且有一个经常联系的作者队伍，这是保证刊物学术水平所不可缺少的一项工作。第三是有一个健全的编辑队伍，没有编辑人员的辛勤劳动，要办好刊物是不可想象的。不容讳言，本刊也有一些不足之处。个别简报地层关系交代不清，或者就是混乱不清；个别简报和文章的插图画得十分潦草而不准确，论述也有欠妥的地方。其中有的作者就是本单位的业务人员。希望以后严把质量关，避免类似的事情发生，把刊物办得好上加好。从今年第一期起，本刊除继续由陕西省考古研究所主办外，又增加洛阳市文物工作队协办，实力更加强大了。希望以后在发扬优点的同时，更加注意考古学理论、历史和方法的研究，注意新技术的应用。要发扬百家争鸣的精神，对某些重要问题进行必要的讨论。加强书刊评介和重要学术活动的报道。版面要高雅大方，不要排得过于拥挤。插图要准确清晰，不符合标准的插图要重画。重要遗迹和遗物要有好的图版，但选择要精，宁缺毋滥。为了让国外学者更好地了解我国的考古研究，一些重要的简报和文章要加印英文提要。总之希望《考古与文物》越办越好，在研究我国古代历史和提高我国考古学研究水平的事业中做出新的贡献。

（原载《考古与文物》1997 年 2 期）

致郑州市文物考古研究院

张松林院长：

　　值此贵院成立 50 周年之际，我谨表示衷心的祝贺！

　　贵院 50 年来，由一个市文物工作组及市博物馆的考古部，发展到文物考古研究所，又由研究所发展到研究院，不只是编制的扩大和级别的提升，更是文物考古工作的大发展和研究水平的不断提高的过程。对此业内人士无不感到由衷的高兴。

　　50 年来，贵院及其前身进行了大量卓有成效的田野考古工作，涉及的年代和文化内容十分宽广。其中旧石器时代有著名的织机洞遗址，从旧石器时代晚期到新石器时代早期连续发展的李家沟遗址，新石器时代的唐户遗址则是裴李岗文化中房屋基址最多和聚落规模最大的一处。仰韶文化的青台遗址和大河村遗址都是发掘规模极大、收获极为丰富的。新寨遗址和花地嘴遗址的发掘对夏代早期历史的探索具有十分重要的意义，娘娘寨城址的发掘则给西周考古增添了新的内容。这里举出的仅仅是我所记忆到的荦荦大者，实际的工作比这还要多许多倍。一个市级的考古机构能够做出这样多的田野考古工作，并且有如此重要的考古发现，还及时出版了大批的考古报告和其他学术著作，即使在全国的省级考古机构中也是不多见的。

　　我认为贵院的成功之处至少有以下几条经验值得总结和推广：

　　一是重视田野考古调查，对境内的考古遗址做到心中有数，在与工程建设发生矛盾的情况下，能够做到重点保护重点发掘，而不是被动地去配合。发掘中课题意识明确，做一次考古工作有一次的收获。唐户和娘娘寨的发掘都是与南水北调工程相关的，两处的考古工作都取得了很大的成绩，便是很好的例子。

　　二是及时整理和发表考古资料，这不仅是任何考古工作所必须做到的，而且对业务人员水平的提高是至关重要的，进而对研究机构本身业务水平的提升也是至关重要的。本研究院之所以有如此大的进步，与这一条有很大的关系。

　　三是坚持开放，积极与相关考古单位合作。其中有本省的文物考古研究所，还有中国社会科学院考古研究所和北京大学考古文博学院等，在合作中不但可以保证较高的学术水平，自己的业务人员也得到提高。

四是重视科学技术在田野考古和文物保护工作中的应用。这一点很多人已经越来越有认识了，但积极地推行还是要有魄力和胆识的。

你们的工作做得很好，过去的50年是值得纪念的50年。但今后的路还很长，任务更加艰巨。百尺竿头，更进一步。希望贵院全体同仁团结一致，加倍努力，尽量弥补自己的不足，把工作做得好上加好。

（2010 年 12 月 8 日）

祝贺与期望

　　秦始皇陵博物院正式成立之后，随即要推出一个类似集刊性质的《秦始皇帝陵博物院》，一年至少要出一本。加上其他的出版物，势将成为研究秦始皇陵和秦文化的重镇。这是一个有远见卓识的决策，谨此表示衷心的祝贺！

　　当年发掘出秦始皇陵兵马俑坑并建立博物馆对外开放，在文物考古界是一件大事，引起了学术界和公众的巨大反响。那些兵马俑体形之大、数量之多、艺术造诣之高，以及内容之丰富与独特，可谓惊世骇俗，旷古未闻，被喻为世界第八大奇迹！但秦俑坑毕竟只是秦始皇陵的一个组成部分，而且是一个辅助的部分。要完全正确地解读兵马俑的意义，不能不了解秦始皇陵。而秦始皇陵的巨大规模、复杂的结构和独特的形制等，现在还只有粗浅的了解。在不进行大规模发掘的情况下，应该借助遥感、物探等现代科技手段进行全面而深入的勘探研究，这是一个巨大的工程，不是短时期能够完成的。与此同时还要在陵园的保护和开放上下工夫。在这种情况下，把原来的秦始皇陵兵马俑坑博物馆升格为秦始皇陵博物院就是理所当然和十分必要的了。

　　秦始皇陵并不是偶然出现的，它是秦国历史乃至全中国历史发展演变到一定阶段的产物，是中国古代陵墓制度发展演变到一定阶段的产物，更是为了彰显秦始皇的雄才大略和创建统一大帝国的丰功伟绩而建造的。因此要深入研究秦始皇陵，就必须研究秦文化，必须研究秦国和秦朝的历史，并且要在全中国历史的背景下来研究秦国和秦朝的历史。这样才能理解在战国七雄中，为什么是秦国战胜了关东六国，为什么是秦始皇嬴政一班人担当了统一中国的大任，他们在统一中国后，在经济、政治、文化等许多方面都实行了与大一统帝国相适应的各种制度，诸如改封建制为郡县制，改世卿世禄制为中央集权的文官制度，改井田制为土地私有制，大力发展交通，统一文字和统一度量衡等。这些都是具有重大历史意义的举措，奠定了往后中国两千多年发展的基础，并为后来许多朝代所效法和继承。不过，由于秦始皇和他周围的谋士过分好大喜功，急于求成，不惜民力，征发成百万的民夫，制造了大批无辜的刑徒。他们还不择手段，坑杀儒生，无情地镇压持异见的人士，愚蠢地焚烧不合己意的文书典籍，使中国古代文化遭受前所未有的劫难。秦始皇因此成了历史上有名的暴君，秦朝也因此而成了历史上最短命的王朝。这又给后人留下了深刻的教训。所有这些都值得很好的研究。

秦始皇陵博物院有很强的田野考古实力和研究能力，大部分成员都很敬业，在设备和资料建设上也有很好的成绩，这都是很好的基础。我想要把《秦始皇帝陵博物院》这一连续性书刊办好，首先要发挥本院业务人员的积极性，着力培养和提升他们的业务水平，同时要争取相关领域高水平学者的支持，从而把书刊办得有水平，有活力，有特色，成为秦始皇陵和秦文化研究的重要园地。这是我衷心的期望！

（2010 年 6 月 25 日于北大，原载《秦始皇帝陵博物院》总一辑）

《荆楚文物》发刊词

　　荆州在中国历史上的知名度是很高的。因为她有悠久的历史，得天独厚的自然环境和丰富的资源，还曾经是楚国极盛时期的都城所在，占有十分重要的战略地位。这里的地下文物不但数目巨大，而且品位极高。加以地下水位高，大量古物多在潜水面下，使许多在别的地方难以保持的有机质文物得以完好如新，为考古学和保存科学的发展提供了极为优厚的条件。荆州博物馆就是在考古学和保存科学的发展下建立并不断发展起来的。在我国地市级博物馆中，荆州博物馆是特色鲜明并最具影响力中的一个。

　　荆州博物馆的陈列品绝大部分为本馆学者考古发掘所得，一部分是与有关单位合作发掘的物品。北京大学考古系的多名老师，包括我个人在内，也曾参加了部分工作，与荆州博物馆的同仁结下了深厚的友谊。

　　荆州博物馆的藏品和陈列品中有些是特别珍贵的。例如1975年在凤凰山发掘的168号汉墓中，发现墓主人为一位男性老人，尸体保存完好。据随葬遣册记载，下葬年份比长沙马王堆1号汉墓发现的軑侯夫人辛追还早十几年。又如1982年发掘的马山1号楚墓，出土了大批衣衾等丝绸织品，其做工的精致和保存的完好程度堪与马王堆1号汉墓出土的丝绸织品比美，年代却比后者早了许多。至于大量保存完好的楚国漆器，其做工的精致和艺术的造诣都是其他地区所罕见的。还是因为保存条件好，不少楚墓和秦汉墓中出土了大批简牍，著名的郭店楚简中就包含大量古书，对研究先秦历史具有十分重要的意义。

　　荆州博物馆有专门的文物保护科技研究机构（后在此基础上成立了荆州文保中心），在出土简牍、漆器和丝织品等有机质文物的保护和研究方面成绩卓著。不但有效地保护了本馆考古发掘的物品，还多次接受外单位的相关任务。

　　事业的发展总是离不开人才，而人才又往往是在事业的发展中锻炼成长起来的。荆州博物馆正是在事业的发展中造就了一批专业素质颇高的学者，研究领域涉及史前文化、先秦考古和秦汉考古，以及玉器、漆器、丝织品、古文字、古建筑等诸多方面。在楚国考古和楚文化研究方面着力尤多，先后发表了许多高水平的学术论文、专著和考古报告，受到学术界的关注和好评。为了更集中更系统地发表研究成果，馆方决定正式出版《荆州文物》。除了发表本馆学者的研究成果，还特别热切地欢迎相关方面的学者投稿，希望大家共同来浇灌和培育这块新生的园地！

（2012 年 5 月 25 日于北大蓝旗营）

为《科技考古》题词

——发展科技考古是提高考古学研究水平的必由之路

考古学是通过实物遗存来研究人类社会历史的，从研究内容和目标来说无疑属于人文学科，尤其是其中的历史学科。但考古学的形成和发展又都离不开自然科学和技术的应用。因为传统的历史学不能自行发展出考古学。考古学的产生，是在历史学的发展提出了拓展研究领域的需要，在地质地层学和生物分类学基本形成的学术背景下，借用了两者的原理，并且依据文化遗存的特点而加以改造为考古地层学和类型学，才首先在欧洲出现的。此后考古学的发展，不但依赖于考古工作的开展和资料的积累，更有赖于研究方法和手段的提高，其中很重要的一个方面就是自然科学技术的应用。现在考古学遗存的发现、勘探、发掘、资料整理、标本测试分析到某些研究软件的制作，都越来越依赖于相关的科学技术，其结果是使我们能够从看似平常的考古遗存中提取越来越多的科学信息，极大地拓展了考古学研究的领域，也极大地加深了人们对过往历史的认识。这样考古学才能跟上现代科学发展的步伐，并且使许多考古学研究课题置于可检验的科学基础之上。一句话，应用自然科学技术是考古学自身发展的需要，是提高考古学研究水平的必由之路。这就是为什么要大力发展科技考古的理由。

(2005 年 3 月 10 日，原载《科技考古》第一辑，2005 年)

为《大众考古》题词

考古学是一门科学

必须用科学的方法

进行调查发掘和研究

考古学的目的是正确认识历史

从而引领大众从历史发展中认识自我

认清自己的社会责任和历史使命

彻底破除迷信和珍宝思想

严文明 二〇一三年

仲秋

《大地湾考古研究文集》序

甘肃大地湾文物保护研究所程晓钟所长将以往发表的有关大地湾遗址的考古发掘简报和研究论文收集起来，编为《大地湾考古研究文集》出版，要我在前面写几句话。我想作为一个国家级大遗址保护研究所的负责人，关心本遗址的保护和研究情况，是理所当然的。据我所知，他为了请有关方面编制好大地湾遗址保护方案并向国家文物局申报，曾经做了许多努力。为了给关心本遗址保护和研究的各方人士提供必要的资料而编辑这本文集，当然也是一件值得称道的好事。

大地湾遗址的发掘，在 20 世纪 80 年代的中国新石器时代考古研究中是一件大事。其重要性主要表现在三个方面：一是在甘肃东部找到了一个从大地湾第一期文化或老官台文化经仰韶文化早期、中期、晚期到常山下层文化的比较完整的相对年代系列，为陇东及其周围地区新石器时代文化的发展建立了一个可靠的标尺；二是由于大地湾遗址所处的地理位置适当中原—关中地区和甘青地区的交界，对于研究两个地区之间的文化关系具有特殊重要的意义，这从大地湾各期文化的具体内容中可以比较充分地反映出来；三是大地湾各期文化的聚落演变是从小到大，从简单到复杂，从内部平等的凝聚式到有中心和等级分划的高等级聚落，发展线索非常清楚，为中国文明起源的研究提供了一个宝贵的实例。当然，大地湾遗址考古发掘的收获还有许多，文集中已经有若干方面的反映，这里不必细说，仅此三项就足以说明大地湾遗址的发掘在中国新石器时代考古研究中的重要意义。对于这样一个重要的遗址，我们是必须加以保护的，并且要在保护的基础上进行认真规划，从各方面展开长期而深入的研究。过去的研究多是在发掘过程中进行的，有些问题还来不及充分消化，但毕竟可以提供一个进一步研究的基础。现在正式发掘报告已经基本完成，即将出版。读者如果将本文集和正式发掘报告对照阅读，必将得到更多的收获与启示。

（2002 年 7 月 10 日于北大蓝旗营寓次，原载程晓钟主编
《大地湾考古研究文集》，甘肃文化出版社，2002 年）

《磁山文化》序

　　磁山文化因河北武安磁山遗址的发掘而得名。这个遗址是 1976 年 11 月开始发掘的，不久在河南新郑裴李岗又发现了一个文化面貌相近的遗址。《考古》杂志于 1977 年 6 期和 1978 年 2 期分别报道了两个遗址的主要发现，引起了学术界的极大关注。当时我敏锐地觉察到这两个遗址发现的重要意义，立即写了一篇短文《黄河流域新石器时代早期文化的新发现》，发表在《考古》1979 年 1 期。文章首先提出了磁山文化的命名；指出磁山文化的年代应在公元前 6000 年左右，属于新石器时代早期偏晚阶段，早于新石器时代晚期的仰韶文化；而且由于磁山文化的发现，加深了此前发现的老官台文化的认识，确认它也是属于新石器时代早期偏晚阶段的文化，从而把黄河流域新石器时代考古的研究推进到了一个新的阶段，寻找更早新石器文化和探寻粟、黍旱地农业起源的任务从此正式提到日程上来了。我冒昧地推测这样的遗存应该就在磁山文化和老官台文化的范围内，特别是靠近山麓的地带去寻找。

　　将近 30 年过去了，类似磁山遗址的发现增加不多，而类似裴李岗遗址的发现却大批涌现。人们看出以磁山遗址为代表的文化遗存和以裴李岗遗址为代表的文化遗存确有不少差别。夏鼐先生采用磁山·裴李岗文化一名，虽然还认为属于一个文化，但也注意到两者的不同。有的学者将其明确划分为两个类型，有的学者干脆划分为两个文化。这问题其实还没有最后解决，还要看以后更多的发现来进行斟酌，并且要放到黄河流域新石器时代整个格局中去衡量。

　　关于磁山文化的时代，我在一开始之所以划到新石器时代早期的偏晚阶段，是以把黄河流域新石器文化初步分为早晚两大期为前提的。后来因为发现了更早的新石器文化，再加以更晚的铜石并用时期的确定，所以我在 1987 年提出了一个新的方案，即将全国新石器时代分为早、中、晚三期和铜石并用时期。磁山文化同老官台文化、兴隆洼文化和彭头山文化等一起划归到新石器时代中期。这一方案也已经为许多学者所接受。

　　关于更早新石器时代遗存和农业起源地的探寻问题，由于其后发现的河北徐水南庄头和北京东胡林等新石器时代早期的遗址都比较靠近山麓地带，说明以前的推测还不是不着边际。希望今后还会有更多的发现。

磁山文化的内容是很丰富的，除了上述专业性较强的问题以外，举凡当时的农业、养畜业、渔猎与采集业，制造石器、骨器、陶器、木器以及编织、纺织和谷物加工等各种手工业，还有家庭生活、文化艺术、风俗习惯和宗教信仰等等，都有不少资料可供研究。而一些学术性较强的问题，往往在学者中存在不同的看法。如何解读那些没有文字说明的资料，以及如何理解学术界不同的看法，并不是容易办得到的。而对于广大热爱祖国历史的非专业人员来说又是迫切需要的。为了满足这种需要，一些非专业的作者利用考古资料写了一些通俗性读物。我们看了总觉得过于外行，把一些片鳞只爪有关系没关系的资料串联起来，看起来很圆满，实际是错误百出。这不怪别人，只怪考古专业人员自己不努力。乔登云是一位考古学家，是磁山遗址的发掘者和研究者。他写的《磁山文化》力求用通俗语言来解读非常难懂的考古资料，表达实事求是，很有分寸。清楚的就讲清楚，不太清楚或存在争议的也把事情的原委交代的明明白白，是一本既有学术水平又适合大众阅读的难得的好书，如果插图再弄得漂亮一些就更好了。

（原载乔登云著《磁山文化》，花山文艺出版社，2006年）

《发现中国：2005年100个重要考古发现》序

回顾2005年中国的考古工作，可以从三个方面来看：一是重要的发现特别多，有些发现在学术上还有所突破；二是与基本建设相关的考古工作中课题意识明显增强；三是田野考古方法有所改进。

先说第一点。2005年是中国考古非常不平凡的一年，重要的考古发现不下百项。初选入围25项就颇不易，最后还要评选出十项重大考古发现，喜悦的同时又很为难。因为这些入围项目，每一项也许在别的年度都可以入选，扒拉下来于心不忍。例如新石器时代入围的有五项，最后只选出湖南怀化高庙和浙江嵊州小黄山两项。这两处发掘当然很好，其他三项也颇不错。比如北京门头沟区东胡林遗址，20世纪60年代就已经发现，但资料很少，也没有测年。这次发掘采取与地质学、环境考古学及动、植物考古学等多学科合作的方式，获得了较好的效果。遗址位于马兰黄土之上，被板桥洪积期的冲沟切断。当地距离马兰黄土和板桥期的命名地很近，地质年代清楚。二十几个碳－14测年数据都在距今约10000~9000年，可以确定属于新石器时代早期。遗址内发现了多处火塘，还有保存比较完好的墓葬。出土了直筒形平底盂和罐等陶器以及石磨盘、磨制石斧和细石器等。中国北方地区新石器时代早期遗存十分稀少，除河北徐水南庄头外，其余几处资料都很有限，工作也比较粗疏。即使南庄头也还没有发现墓葬和可以复原的陶器。因此东胡林的发掘可以认为是北方地区新石器时代早期遗存研究的突破。

再如浙江钱山漾遗址，20世纪50年代发掘过，出土了一大批有机物如丝绸和各种编织物等，以为属于良渚文化。这次发掘成果内容丰富，文化面貌独特，其时代介于良渚文化和马桥文化之间。过去学术界认为良渚文化之后紧接着是马桥文化，但两者之间的差距甚大，看不出任何前承后继的关系。因此良渚文化的去向和马桥文化的来源问题一直成为大家讨论的热门话题。这次钱山漾遗址的发掘不但纠正了过去的错误，还确定了一个新的考古学文化，在一定程度上为这个问题的解决铺平了道路。

陕西吴堡县后寨子峁遗址，文化上具有较大的地域特点，地貌也非常有特色，几组房屋成排地分布在不同的山梁上，并有相互联系的道路和石墙等防卫设施。这样特殊地形的特殊聚落，弄得这样清楚是很不容易的。

这一年商周时期的重要发现也很多。河南鹤壁刘庄遗址是与南水北调工程相关的项目，那里发现了一处比较完整的先商墓地，有东西两个墓区，两区时代相同而墓向不同，随葬的器物也不尽相同，应属于同一时代两个有紧密关系的族群的墓区，对研究当时的社会形态具有重要的意义。山西绛县横水的西周墓地是因盗墓猖獗，被制止后进行的抢救性发掘。墓地规模大，保存好，发掘工作也仔细，出土铜器上有"倗伯"的铭文，过去在文献中没有记载，属于新发现的一个小国诸侯及其族群的墓葬。与此同时，在陕西韩城的梁带村也发现了类似的西周小国墓地，铜器铭文上有"芮太子""芮公"，是芮国诸侯的墓地。周文王一个重要的政绩就是解决了"虞"和"芮"两个小国的矛盾，其声望因此提高。"芮"国在哪里，过去也不知道，现在就清楚了。因此这两处遗址的发掘至少可以说是西周考古的一个小小的突破。

2005年诸如此类的发现很多，像河南内黄三杨庄遗址，发现了黄河淹没的汉代农村宅院，规格很高，且保存完整，被称为中国的"庞贝"遗址。以往秦汉考古多限于都城的勘探发掘和墓葬发掘，像内黄三杨庄这样保存完好的汉代村落遗址十分罕见，对于了解当时农村的真实面貌是非常珍贵的资料。目前只发掘了其中的几座房子，应该采取坚决措施进行整体保护，以便有计划地逐步开展发掘和研究。

再说第二点。关于在与基本建设相关的考古工作中要加强课题意识的问题，早在1983年在昆明召开的全国考古汇报会上苏秉琦先生就做了专门的讲话，受到大家的重视。近年考古工作者在观念上都有了改变：考古发掘不再单纯为了配合基本建设做工作。但在提法上还有些滞后。在2005年的全国考古工作汇报会上，国家文物局正式提出将"配合基本建设的考古工作"改为"与基本建设相关的考古工作"。这是一个中性的提法，而"配合"有主次之分，如果只是配合基本建设，文物考古和保护工作就处于从属的位置。我国的基本建设有不同的级别，如三峡水利工程等关乎国计民生的大工程，文物考古工作应积极参与配合；即使如此，如果遇到特别重要的文物，如白鹤梁历史上长江水文变化的题刻等，还是要不惜代价地坚决加以保护。有些基本建设工程并不是太重要，或者虽很重要但可以适当挪动位置，那就要为文物遗址让路，要配合文物保护。如嵊州的小黄山遗址，发现地位于一个砖厂，当地政府的文物保护意识很强，积极配合，关闭并妥善安置了砖厂，使整个遗址得以整体保存下来。福建浦城猫耳弄山商代窑群，是在高速公路建设中发现的，公路为此改变了路线。河南鹤壁刘庄遗址是南水北调工程涉及的区域。南水北调工程沿线经过的地区，文物遗迹密集，其中有许多重要的遗址和墓地。为了做好南水北调的文物保护工作，文物部门经过详细的调查勘探，与水利部门协商，能避让的尽量避让，实在无法避让的，就通过考古发掘提取资料。在课题意识和文物保护意识增强的情况下，文物部门与工程建设部门的关系有所好转。

中国经济建设的加快，对中国考古学来讲，是一个千载难逢的机遇，中国考古学正处于一个考古大发现的时代。同时，从国家经济建设的角度讲，也是建设高潮不断深入的时代，如南水北调、高速公路建设、铁路网建设、开发区建设等等，施工过程中必然会碰到很多遗址，如果把握得好，能保护的尽量保护，无法保护的跟上做考古工作，在相当的一段时间内，重大的考古发现必将接踵而至，一定会促进我国考古学的发展。

我国历史悠久，幅员辽阔，古文化遗存丰富。各地区的文化有各自的特点。我曾经说过，在我们这个文化积淀深厚的国家，是可以出考古学大师的，是可以形成新的考古学方法和理论的。2005年的考古发现更加深了这种认识。

机遇往往与挑战并存，中国的考古工作正面临非常严峻的挑战。建设的范围如此之大，不是所有的人和部门都具有文物保护意识。而更严重的是盗墓行为愈演愈烈。今年入选十大新发现的倗国、芮国墓地，都是在与盗墓者抢时间、比速度，发掘的同时也在与盗墓者较量。国家应从立法、管理等各个方面加强打击盗墓的力度，像打击贩毒一样，否则无法保护一些重要的文化遗存。因为盗墓者的技术装备不断更新，盗墓的速度加快；同时盗墓者又高价收买当地的百姓。而盗墓是盗宝行为，为了几件珍贵文物而毁掉了整个墓葬。墓上建筑、墓葬形制、随葬品位置，甚至一些重要的遗迹现象等等，都可能毁于一旦。考古对一个墓葬的发掘是全面的研究，像这两个诸侯级的墓葬，如果被盗，就彻底毁了，有可能永远不知道这两个小国的存在。

从2005年的考古发现看，对此应提到一个新的高度认识，否则对不起我们的祖先，对不起子孙后代，甚至也对不起世界人民。因为这些遗产是中国的，也是属于全人类的。

第三点，关于改进田野考古方法的问题。2005年审批了少量的主动性发掘项目，除了有明确的学术目标外，也希望在考古学方法上有所改进，实践证明这样做是必要的，也是有效的。

与基本建设相关的考古工作，往往时间紧迫，任务重，发掘面积大，动辄几千平方米。尽管考古学者具有明确的课题意识，但实际工作中难以做得很细致，难以在方法上有新的突破。研究性的主动发掘有条件在田野考古方法上进行改进。例如山东大学参加的中美考古队在日照两城镇的发掘，中国社会科学院考古研究所在河南偃师二里头的发掘，国家文物局委托北京大学在山东临淄开设的田野考古培训班所进行的考古发掘，都进行了较多的田野考古工作方法的改进。临淄培训班通过实践形成了一个田野操作规程的改进意见，上报国家文物局，准备在全国范围推广。在当前和今后一个时期，全国有众多的建设项目涉及古文化遗址，我们不得不将主要的力量放在与基本建设相关的考古工地上。但一些有条件的单位，如中国社会科学院考古研究所、高等院校还会进行一些主动性发掘，这些发掘的课题意识更强，在田野工作方法、技术等方面可能有更多的思考和改进，这样取得的成果会更多地应用到一般的田野考古工作中，这是促进我国考古学发展的必由之路。

（原载中国文物报社编《发现中国：2005 年 100 个

重要考古发现》，学苑出版社，2006 年）

《圆梦斋诗选》序

胞弟文光寄来一本《圆梦斋诗选》，嘱我作序。我一面翻阅，一面回首往事，不禁百感交集，难以自抑。

我家是世代书香。先父颇善诗文，常与三五好友相互唱和。著有《寄敖斋诗稿》一册，惜"土改"时被毁弃，所藏经、史、子、集和大量医书亦尽散佚。作品中有一部分是与乡贤罗甸原先生唱和的诗，曾收入罗著《勤园劫余诗稿》。那是在武汉用铜版精印的线装本，共六册，至今也找不到了。记得少年时读父亲的诗，常为其写景抒情的入胜处所感，至今还能记得几句。例如有一首写江边晓雾的诗，前半部想不起来了，后半部是"堤长人入雾，山远鸟冲烟。渡口依稀里，飞来万里船！"读着就好像是身临其境。我曾经特地把这半首诗寄给父亲的诗友和挚友罗原道叔，他也是我的启蒙老师，问他是不是记得前半部分。原道叔说他也记不起来了，不过"这四句自成一绝，意境均极佳，不必他求了"。我虽然妄读了几年书，却没有继承先父的诗魂。幸得三弟爱诗、学诗、写诗，而今竟能结成诗集，怎不令人高兴！

文光从小就酷爱上学读书，无奈当时严酷的环境，实在是没有办法。我想他上学恐怕总共不到两年。记得二弟文思在黄牛山小学教书时，曾经把他带去读了不到一个学期的书，就因为那点微薄的工资交不起两个人的伙食费，只好中途辍学回家。但是他没有灰心，在劳动之余坚持自学文化。20世纪50年代他还是个小孩子，因为经常有集体劳动，他就说些顺口溜或打油诗以鼓励大家的干劲，得到许多人的夸赞。从那以后他一直对诗歌有浓厚的兴趣，并且广交师友，虚心学习，竟然成长为一位民间诗人，先后参加了章台诗社和县楹联学会，在社会上也有一定影响。

孔子说："诗言志"。又说："诗可以兴，可以观，可以群，可以怨"。我的小学老师黄剑萍先生是著名的诗人，他在解释孔子的这段话说："所谓兴，就是起人志行，陶冶情操；所谓观，就是观风气之盛衰，考时政之得失；所谓群，就是以诗会友，以友辅仁；所谓怨，就是鞭笞腐恶，针砭时弊"（见《黄叶轩诗文选》123页）。文光的诗大致符合这些要求，所以是好诗。但毕竟文化底子薄，有些诗在遣词造句上还有进一步推敲的余地。希望以后继续努力，更上一层楼！

《考古器物绘图》序

　　考古学是研究人类实物遗存以阐明人类历史的学科。实物遗存都具有一定的形状，研究各种实物遗存的形状特征及其演变规律，不但是考古类型学赖以建立的基础，而且是全面研究考古学文化的必要条件。各种遗迹、遗物和花纹的形状特征，可以用文字来描述，但是难以做到准确和直观。照相不但可以做到直观而且有真实感，但难以反映各个部位的具体尺寸和准确的空间位置，仅仅根据照片无法准确复原所拍摄的对象，这要靠考古绘图来解决。因此，考古学对于实物的记述，总是把文字描述、绘图和照相结合起来，以尽可能真实地再现实物的原貌。

　　考古绘图不同于一般的绘画，它基本上是一种几何作图，就是根据制图学的投影原理，结合考古遗存的特点而发展起来的一门技术性学科，属于考古技术的范畴。

　　我国的考古绘图基本上是跟考古学一同发展起来的，经过多次的改进，逐步形成了自己的特点。从 1952 年北京大学设立考古专业以来，考古绘图一直被列入考古技术的必修课之一。最早是请中国科学院考古研究所的徐智铭和郭义孚两位先生开设的，他们讲授的课程是考古测量与绘图，基本内容后来发表在考古研究所编辑的《考古学基础》一书中。50 年代后期由刘慧达先生接着讲授考古绘图，她陆续编写和修订的教材在"文化大革命"的动乱中不幸散失。从 1982 年起由本书作者马鸿藻讲授考古绘图，他曾多次就教于郭义孚先生，获益良多。在讲课的基础上重新编写教材，其后又几经修改，于 1992 年由北京大学出版社正式出版了《考古绘图》一书，受到有关方面的好评。

　　由于考古工作和研究的不断发展，对考古教学提出了更高的要求，考古绘图也应更进一步。作者多年来不但讲授考古绘图，还担任繁重的绘图任务，工作踏踏实实。他根据自己多年积累的绘图与教学经验，广泛收集资料，还多方征求意见，专门就考古器物绘图进行了较大幅度的修改和补充，形成了一本新的著作。这就是本书产生的原委。

　　本书比较全面而系统地讲述了考古器物绘图的基本原理和操作要领，较好地做到了理论和实际的结合。全书结构合理，逻辑性较强。插图丰富，不但有各种器物和各种表现手法的实例，还举了一些容易犯错误的例子。反复讲述怎样画才是正确的，怎样表现才是最好的。作者在本书的最后一章还专门讨论了插图的阅读和分析。器物或花纹图是一幅一幅画的，但放在书籍中就有一个如何配合的问题。插图的大小、摆放的位置都是有讲究的。如果一幅插图中有多个器物或花纹，如何配置成整幅的图，使它既符合科学性，又有一定的艺术性，做到科学性与艺术性的完美结合，应该是考古绘图所必需追求的目标，也是编著本书的宗旨。相信本书的出版，对于提高考古绘图和相关绘图教学的质量会有一定的帮助。

（原载马鸿藻著《考古器物绘图》，北京大学出版社，2008 年）

《三门峡南交口》序

　　三门峡南交口遗址与著名的庙底沟与三里桥遗址同处于黄河南岸的小支流青龙涧岸边，相距仅约 12 千米，遗址按自然地形从西往东分为三区，主要为仰韶文化遗存，还有少量二里头文化遗存和战国到汉代的墓葬。总面积约 16 万平方米，是一个不大的中等遗址。

　　从 1997 年起，因修建高速公路而进行了三次抢救性发掘，发掘的面积达 1400 平方米。具体布方因为要照顾到三个区域和公路线的走向，所以显得比较零散。发现的房屋、灰坑等遗迹因受客观条件的限制，往往只挖了一部分，完整的遗迹单位很少。出土遗物还比较丰富，但复原的不算太多；有些器物是画图复原，不一定准确。有些器物型式的划分不尽合理，希望以后有所改进。

　　从报告中可以看出，尽管是抢救性发掘，地层的划分和遗迹单位的清理还做得比较仔细，整理时对出土器物又经过认真细致的分析与排比，因此在文化分期和文化特征的把握上也都做得不错。

　　南交口的仰韶文化遗存可以明显分为三期，其中第一期分布于第一区和第二区，第二期分布于第三区，第三期仅分布于第一区的西部一隅。三者之间没有发生叠压打破关系。从文化特征看，第一期大致相当于三里桥仰韶文化一期，但内容要丰富得多；第二期相当于庙底沟的仰韶文化；第三期则相当于山西芮城西王村仰韶文化晚期，即所谓西王村类型的遗存。报告对各期遗存进行了仔细的分析。特别是对第一期和第二期的分段比以前的研究更为细密。具体说第一期本身又细分为三段，发展脉络清楚。报告将其同周围大致同期的遗址进行比较后，认为它是与半坡类型基本同时而文化特征有别，主要分布于半坡类型之东的晋南豫西的一种地方类型即东庄类型，是完全正确的。我过去在提出东庄类型的名称时，限于资料太少，内涵和外延都难以准确地把握，只是看到与半坡类型有明显区别，又有各自的分布区域，自不应简单地归入同一类型。南交口的发掘不但大大充实了东庄类型的内容，而且本身发展脉络和分布区域也比过去远为清晰。报告将该遗址仰韶文化的第二期遗存本身更细分为三期六段，发展脉络也更加清晰。将其与庙底沟和西阴村等遗址的仰韶文化遗存比较，毫无疑问是属于庙底沟类型的，但其早期比庙底沟和西阴村的早期还要早些，与第一期的第三段已经十分接近。如果把东庄村的仰韶文化遗存插入，从第一期到第二期就基本上没有缺环了。为了更清楚地说明第一期和第二期之间，也就是东庄类型和庙底沟类型之间的关系，报告的作者在结语中还从六个方面进行了全面的论证，证明庙底沟类型就是从东庄类型发展而来的。在发展过程中有大量因素的继承，也有部分旧因素的淘汰或改造，还有若干新因素的产生以及周边文化类型的影响。这是任何考古学文化发展过程中常见的现象，因此两者应该是属于同一文化的两期，即仰韶文化的早期和中期，而不是分属于两个文化。至于比东庄类型更早的枣园和东关一期文化遗存，有的学者认为是庙底沟类型的源头，并以此来论证半坡类型或半坡文化与庙底沟类型或庙底沟文化是平行发展的。但枣园一类遗存与庙底沟类型中间隔了一个东庄类型，自然不可能是直接继承和发展的关系。何况东关一期之后的东关二期就属于东庄类型而不是庙底沟类型。由河南省文物考古研究所发掘的灵宝董寨遗址主要是与东关一期相同的文化遗存，紧接其后的乃是东庄类型的早期而非庙底沟类型。南交口遗址的发掘与研究在这个问题上的明显进展，应该是一个重要的收获。至于仰韶文化以后的二里头文化和战国—汉代墓葬的资料也很重要，特别是汉墓的资料很有特色，这里就不多加讨论了。

作为一个考古报告，应该全面如实而准确地反映田野工作和室内整理研究的成果，这一点本报告基本是做到了，而且做得很细致、很认真。但考古报告的编写应该在满足上述要求的前提下，还要力求简洁洗练，表达明确，逻辑严密顺畅，文字、表格、插图和图版要相互配合，相得益彰。既要全面，又要重点突出，不能轻重不分地一例对待；特别要避免不必要的重复。在这方面，本报告的编写是有缺点的。例如有许多灰坑只挖了一小部分，仍然画平面和剖面图，列出土器物登记表，还有出土器物的插图，而这些器物在总的出土器物的描述中都已详细介绍，明显是重复，显得非常烦琐。其实有些重要灰坑在介绍遗迹时就可以连带介绍出土器物，一般没有做完或保存状况不好的灰坑就不必反复的记述，那样既不能准确说明灰坑的形制，也不能反映其中堆积的整体状况，作为器物共存单位也不完整，有个包括出土器物栏目的比较详细的灰坑登记表和遗迹总平面图就可以了。至于个别有特殊情况的当另作别论。早年有些考古报告因为写得太简单而受到批评，近年来注意纠正这个缺点是好的。但是有些报告走过了头，弄得很烦琐，浪费大量篇幅，关键问题反而没有交代清楚，是不足为训的。

（原载河南省文物考古研究所编著《三门峡南交口》，科学出版社，2009 年）

《中国古代装饰品研究》序

秦小丽博士新著《中国古代装饰品研究》即将付梓，我把书稿通读之后，感到这是一部很有分量的力作，值得向学术界和广大公众推荐。

这里所说的装饰品仅限于人体身上戴的、挂的、套的、插的、坠的以及在衣服上穿缀的等等，总之是与人的身体密切相关的。不是指一般性的装饰品，比如房屋里的或作摆设的装饰品就不包括在内。日本人叫作装身具可能更确切一些。

人类天生有爱美之心，所以从很早的旧石器时代晚期（大约距今一两万年）起，就开始用美丽的贝珠等挂在颈上或戴在头上。其中有些除了觉得美丽以外，还可能有护身符的意义。随着经济文化的发展，装饰品的种类、材质和加工技术不断有所发展，装饰品的功能也不断发生变化。不同地区和不同民族逐渐形成不同风格的传统，这使得装饰品的研究具有越来越丰富的内容而为广大公众所关注。

本书具有如下特点：

一是资料全面翔实。作者收集了中国新石器时代至夏商时代考古发现并经正式发表的全部装饰品，分为发饰、腕臂环饰、耳饰、串饰和佩饰等，每类又按照材质和具体形态，进行仔细的分析和研究，找出每类饰品的基本特征和发展规律。这在以前的相关著作中是没有先例的。过去的一些研究往往是单项的或举例性的，难于从中窥视不同时期不同地区装饰品的全貌。

二是特别关注装饰品的地区性差别，将全国分为六个大区，实际上代表着六个不同的装饰品风俗和艺术传统。作者用高度概括又十分精练的语言表达六大传统的特色，说西北地区是源于黄土的自然审美情趣和朴素的艺术表现，东南地区是源于蔚蓝色江河湖海滋养的晶莹美玉和尽显华贵的装饰情趣，中部地区是从单一的装饰品到接纳吸收不同特色装饰品的魅力型地区，北方地区是源自砂石与黑土之间的平衡与粗犷之美，长江中游是南北东西文化碰撞中结出的一朵奇葩，南方地区是游离中原主流文化之外独具个性的差异美。每个大区的具体分析都是十分详尽和精彩的。

三是特别注意装饰品的出土状况和在图像资料中所见装饰品佩戴的情况，尽可能正确复原各类装饰品的功能和使用方法，做到有凭有据而不是仅凭主观的推测。

四是在充分注意装饰品的美学和装饰价值时，还特别关注它的社会功能，包括礼仪和个人身份的体现、某种荣誉的象征或作为护身符等宗教的含义，某种装饰品究竟具有何种意义则需要具体问题具体分析，不能一概而论。书中有关部分的分析都是很有分寸和实事求是的。

五是总结装饰品研究的历史，分析取得的成绩与不足。一方面充分尊重和吸收前人研究的成果，另一方面又开拓新的思路和研究方法。这其实是任何研究都必须做到的，但在现在学术界一片浮躁空气的情况下而能够坚持这样做，却是难能可贵的。

我想一部著作能够做到以上五点是很不容易的。从某种意义来说，本书实际上开辟了一个新的研究领域，对于考古学、民族学、美术史、服装史的研究和装饰品设计都是有重要参考价值的。希望此项研究今后有更大的发展。

秦小丽是考古学科班出身，多年从事田野考古和研究工作。不但相关考古资料十分熟悉，而且善于运用类型学和定量分析的方法，扎扎实实而不尚浮词。同时由于她多年在国外学术机构工作，现在是加拿大多伦多皇家安大略博物馆世界文化部的客座研究员和日本奈良文化财研究所的客座研究员，对国外学者的研究也相当熟悉。这使她的研究视野开阔而具有鲜明的特色，相信会受到广泛的欢迎。

（原载秦小丽著《中国古代装饰品研究》，陕西师范大学出版社，2010 年）

谭家岭：收获和悬念

谭家岭遗址位于石家河古城址的中心部位。1982年湖北省博物馆曾经进行过试探性发掘，发现有大溪文化（即油子岭文化）、屈家岭文化和石家河文化依次叠压的地层关系。据说探方底部还发现有类似城背溪文化的绳纹陶片，但资料一直没有整理发表。

1987年，由北京大学考古学系、湖北省文物考古研究所和湖北荆州博物馆联合组成石家河考古队，决定对整个石家河遗址群进行有计划的勘探、发掘与研究时，即考虑到谭家岭遗址的重要地位，并确定为首先发掘的三个地点之一。但由于这个遗址的大部为现代村落所覆盖，无法进行大规模布方，只好采取试探性的发掘方式。1989年秋进行的第二次发掘也仍然是试探性的。两次发掘的总面积才465平方米，虽然不大，还是对这个遗址有了进一步较实际的认识。我们开始发掘谭家岭时并不知道有一个石家河古城，只是知道它在整个石家河遗址群中处在比较适中的位置，并有不同时期的文化堆积。我们调查时还看到地面上到处暴露出史前房屋被烧毁的残迹——红烧土。遗址面积大约有20万平方米，是整个遗址群中最大的一处。由此可见这里应该是一处重要的大型聚落遗址。等到1990~1991年全面调查的过程中确定石家河古城及其大致的布局之后，谭家岭遗址的地位就显得更为突出了。

两次试掘的收获主要有两条：一是基本弄清了谭家岭遗址连续发展的历史。发掘报告将谭家岭遗址的文化遗存分为六期，前三期属油子岭文化，后三期分别为屈家岭文化、石家河文化和后石家河文化。我们注意到在整个石家河遗址群中，油子岭文化仅见于谭家岭遗址。到屈家岭文化和石家河文化时期，随着古城的修建而有了巨大的发展。根据赵辉和张弛对石家河遗址群的调查，在32个遗址中，发现有屈家岭文化遗存的10处，有石家河文化遗存的22处，另有拟似的4处，有石家河文化晚期即后石家河文化遗存的13处（参见石家河考古队：《石家河遗址调查报告》，《南方民族考古》第五辑，1992年）。谭家岭遗址则一直处在中心的位置，其规模也明显是一个大型的中心聚落。

油子岭文化一名是近年来才正式出现的，张绪球过去称为大溪文化的油子岭类型，见所著《长江中游新石器时代文化概论》（湖北科学技术出版社，1992年），其中发表了谭家岭的部分资料。这次经过全面整理，内容可以看得更清楚了。油子岭文化分布的范围不大，从已知的各个遗址的关系来看，谭家岭实处在近乎中心的位置。出土遗物中那种薄胎米黄地饰黑彩的陶碗等是所有遗址中数量最多和最精致的，那种似宝塔形的盖纽不但数量多，形态变化也多，颇富艺术造诣，非常引人注目，说明谭家岭遗址在当时已然是一个中心聚落。屈家岭文化和石家河文化的分布范围比油子岭文化大得多，此时的经济文化有了显著的发展，战争开始成了难以逃避和普遍关切的社会问题，各地相继筑起了防卫性的土城，其中规模最大的就是石家河古城。而谭家岭则是这个古城的心脏。1987 年和 1989 年的两次发掘因为面积太小，并没有涉及最重要的位置，也就没有发现大型的宫殿式建筑。但也不是没有露出一点迹象。我们注意到在二区发现的 7 座属于石家河文化的房基中，已有分间式房屋，第 8 号和第 10 号房屋已用土坯砌墙，这在当时是很先进的技术。第 10 号房屋的东墙厚达 0.8 ~ 0.9 米，已不是普通住房的规格。更值得注意的是这座房子的隔墙往西打破了另一座未编号的房子，后者虽只露出一小段墙壁，厚度却达到 1 米，显然是一座更大的建筑。可惜因发掘面积有限，没有继续追索下去。但就是这一点线索已足以说明谭家岭确实有重要的大型房屋，那多半是殿宇一类的礼制性建筑。与此相适应的高等级大墓应不在谭家岭而可能在稍远的某个地方。这都是给我们留下的重要悬念！

我们本来打算在肖家屋脊和邓家湾的发掘报告整理出版之后，再集中精力对谭家岭进行较大规模的发掘，以便更加确切地了解它的具体情况和所达到的发展水平。可是北京大学不久就把考古实习的重点转移到了河南邓州八里岗，无暇同时顾及石家河了。这一晃就是十几年，谭家岭发掘的资料只好坐了十几年的冷板凳。感谢原荆州博物馆馆长和石家河考古队副队长张绪球先生在其退休之后毅然担当了资料整理和编写报告的重任。读者从报告的内容可以大致了解谭家岭遗址的分量和学术价值。毕竟因为发掘面积有限，整个谭家岭的真面目还没有完全揭示出来。我想这个报告应该是未来进行全面发掘和研究的序曲，好戏还在后头。现在的关键问题是要保护好这个极其重要的遗址。希望有关方面采取更加有效的措施，是所至盼！

（2011 年 8 月 10 日于蓝旗营蜗居，原载湖北省荆州博物馆、北京大学考古学系、
湖北省文物考古研究所编著《谭家岭》，文物出版社，2011 年）

咸头岭遗址与咸头岭文化

深圳咸头岭遗址是1981年发现的,从1985~2006年起先后进行了五次发掘。前四次由深圳市博物馆负责,第五次由深圳市文物考古鉴定所负责并联合深圳市博物馆共同发掘。从第四次起开始改进发掘方法,第五次则完全按照新的方法进行发掘,解决了沙堤遗址地层容易崩塌的难题,从而获得了足以明确进行文化分期的重要成果。本书的上篇就是2006年进行的第五次发掘的考古报告,下篇则是若干专题研究和相关问题的讨论。

咸头岭遗址位于大鹏湾东北部的迭福湾,那里有三道与海岸平行的沙堤,一级比一级高。其中第三道也是最高的一道沙堤是在七千多年以前全球大暖期形成的。那时海平面比现在高2~3米(一说高3~5米),海浪潮汐和台风把海沙涌到岸上,就形成了沙堤。以后海平面略有下降,又形成了第二道和第一道沙堤。最早的人只能住在第三道沙堤上,等第二道沙堤形成后,大部分人搬到了接近海边的第二道沙堤,一部分人还留在第三道沙堤上,从而在两道沙堤上都留下了丰富的史前文化遗存。

第一至第三次发掘都在第二道沙堤上,第四和第五次发掘移到了第三道沙堤上。由于采取了固沙的办法,地层划分得比较清楚,发现至少有五个时期的堆积,被归纳为三期五段。各层文化堆积之间还有两个间歇层,大概是大台风或海啸把人赶走了,形成了短期的自然堆积层,直到以后的人搬回来居住,才又形成新的文化层。用咸头岭的分期作为标尺,大致可以将整个珠江三角洲同一时期遗址的相对年代划分清楚。

在珠江三角洲和附近岛屿上的史前遗址中,最接近咸头岭的是香港龙鼓洲遗址。那里出土的陶器大致可以分为五组。前四组分别相当于咸头岭的一至四段,第五组不出彩陶,年代应晚于咸头岭第五段,已不属于咸头岭文化的范围。只是这个遗址的地层并没有咸头岭划分得那么清楚,将来或可再度发掘以进行验证。可以对咸头岭地层进行部分验证的是东莞蚝岗。那里的文化遗存可以分为三期,其中第二、三期分别相当于咸头岭的第四、五段,第一期早于咸头岭第四段而晚于咸头岭第三段,正好填补了咸头岭遗址的一个缺环。与蚝岗第一期特征相同的还有珠海后沙湾和中山龙穴等若干遗址。其他大多数遗址的文化层比较单纯，多只相当于咸头岭遗址的某一段或两段。因此咸头岭遗址乃是整个咸头岭文化中最有代表性的遗址。把珠江三角洲这个时期的文化遗存划分为一个考古学文化，理所当然地被称为咸头岭文化。关于咸头岭文化的年代，根据大量碳－14测量的年代数据进行综合分析，大致在距今7000~6000年。

这个文化有些什么特点呢？一是喜欢居住在海边或海岛上，所以整个珠江三角洲都有分布，也只分布在珠江三角洲地区和珠江口外的岛屿上。这样的自然环境决定了这个文化的居民比较习惯于水上交通，从事捕鱼或采集水生动物。沙堤的后面有潟湖和小河，可以提供充足的淡水，旁边依偎着有浓密植被的小山岗，可以狩猎和采集植物性食物。离咸头岭不远的大黄沙遗址还发现过粮食标本，说明也有少量的种植业。

二是在这个文化中没有发现纺轮，却时常发现一种刻槽的石拍。早期的石拍两面都有刻槽，而且较粗；晚期的石拍只有一面刻槽，却比较细密。香港中文大学的邓聪认为这种石拍是制作树皮布用的。树皮布曾经广泛地流行于东南亚和华南地区，海南岛不久以前还有人穿树皮布做的衣服。

三是普遍使用陶器，而且在造型和花纹上都很有特色。这个文化的陶器主要有三种，一是炊器，有釜和支脚，以釜为主，支脚有时以石块代替；二是饮食器，有圈足盘、豆和杯等，以圈足盘为主；三是盛储器，盛放食物或水，主要是罐，数量不多。釜多用夹砂陶，夹砂可以加快传热，并可以防止烧裂。釜的外面多饰绳纹，一方面在拍印绳纹时可起一定的加固作用；另一方面又可以增加受热面积，加快炊煮的速度。饮食器多用泥质或细泥陶，大多为米黄色，也有少量白陶和黑陶。上面常有美丽的刻划纹和压印纹，米黄陶上还有红色彩纹。

这个文化是怎么起源的，学术界有不同的看法。有的学者根据某些陶器的形制和花纹的比较，认为是从湖南西部的高庙文化或洞庭湖滨的汤家岗文化与大溪文化传播过来的，或至少是受到这几个文化的强烈影响；有的学者强调文化的特殊性，其中比较突出的是彩陶。咸头岭文化的彩陶花纹是红色的，彩带中常有刻划纹。而大溪文化的彩陶花纹是黑色的，彩带中不见刻划纹，花纹的样式也大不相同，因此主张本地起源说。如果是本地起源，在当地至今没有找到更早的文化遗存，只能是一种猜想。如果是湖南西部或洞庭湖滨传来的，中间缺乏合理的路线。汤家岗文化与大溪文化是以种植水稻为主的农业文化，已经学会纺纱织布，为什么要抛弃本业，不远千里来到海边，成天与海水打交道，以海产为主食，穿树皮布的衣服，过一种完全不熟悉的生活呢？这怎么也说不通。高庙文化尽管是以采集和狩猎经济为主，但所在的自然环境主要是山区的小河旁边。如果有势力向外发展，湖南西部和贵州等地有的是相似的地方，为什么要跑到遥远的海边来寻求发展呢？因此我曾经提出过另一种想法，再次提出来向学界请教。

大家知道在地质时代的更新世有一次大冰期，最冷的时候叫盛冰期，大约发生在

15000 年以前。那时全世界海平面比现在低 130 多米。中国的海平面据研究比现在低 154 米甚至更低。那时广东的海岸线要往南推进约 200 千米，珠江可能要流到现在的东沙群岛附近出海。由于天气寒冷，北方的人可能会往南迁移。原来海边的人也会跟着海岸的变迁而南移，现在的大陆架上应该有不少居民。等进入全新世，海面上升，海岸线向北退缩，海边的居民自然也要跟着退缩。所以咸头岭文化的居民，如果不是全部，也应该有相当部分是从南面现在的大陆架上一代一代地逐渐迁移过来的。他们还是喜欢住在海边，过着与内陆居民不一样的生活。只不过在海里无法进行考古工作（水下考古很难发现新石器时代的遗址），因此也无法得到证实，也是一种猜想，我希望是一个合理的猜想。至于他们的陶器，我相信是受到湖南高庙文化—大溪文化等持续的影响而发生和发展的，但不是简单的模仿，所以还有很多自己的特点，彩陶花纹就是一例。这问题自然还需要有进一步的发现与研究。

咸头岭遗址的第五次发掘规模并不很大但获得了比较丰硕的成果，受到学术界和公众的普遍关注，被评为 2006 年度全国十大考古新发现之一，并获得 2006～2007 年度国家文物局田野考古二等奖。在发掘工作结束后及时进行了资料整理，拼对复原了一大批陶器。对陶器的形制、纹饰、制作工艺和陶土来源等都进行了深入的研究。对石器的类别、形制和使用痕迹也进行了认真的观察和分析，特别是对石锛等使用—破损—再制作（主要是刃部）过程的研究是很精彩的。由于咸头岭遗址和整个咸头岭文化所处的特殊地理位置，所以对当时的生态环境、经济形态和人们的谋生方式的研究显得非常重要和必要，下篇的第五章在这方面也做了不少努力。由此可知本书是一部资料翔实而又有较深入研究的田野考古报告，是对华南史前考古研究的重要贡献。这样的报告能够在发掘后不到三年的时间内完成并付梓，实在是值得称道的。

（原载深圳市文物考古研究所编著《深圳咸头岭——2006 年发掘报告》，

文物出版社，2013 年）

《仙人洞与吊桶环》序

1993 年和 1995 年，一个由中美双方学者组成的联合考古队，对江西省万年县仙人洞和附近的吊桶环遗址进行了比较精细的科学发掘，1999 年又由中方进行了补充发掘，获得了重要的成果。我当时忝列中方队长，实际工作主要由副队长、江西省文物考古研究所所长彭适凡先生和美方队长马尼士博士（Dr. Richard S. Macneish）担任。参加工作的人员主要来自北京大学考古学系、江西省文物考古研究所和美国安德沃考古研究基金会（AFAR），还有其他相关部门的学者，专业范围涉及史前考古、农业考古、环境考古、植物考古、动物考古、石器研究、陶器研究和年代测定等众多学科。就一个考古学课题实行中外合作和多学科合作，在当时还很少见，引起了各方面的关注。

其实仙人洞的考古工作并不是在这时才开始的。早在 20 世纪 60 年代初，江西省的考古工作者就曾经进行过两次发掘，首次发现了具有明确地层关系的新石器时代早期遗存。只是限于当时的水平，一时间尚未取得学术界的普遍认同。后来在长江流域不断发现史前时期的稻作农业遗存，年代越来越早，吸引了国内外学术界的眼球。看来稻作农业的起源中心很可能就在长江流域，只是还需要进一步做些工作。1991 年在南昌召开了首届农业考古国际会议，有不少外国学者参加，其中就有马尼士先生。马尼士是著名的农业考古专家，曾经长年在墨西哥等地从事农业考古研究。对玉米种植的起源和发展做出了杰出的贡献。在世界三大农业起源中心中，西亚的小麦种植起源中心和美洲的玉米种植起源中心，都已经比较清楚，得到了学术界的公认。稻作农业的起源中心自然成了学术界关注的焦点。与此相关的还有陶器的起源和中国旧石器时代何时向新石器时代过渡的问题。马尼士很想与中国学者合作共同探讨这些重大的学术问题。他在江西省社会科学院副院长、也是农业考古的倡导者陈文华先生的帮助下，实地考察了仙人洞等遗址，并正式向中国国家文物局提出申请，国家文物局提议由我出面联合组队，这就是此次中美合作进行考古研究的原委。

这次考古发掘与研究基本上取得了预期的成果。一是发现了从旧石器时代末期向新石器时代早期以至更晚时期连续叠压的地层关系，二是在新石器时代早期地层中发现了超过一万年的陶器，三是发现了超过一万年的从野生稻到可能是栽培稻的孢粉和植硅石遗存。后两者正好与同时期发掘的湖南道县玉蟾岩洞穴遗址的发现相印证。这一发现得到了相关部门的充分肯定，被评为 1995 年度全国十大考古发现之一，又进一步被评为"八五"期间（1991～1995 年）的全国十大考古发现之一。

　　仙人洞和吊桶环的考古工作一直得到当地政府和人民群众的热情关怀和支持，使我们的工作得以顺利进行。对于两个遗址的保护、周围环境的整治和积极向公众开放，相关部门的同志更是花费了许多心血，使我们深受感动。在正式考古报告出版之前，省政协又组织人力编辑这部资料丰富翔实的大型图册，从历次考古工作的经过、参加的人员、研究的方法和取得的主要成果，都表述得清清楚楚。让更多的人了解世界上有这么一个古老的万年县，那里有世界罕见的万年稻作和万年陶器，该是一件多么有意义的事情啊！

（2010 年 6 月 30 日于北大蓝旗营寓次，原载北京大学考古文博学院、
江西省文物考古研究所编著《仙人洞与吊桶环》，文物出版社，2014 年）

《贵南尕马台》序

　　许多人知道中国最早的铜镜出自齐家文化，但却很少有人知道这面铜镜是怎样发现的，在哪里发现的。事情的原委还应该从 1976 年说起。那年我带着学生在陕西周原进行考古发掘。上半年的工作结束后，考虑要给北大考古专业 76 级找一个进行基础实习的地点，我和当时任考古专业分总支书记的李志义同志于 7 月初到了青海西宁，与省文化局文物管理处联系，受到他们的热情接待。该处的考古队赵生琛队长和卢耀光同志介绍了青海考古遗址的情况，建议我们到共和去看看。共和又名恰卜恰，是海南藏族自治州的首府。在去共和的路上，我们先过日月山，山上立有一块标高海拔 3800 米的石碑。李志义觉得有些不舒服，明显是高山反应。我那时的身体也不好，反而没有什么不适的感觉。下山的坡度很陡，又没有明确的路，都是碎石。我们乘坐的是一辆布篷的北京吉普，摇摇晃晃，简直是滑下去的，非常危险。下山不久即过倒淌河。因为这条小河从东往西流入青海湖，跟大多数河向东流的方向相反，好像是倒着流淌的，故名。到达共和已是傍晚时分，当地文物干部帮我们安排住宿，晚上又按照藏族风俗为我们洗尘。他说贵南有些遗址不错，建议我们去看看。第二天出发，经沟曲、龙羊峡到达贵南。首先考察的是尕马台，那是一个小台地，台顶平坦，偶尔可见齐家文化的陶片和零碎人骨，估计是一座齐家文化的墓地。考虑学生实习不能只挖墓葬，接着又到附近考察了加土乎和高渠顶两个遗址，那里发现有马家窑文化、齐家文化和卡约文化等遗存。我想贵南已处在青藏高原的东部边缘，考古学文化也许会有一些特别的地方，值得探索一下，在这里进行实习应该是一个不错的选择。回到西宁后，我们与省方商定了合作的方案，省方还决定同时在发掘工地举办文物干部考古训练班。因为 1977 年我和俞伟超要留在学校负责考古进修班的教学工作，无法抽出身来。学校决定派李仰松、赵朝洪和高崇文等教师带领 76 级全班学生去青海进行基础实习，与省文物管理处考古队合作发掘尕马台等遗址，并举办文物干部考古训练班。发掘工作从 4 月开始，到 8 月才结束。我只是在 6 月初抽空去了一趟，了解实习的情况并看望大家。

　　这次田野考古实习获得了较好的成绩。在尕马台发掘了一处马家窑文化的遗址，清理出房屋基址、灶坑、灰坑、瓮棺葬及许多遗物。同时还发掘了一处齐家文化的墓地，其中大多数为俯身葬，比较特殊。那面饰有七角星纹的铜镜出在第 25 号墓中，这是非常重要的考古发现，《青海日报》1978 年 2 月 18 日曾有一个简单的报道。尕马台的资料整理和正式报告的编写延宕了很长时间，并且完全落在了青海省文物考古研究所的同仁身上。感谢任晓燕所长把这件事抓了起来，终于完成了《贵南尕马台》考古发掘报告。我想这份报告的出版，不但为甘青地区史前文化的研究提供了一份新的资料，也许还会引发某些新的思考。

（2015 年 6 月 12 日于北大蓝旗营，原载青海省文物考古研究所、
北京大学考古文博学院编著《贵南尕马台》，科学出版社，2016 年）

耄年耋月感言

欣闻文光弟要编一部大型的诗词唱和集，名曰《耄年耋月》，收录自己与两百位诗友相互切磋唱和的诗词作品，感慨良深。文光自小因家境艰困难于上学，小小年纪就参加繁重的农业劳动。他在劳动中自觉锻炼，感情奔放，常编快板与打油诗，得到朋友们的鼓励。从此更是锲而不舍，虚心向老伯等诗人学习写诗词，孜孜不倦，精益求精，写出了许多颇有水平的作品，成长为著名的农民诗人。他的诗都是从自己的劳动生活和社会实践中有感而发，有抒情，有感想，有歌颂，有针砭，内容十分广泛，不啻为当代乡村的大型画卷。屈指算来，我这位小弟已是进八秩的耄耋老者，却精力充沛，仍然焕发着青春的活力。《周易》中《象》曰"天行健，君子以自强不息"（乾卦）、"地势坤，君子以厚德载物"（坤卦）。文光一辈子就是自强不息，不断奋进，攻克无数的难关，取得了骄人的成绩；同时又厚德载物，胸怀宽阔，勇于担当社会责任，承办惠及民生的事业。更广交朋友，真正做到了以文会友，以友辅仁。这部诗词唱和集就是一个最好的见证，值得纪念，作为长兄也感到无上光荣。

（戊戌年冬月于北大蓝旗营寓次）

"中国盐业考古与盐业文明" 总序

2016 年，我和北大中文系李零教授向国家出版基金推荐了"中国盐业考古与盐业文明"的出版项目计划。这套学术著作包括有：《中国盐业考古》（李水城，北京大学）、《秦汉盐史论稿》（王子今，中国人民大学）、《长江上游古代盐业开发与城镇景观》（李小波，四川师范大学）、《中国古代盐道》（赵逵、张小莉，华中科技大学）、《滇藏地区的盐业与地方文明》（李何春，广西师范大学）。以上几位作者分别从考古学与民族志、历史学与古文献学、交通史、历史地理学、文化遗产线路、文化人类学的不同视角对中国古代的制盐遗址、制盐生产及工艺技术、盐政及与盐有关的贸易通道、城镇发展、盐业产区的景观环境、文化习俗等进行了广泛、深入的研究，可以说是全方位地对中国盐业发展的历史和研究进行了全面系统的展示。最近，这套学术著作即将出版，这无论是对学术界还是出版界都是一件前所未有的喜事，我也借此机会表示衷心的祝贺！

盐是人类日常生活的必需品，看似极为普通，但却是维系地球生命繁衍生存的重要元素，其作用就犹同空气、粮食和水一样。对于人来说，盐的重要性还体现在以下四个方面：即维持胃液的酸碱平衡，调解血液中的碱度，维持心脏的跳动和肌肉的感应力。由此可见，盐对人的生存和健康是何等重要！

盐的重要还体现在它关乎国计民生，是国家财政的支柱和赋税的来源。因此，中国历朝历代都将盐当作战略资源来掌控。先秦时期，齐国的"管仲相桓公，霸诸侯，一匡天下"（《论语·宪问》）；汉武帝时，桑弘羊发表了著名的《盐铁论》，在朝廷引发一场大讨论，最终将盐、铁视为国家的经济支柱；盛唐一代，盐税几占国家财政收入的一半；宋代以后，更是将盐税全部收归国有。由此不难看出，"盐"对一个王朝、一个国家的社会安定和政权稳固是多么重要，也无怪乎中国古人很早就将盐视为"国之大宝"。

中国古代已有池盐、井盐、海盐和岩盐的开采。传说古代山东沿海的"宿沙氏煮海为盐"。宿沙氏一说为黄帝臣，或说是炎帝诸侯。总之，早在新石器时代人们就知道采卤制盐了。四川出土的汉代画像砖还有开采井盐的生动画面。但过去传统研究盐史和盐文化主要依靠文献记载，多有局限。盐业考古是我国近些年来才有计划开展起来的新领域。较早的工作从长江三峡起步，特别是重庆忠县中坝遗址的发掘。接下来在黄河三角洲的莱州湾地区发现大量煮海盐的遗迹，据说数量多达 700 余处，规模巨大。此后，又在全国其他地方陆续发现不少制盐遗址。以上工作的绝大部分是在北京大学考古文博学院李水城教授的主持下进行调查和发掘的。其中，有些是与国外学者合作，有些是与相关学科的科技工作者协作研究，可以说是国际合作和多学科协作的成功典范。李水城教授和罗泰教授还在此基础上主编出版了几部《中国盐业考古》文集，在《南文文物》组织"盐业考古"专栏，向学术界和公众介绍中国盐业考古的发现和研究，所取得的诸多成果已引起国内外学术界的广泛关注和高度评价。

正是由于盐业考古的出现和迅猛的发展势头，不仅迅速填补了中国盐业考古的长期空白，在中国考古学中建立了盐业考古这一分支学科，也极大地推进了中国盐业史和盐文化的研究。在即将出版的"盐业考古与盐业文化"这套著作中，李水城所著《中国盐业考古》一书不但对中国盐业考古做了全面介绍，同时也介绍了欧美与亚非拉等外国盐业考古的情况和有关人类学的调查研究，可作为中国盐业考古比较参考。相信这套著作的出版，对中国历史、盐业史乃至整个中国经济发展史、科技史和文化史的研究起到重要的推进作用，也将进一步显示出盐业考古这一非常具有潜力的新兴研究领域的重要价值。

（2019 年 5 月 10 日）

我的仰韶文化研究之路

韩建业　程鹏飞　李金涛　王月梅　采访整理

仰韶文化是中国第一个被发现和命名的考古学文化，自 1921 年发现至今已经有 90 多年的研究历史。同时，她历时两千多年，占据中国腹地，历史地位至关重要。从某种意义上讲，仰韶文化就是中华文化的象征，仰韶文化研究史就是中国考古学研究史的缩影，仰韶文化的研究水平也代表着中国考古学的研究水平。本着抚今追昔、继往开来的目的，我们对仰韶文化研究的资深研究者严文明先生做了一次专访，严先生的叙述，引领我们回顾了仰韶文化研究的坎坷历程，触摸了仰韶文化研究的巨大成就，感受了仰韶文化的灿烂辉煌。

仰韶文化发现已 90 多年，值得怀念的第一个人就应当是仰韶文化的发现者安特生。但这样一个人却曾经被骂作"殖民主义和帝国主义的帮凶"，是严文明先生首先对他做了"平反"。

关于安特生，我在仰韶文化发现六十五周年纪念的时候做了一个比较全面的评价。当时是有感而发，因为不少人说他是"殖民主义和帝国主义的帮凶"。我从安特生的经历和他在中国所做的工作对他进行了评价。他是北洋政府聘请的矿政顾问，资深地质学家。他到中国以后，应该说也是中国地质学的奠基人之一，"马兰黄土"就是他发现并命名的，周口店遗址也是他最先发现的。安特生这个人不能否定，如果否定安特生，不但仰韶文化的历史没法写，中国田野考古的历史也没法写。那是中国田野考古的开端，他是奠基人！他对中国古代文化非常尊崇，跟西方那些借探险名义盗掘中国文物的人大不一样。

1921 年安特生对仰韶村遗址进行发掘，之后很快就出版了报告《中华远古之文化》。安特生在书里提出了一个重要观点，认为仰韶文化就是"中华远古之文化"，而且是汉民族祖先的文化。仰韶村遗址的发掘是中国第一次正式的田野考古，标志着中国考古学正式诞生；中国考古学从一开始就在探索中国文明的起源，这和我们今天正在进行的课题扣得多么紧！

对于仰韶遗址，安特生自己觉得最没有把握的就是那些彩陶。后来他请教了一些欧洲的考古学家，他们说很可能就是从西边传到中国来的。但安特生只是说河南的彩陶跟（中亚）安诺的有"出于一源"之感，而不能确定到底是从中国传到中亚，还是从中亚传到中国。安特生想到，如果要是西边传来，就应该有个通路，应该到后来"丝绸之路"的要道甘肃去做考古工作。后来他到甘肃做了很广泛的调查，收集了很多彩陶，给他的印象是甘肃彩陶发达得不得了。于是他才在《甘肃考古记》里面提出，彩陶有可能是"西来"的。他还将甘肃的文化排了六期，第一期是齐家，第二期是仰韶，也就是马家窑、半山这类遗存，第三期是马厂，第四期是辛店，第五期是寺洼，第六期是沙井。

我们现在当然可以说，他的"彩陶文化西来说"不对，分期排得不对。但是不是就因为这个要对安特生口诛笔伐呢？就说他的推理过程中有民族偏见呢？不能这样！我们要知道，当时西方的田野考古也不是很发达，对"彩陶文化"的研究也不到位。比如说，俄罗斯的赫沃伊科就曾提出特里波列的彩陶从中国而来的"彩陶东来说"。所以，无论是"西来说"，还是"东来说"，这都是在考古学刚开始起步时构建的某些假设。真相如何，应该通过进一步的田野工作解决。何况安特生就在甘肃这么"跑"了一趟，也没怎么发掘，竟然能够把这些东西排比出六期，只是把仰韶齐家颠倒了，其他都正确，太不容易了！

1937 年安特生再次来到中国，尹达等就拿出他们自己在后岗、大赉店等遗址发现的"彩陶在下、黑陶在上"的情况质问安特生。安特生回去后仔细检查他的笔记，觉得没错啊，仰韶村的最下面就有黑陶，上面也有彩陶。实际上这表明安特生对于考古学地层当时还没有认识清楚。直到 1951 年夏鼐先生到仰韶村试掘的时候，对地层也还是没有完全认识清楚，仍然得出了"混合文化"的结论。这都是学科发展过程中难以避免的事情，不到证据很明确的时候，不到方法比较完善的时候，很难得出正确的结论。

安特生对中国有非常深厚的感情。日本发动侵华战争后他还专门写过一段话，他说他相信中国这么一个伟大的民族，会取得最终的胜利。而且在诸如"西来说"这类的问题上更是反省说，"当我们欧洲人在不知轻重、缺乏正确观点的优越感和偏见的影响下，谈到什么把一种优越文化带给中国的统治民族的时候，那就不仅是没有根据的，而且也是丢脸的。"他都这么检讨了，我们还能说他是"帝国主义者""殖民主义者"吗？

新中国成立以后仰韶文化的重大发现首推西安半坡。严文明先生对半坡遗址的得与失进行了客观评价。

1954～1957 年进行的半坡遗址的发掘，由石兴邦先生主持。半坡遗址是第一次对一个仰韶文化的村落遗址进行大规模发掘，在中国的新石器时代考古研究中占有非常重要的位置。而且是分了探方发掘的，在田野工作方法上有一些进步。半坡遗址以一个聚落的概念去发掘一个遗址，还明确提出来要研究当时的社会，《西安半坡》发掘报告副标题就是"原始氏族公社聚落遗址"。报告里面还讲了氏族有多大的规模，等等，想得很多。只是这个遗址地层关系很复杂，遗迹遗物很丰富，发掘缺乏经验，工作没有跟上，这都是考古学发展的早期阶段难以避免的事情，不能过于苛求。

那时候流行学习苏联，苏联有个模板就是特里波列遗址，石兴邦先生还特别把特里波列遗址的发掘方法翻译出来，发表在当时的《考古通讯》上。半坡遗址的发掘基本上就是按照特里波列遗址的发掘方法来进行的。当时主要从一个基本的理念出发：特里波列是母系社会，仰韶文化也一定是母系社会；半坡遗址是个仰韶文化的聚落遗址，一定也是个母系社会的聚落；特里波列的房子是围成圆圈的，那半坡的房子也一定是围成圆圈的。《西安半坡》发表的平面图，实际上看不出来构成一个圆圈，但是在书里面描述的是周围一个圆圈，中间一座大房子。

半坡遗址也分了早期、晚期。其实一开始并没有分期，夏鼐先生看过这个报告的资料，觉得肯定有早有晚，所以后来编写报告的时候就分了期，但并没把资料具体分清楚。地层划得很细，但还没有找出利用和研究这些地层的办法，特别是还不知道利用打破关系来进行分期研究。

严文明先生对仰韶文化的研究主要始于王湾遗址的发掘，他根据清楚的地层关系对王湾遗址进行了细致分期，建立了仰韶文化年代标尺。

北大对王湾遗址的发掘，是在元君庙和泉护村遗址发掘的基础上进行的。

看一个东西，应该拿单纯的去甄别复杂的，不能反过来。元君庙遗址是单纯的半坡类型遗存，泉护村一期是单纯的庙底沟类型阶段的遗存，一看就清楚。而半坡遗址有好几个时期的遗存，当时没有分清楚。

当时在泉护村遗址挖出了很多东西，学生觉得头大。正逢苏秉琦先生去了工地，就让他们拿几个典型的灰坑进行排比。排比的结果，苏先生把那些最经常出现的、前后发展有序的器物，一共分了四类八种，分了三期。然后学生拿了这个标准逐坑去核对，百试不爽。这就是坚持地层学和类型学相结合的结果。

我是1960年参加王湾遗址发掘的。王湾遗址的特点是延续时间特别长，打破关系特别复杂。相当于仰韶文化这个阶段的，我细分了两期六段。前面是邹衡先生带的队，他已经把新石器时代分了三期。王湾实习以后，我们又到伊洛地区调查了很多遗址，有的遗址还做了试掘，这样就等于把伊洛地区的仰韶文化、龙山文化，一直到后面周代这个阶段的遗存都建立了一个非常详细的年表。

严文明先生以基于王湾遗址建立的标尺，结合每个遗址的地层关系，逐个厘清了仰韶、半坡、庙底沟等重要遗址的年代分期，为探讨半坡类型和庙底沟类型的关系奠定了基础。

"王湾一期"，我把它分了两段，前段和半坡的很像，后段和庙底沟一期的很像。王湾的地层非常可靠。有一座遭火毁的房子，房顶把房子里面都盖上了，里面有两个小孩躺在"床"上，旁边还有好几件器物。器物看上去跟半坡的不完全一样，但是时代风格差不多，特别是两个"杯形口"尖底瓶。这座房子上面有五六个打破屋顶的瓮棺，瓮棺都是"双唇口"尖底瓶。拿这个一比庙底沟和半坡，谁早谁晚就很清楚了。

"王湾二期"，我把它分了四段，前三段和半坡遗址的晚期很像，最后一段和庙底沟二期的很像。这个"王湾二期"里面就包括所谓"庙底沟二期"，所以我就不认为"庙底沟二期"是"龙山早期"，也不赞成叫"过渡文化"。

回头再翻安特生仰韶村那个报告——《河南史前遗址》，就可以一段一段非常清楚地把它们分开来。因为仰韶村的仰韶文化遗存更接近洛阳这边而不是接近西边的，所以很好分。我还利用王湾分期的经验，将半坡遗址的仰韶遗存分为早、中、晚三期，认为只有早期才属于半坡类型，中期则属于庙底沟类型，而晚期可称之为半坡晚期类型。在分期的基础上观察房屋等遗迹布局，会发现三个时期的村落都不直接连续，哪里存在什么延续了1000多年的"原始氏族公社聚落遗址"!

1956~1957年发掘了河南陕县庙底沟遗址，发掘者大致区分出庙底沟的遗存和半坡的不一样，据此提出（仰韶文化可分为）庙底沟类型和半坡类型。我当时觉得不是两个类型那么简单。因为什么呢？1957年我还是个学生，在邯郸实习的时候我们调查了上庄、韩庄等遗址，和后来所谓"后岗类型"的东西是一类；我们在发掘邯郸涧沟的时候，也清理了一下旁边的百家村遗址，发现了后来所说的"大司空类型"的遗存，这两类遗存和半坡、庙底沟很不一样。在当时观念下，那都是仰韶文化。这样"仰韶"就不是两个，显然用半坡、庙底沟两个类型概括不过来，这是我最早的一个认识。

20世纪60年代初，严文明先生在仰韶文化研究中发展出一套逻辑清晰、行之有效的分期方法，对此后的考古研究深有影响。

我研究仰韶文化的方法在《略论仰韶文化的起源和发展阶段》这篇文章中有集中体现。我是以对单个遗址的分期作为研究基础的，弄清每个遗址分期后再归纳出小区分期，最后归纳出整个文化的分期。遗址的分期可以很细，小区的分期可以粗一点，大区或文化的分期就应当更粗。

我把仰韶文化的第一期叫半坡期，地方差异还较大；但第二期即庙底沟期统一性就增加了很多；第三期也就是仰韶晚期，明显有分化趋势；第四期分化更大。从这个过程可以看出仰韶文化是怎么发展变化的，内部机制是什么，外部原因是什么。比如说仰韶第三期的时候，大汶口文化的因素就进来了。如果对仰韶文化分期本身没有弄清楚，外面的文化怎么影响就说不清楚了。这样避免了两个误区：一是避免了"外因论"，仰韶文化前后发展清清楚楚，不是西来的，也不是南来的、北来的；二是避免了"孤立发展论"，当时很流行这个理论——尽管没有用这个词表述。其实这个问题苏秉琦先生早就已经涉及，他讲到过仰韶文化同大汶口文化、屈家岭文化的关系。

这样，我们就看到一个文化在发展过程中会有范围和地方类型的变动，这就是内部的矛盾运动，这么分析才能把文化的发展弄清楚。所以我把这篇文章拿给苏先生看的时候，苏先生说"你找到了一把研究新石器时代文化的钥匙"，"应该把这个方法推广到全国新石器时代文化的研究中去"。

20世纪五六十年代也掀起过对仰韶文化社会性质的讨论，严文明先生对于通过墓地讨论母系氏族社会还是父系氏族社会的做法有自己独到的见解。

我从来不相信仰韶是母系社会、龙山是父系社会的说法，因为当时提供的证据没有一项能说得通的。比如，有人说半坡152号墓是一个"女孩"厚葬墓，所以当时是母系社会。可实际上四岁的孩子是判断不出性别的。而且退一步讲，那么多墓，女孩应该不止一个，其他人怎么没有被"厚葬"？

从理论上讲我也不相信那些关于母系氏族的提法。比如有人说我国纳西族是典型的母系社会，台湾的高山族和美洲的印第安人也是。我仔细分析，发现纳西族、易洛魁里面都有父系社会；摩尔根写文章的时候，易洛魁绝大部分就已经是父系社会了，只是传说中以前有母系，台湾高山族也是如此。根据西方人类学家做的很多调查，母系社会当然是有，但它并不代表一个阶段。

在《甘肃彩陶的源流》一文中，严文明先生清楚地展现了彩陶文化自东向西渐次拓展的生动图景，澄清了"仰韶文化西来说"的错误。

1963年我带几个学生到甘肃去调查实习，发现雁儿湾和西坡岰遗址的资料非常重要。雁儿湾的一个灰坑，出土了三十几包陶片，彩陶占相当大的比例。我们花了很多精力拼对陶片，复原了不少器物。雁儿湾和西坡岰遗存很像，仔细分析发现，西坡岰里有一部分东西和雁儿湾的一样，有一部分不一样。然后再看兰州的王保保遗址，又是一个样。这样我就把马家窑类型分了好几段。这个时候有人已经提出"石岭下类型"，我觉得它就是马家窑类型的前身。然后找半山类型、马厂类型，划定它们的分布范围。

我发现甘肃这些文化很明显一个个往西跑。半坡类型仅仅到了陇东，相当于庙底沟类型的遗存就到了甘肃和青海交界的地方，半山类型到了河西走廊，马厂类型到了河西走廊最西边的酒泉。这样排比下来，这不就是"东来说"吗？如果换其他人或许会写一篇批判"西来说"的文章。我不批判所谓"西来说"——因为那是学科发展特定阶段的产物。

另外，安特生曾经提出过一个观点，说马家窑彩陶是活人用的东西，半山彩陶是死人用的东西。我不相信。因为根据经验，死人用的明器风格还应该和活人用的一样，况且半山那么大的彩陶瓮不可能是明器。所以我就非得找一个半山遗址不可，后来就找到了断面有红烧土的青岗岔。在青岗岔的发掘，找到一座房址，里面有 12 件陶器，都是半山类型的，那么还能说半山类型的陶器就是给死人用的吗？

从对姜寨早期村落布局的研究开始，严文明先生对仰韶文化聚落形态进行了系统研究，揭示了仰韶文化社会发展的基本历程。

我觉得用聚落来研究社会比从家系（母系、父系）研究社会更可靠。不是从一个理念出发，而是从一些实际的资料看这个社会怎么演变。我特别讲，不要过分强调一个墓里面随葬品多几件少几件，主要看什么东西多。有的人贡献大，或者死的时候年成好，就可能给他（她）多埋点东西，不是有很多类似的原因吗？为何都往母系、父系上联系呢？

当时首先分析姜寨聚落，它基本上是个平等社会；整个半坡类型从墓葬上分析，基本上也是平等社会。但是到后来分化开始了，不但一个聚落本身里面有分化，聚落之间也有分化，所以有了中心聚落。"中心聚落"的概念可能是我先提出的。在中心聚落的基础上，后来又发现了一些城。我对城的分析，首先明确，城只是有围墙的聚落，关键得看城里面的内容，不是说有个"圈"就一定高于一般聚落。

研究聚落是为了研究社会发展，而社会的发展必须有生产的基础。对一个社会的发展影响比较大的是农业的产生，因此后来我就花了比较大的功夫研究农业，特别是研究水稻。研究水稻怎么起源、怎么发展、怎么演变，怎么达到一定的发展水平后来影响社会的进程。然后再看看世界上如西亚、埃及、美洲的社会是怎么发展的。

仰韶文化分布地域广大，20 世纪 80 年代以来出现了一种"肢解"仰韶文化的趋势，而严文明先生认为考古学文化命名应当慎重，应当尊重学术史。

现在一些人想"肢解"仰韶文化，废除仰韶文化的名称，另立新名，我不太赞成。第一，这个名字本身是历史形成的，已经成为历史了。第二，跟周围的文化比，仰韶的遗存无法归并到其他考古学文化中去。仰韶文化这一大块是客观存在的。

我经常喜欢举两个极端的例子。日本的新石器时代只有一个绳文文化，无非是把绳文文化分作早、前、中、后、晚，后来前面又加一个"草创期"；另外他们分了很多"式"，相当于我们的"类型"。而罗马尼亚很小一个国家，新石器时代到铜石并用时代有四十几个文化。那么到底哪个对？所以我就提出来两条：第一条，要尊重历史，就像一个人的名字，不能随便改。涉及仰韶文化的著作很多，国内外都在讲，忽然之间仰韶文化没有了，变成好多个别的什么文化，这样不好。第二条，仰韶文化下面可以有小文化，或者叫作亚文化。实际上马家窑文化也就是仰韶文化里面的一个亚文化；河套地区的叫"海生不浪文化"，也可以算是仰韶文化的亚文化。但是像"半坡文化"，既不是半坡类型，也不是半坡晚期类型，范围都不好界定。而所谓"庙底沟文化"的范围就是整个仰韶文化的范围，等于把一个文化里面的一个时期叫一个文化，没有必要，不如叫"庙底沟期"。

1986 年仰韶文化发现 65 周年的时候，严文明先生曾对仰韶文化研究做了很好的总结评述。今天他对近些年仰韶文化研究的主要进展也谈了自己的看法。

现在有的研究在推进，比如对仰韶文化的经济和生产水平的研究，对石器的鉴定研究，对与人有关的动物、植物遗存的研究等。在《灵宝西坡墓地》报告里面，涉及对墓葬人骨详细的体质人类学分析和食性分析，能够看出大墓中墓主人生前吃肉比较多，小墓的墓主人生前吃肉比较少，这些分析就非常好。我们以前无非就是从文化特征、类型等方面做一些大而化之的研究，现在科技考古概念引进以后，这种细致研究非常好。

在仰韶文化六十五周年讲话的时候，我就已经谈到这些事了。以前大家判断的农业工具，有什么证据？只是看着有点像不行，必须要有科学分析。这些事现在逐渐有人在做，是很好的趋势。另外就是早已经避免了用"母系"或"父系"那个框子去套仰韶文化的社会性质，注意了对聚落形态的研究。我想聚落形态这个概念现在已经很普及了，比如近几年河南灵宝西坡遗址和陕西白水下河遗址的大房子都做得很精细，都是在用一些聚落的理念去探寻，这都是很好的事。

（原载《中国文化遗产》2012 年 6 期，收入本书时删减了图片）

追回逝去的岁月

——访当代知名考古学家严文明先生

《中国社会科学报》记者　晁天义

作为新中国成立之后较早的一代考古学人，北京大学考古文博学院的严文明教授自 1958 年大学毕业后就工作在中国考古第一线。在半个多世纪的学术生涯中，严先生兼重考古教学、田野考古、学术研究与理论构建，先后主持、参加 20 多项田野考古和室内整理工作，发表论文近 200 篇，出版专著10 余部。严先生的研究成果主要分布于新石器时代考古和中国文明起源研究等方面，涉及考古学理论与方法、考古学史、文化谱系、聚落形态、文明起源、农业起源、环境考古、科技考古等诸多领域，在极大程度上代表和引领当代中国新石器时代考古学的发展方向。2012 年岁末，本报记者走进严先生书斋，倾听了严先生关于治学之道及若干学术话题的见解，感受到这位耄耋老人对于当代中国考古事业的浓郁情怀。

一　老一辈考古学家领我走上学术道路

记者：我们注意到您从 20 世纪 50 年代就开始从事考古学的学习和研究，请问是哪些原因促使您选择考古作为自己毕生从事的专业？

严文明：很多人都曾经向我提出过同样的问题，他们和你一样认为我自幼就是一个对考古学有特殊爱好的人。事实并不是这样的。实际上，一直到高中，我的课程中成绩最差的是历史（中学没有考古学），最好的是物理学。我最初的理想是做一个理论物理学家，因此高考志愿中填报的就是北京大学的物理学专业。不过我最初的理想落空了，后来被录取到历史系。当时的历史系下有一个考古教研室，苏秉琦先生是教研室的负责人。苏先生有一次找我谈话，他知道我原先的兴趣所在，并了解到我还爱好绘画，就告诉我说：考古实际上是个半理科的专业，这个专业和你原先的志趣相差不远，同时也离不开绘画。他建议我学习考古学，就这样，我接受了苏先生的建议。

北京大学考古专业是当时中国大陆高校中最先设立的，一个班只有十几个学生。幸运的是，许多考古学、民族学、古文字学方面的著名学者，如裴文中、苏秉琦、夏鼐、郭宝钧、唐兰、林耀华等先生都曾担任我们的授课教师。这些先生的学问及治学精神对我很有吸引力，也使我受到系统而全面的专业训练。大学期间的第一次实习是1956年在内蒙古举行的，由裴文中先生带队。裴先生曾主持发掘过著名的北京人遗址，他不仅学问做得好，而且为人风趣，善于在谈笑风生中教给我们专业知识，使我们的实习活动充满乐趣。1957年，我们在宿白先生带领下到河北邯郸参加田野考古实习，前后发掘涧沟和龟台寺等遗址，还发掘了齐村与百家村的战国墓地。通过这次实习，基本掌握了考古学中的地层学方法。此后，我们还到河北平山进行田野考古调查，发现了不少新石器时代的遗址。之后进行室内整理，首先是拼对陶片、挑选标本、分期排队、统计制表，然后画图和制作卡片，最后撰写考古报告。一个学期下来，同学们接触了考古学工作的各个环节，受到比较严格的田野考古学训练，为今后的工作打下了坚实基础。寒假期间，我在邹衡先生指导下，完成了全部材料的后续整理和龟台寺遗址考古发掘报告的编写。这一工作一直持续到1958年暑期，随后留在北京大学历史系考古教研室当助教。参加工作不久，我又按照分工完成了龟台寺发掘报告的修改和定稿，从而对整个龟台遗址的材料有了一个系统地掌握。大家知道，20世纪五六十年代，许多人对仰韶文化和龙山文化都不能区分得特别清楚。原因是新石器时代考古学还处于较早发展阶段，田野考古多有不足，深入认识的条件还不具备。只有通过亲自挖掘，才有可能对一个遗址的地层和分期有比较明确的认识。通过发掘和分析，我最早将龟台寺的龙山文化、商代文化以及西周文化各自区分为两期，当时除商代文化与郑州二里岗下层和上层大致对应外，龙山和西周的分期都是第一次，至今看来仍然是正确的。这主要是严格遵循了地层学、类型学等一套田野考古方法而取得的成果。

　　总之，关于自己走上考古道路的经过，我想大概可以这样概括：苏秉琦先生将我领到考古学的大门口，裴文中先生激发了我对考古学的浓厚兴趣。通过邯郸的实习掌握了考古学的基本方法，培养了从事考古学研究的能力。后来在长期考古教学和田野考古工作的基础上不断拓展视野，在具体研究课题中不忘理论和方法论的探索，才逐步形成自己的学术风格。

二　理论和方法是考古学的灵魂

　　记者：在一般人的眼中，考古工作似乎就是意味发掘和材料整理，似乎与理论、方法没有多少关系。请问这种理解是否准确，理论与方法在考古学中究竟扮演怎样的角色？

　　严文明：理论与方法对考古学十分重要。考古学的基础是田野考古学，其中的地层学、类型学、考古学文化、聚落考古等方面都有理论和方法的问题，也都有不断改进与深化的空间。我最早在北京大学为学生开设田野考古学课程，并且提出过一些比较重要的概念，比如作为共存关系载体的地层单位要分等，作为类型学排比的器物要分级，考古学文化要分层次，这样才能主次分明，逻辑严密而不会一锅煮。

理论与方法在田野考古学中的重要性，也是不言而喻的。通常在发掘和调查一个遗址时，首先要了解遗址的性质，并在全面勘探的基础上着力发掘其中最重要、最有代表性的部分。1976年，我们在陕西周原开展考古工作，当时有学者主张首先发掘遗址中文化层最厚、陶片等遗物最丰富的部分。我的看法不同，认为应该寻找堆积比较薄、陶片等遗存比较少，并有特殊遗迹现象的地方。因为周原作为周人建国之前的一个重要政治中心，一定会存在较大的宫庙遗迹，那里不应有大量的陶片等废弃物遗存。我主持的凤雏遗址，就是按照这种思路进行挖掘的。当时发掘出来的有主殿、后室、厢房和大小庭院，并严格按照中轴对称安排的成组建筑基址，至今还是西周时期最具规模的宫庙遗迹。一个反面的例证是丰镐遗址。大家都知道，那里是西周文王、武王及此后诸王建都的地方，也是西周时期最为重要的国家政治中心，可是考古工作做了几十年，没有发现任何大型的宫庙及相关遗迹。这可能与原先的保存状况不好有关，更可能与考古发掘工作的思路和方法不到位有关。

在考古调查方面，我还提出"中心聚落"的概念。我认为中心聚落代表一个社会的最高发展水平，只有做好中心聚落的考察与发掘，才可能对一个社会的状况有准确的认识。旧石器时代还谈不上有聚落，真正意义上的聚落应当出现于新石器时代，它们最初规模较小，看不出有贫富分化的现象。到了新石器时代中期，聚落逐渐变大，一个聚落往往包括上百个房子，体现出凝聚式特点，表明当时有某种重要的社会组织。到仰韶文化早期的姜寨一期，聚落内部虽然分为五组房屋，但相互间看不出明显的差别，基本上还是平等社会。仰韶文化中期，贫富分化出现，随之出现中心聚落，中心聚落进一步发展的结果就是政治的中心——都城。近年来备受关注的良渚文化中心出现大规模城址，就是这方面的典型代表，说明良渚文化已经步入文明的门槛。什么叫文明？文明社会就是不平等社会，因为不平等，一部分人掌握了权力和资源，才能让一部分人脱离一般性的劳动，专门从事玉器、丝绸、漆器、象牙饰品等高档消费品的生产和文化宗教等活动，从而走向文明化的进程。

三　应以更加开放的心态看待"中国文化西来说"

记者： 在某种程度上讲，现代意义上的中国考古学可以说是"西学东渐"的产物，请问我们应该如何认识文化交流对考古学进步的意义。尤其是考虑到中国近代的特殊历史环境时，我们应该如何正确评价那些对中国考古学发展做出一定贡献的西方学者？

严文明： 在中国考古学史上，世界地质学会主席、瑞典地质学家安特生是具有开创之功的，但也曾因为他的仰韶文化西来说而备受争议。

1914 年，安特生应中国北洋政府邀请来华担任农商部矿政顾问，负责寻找铁矿和煤矿。1916 年之后，地质调查工作因中国国内政局动荡，经费短缺而停滞，安特生遂转而收集、整理古生物化石，进而对考古工作发生了兴趣。他是第一个认识到北京周口店龙骨山可能存在早期人类活动遗迹的学者，并最终促成了"北京直立人"的发现，他也是第一个"仰韶文化"的发现者，从而开创了中国史前文化研究的新领域。

安特生的工作中有两件事曾经有人诟病。第一件事是他的彩陶文化或仰韶文化西来说。这个"西来说"是怎样形成的呢？1921 年，安特生等人发掘了仰韶文化遗址，发现其中有鼎、鬲等中国传统文化的陶器，认为是中国汉民族远古祖先的遗物。但他同时发现有一些画彩的陶片，不知道该如何解释。后来看到美国人在中亚安诺的考古发掘中也发现有彩陶，还知道乌克兰的特里波列文化也有彩陶，考虑相互之间是不是有联系。于是他于 1923~1924 年去甘肃和青海东北部一带进行考古调查，发现了出土大量彩陶的遗址。因为甘肃历来是中西文化交流的走廊，他以为仰韶文化的彩陶应该是从安诺等地通过甘肃走廊传播过来的。这就是所谓仰韶文化西来说。此说是 1925 年发表的《甘肃考古记》中提出的。安特生的观点不久以后遭到中国年轻学者刘燿（尹达）等人的反对。文化是独立发明的还是由其他地方传播而来的，本来是一个学术问题，完全可以通过进一步的实际工作和正常的学术讨论来求得解决，可是在近代以来特殊的社会氛围下，它就成为一个十分敏感的热点话题，其实是不正常的。

第二件事，是有人将安特生运走他采集的彩陶等标本并在瑞典建立远东古物博物馆一事与殖民主义者窃取中国文物联系起来，则完全是因为不了解实际情况而信口雌黄。事实是根据中瑞两国协议，中国政府同意安特生将陶器运回瑞典整理研究，在研究完成之后再将其中一半归还中国。安特生根据协议，在基本完成整理研究后，分七次将其中 1389 件文物退还给中国，目前仍有 400 多件收藏在东方博物馆。1936 年，安特生最后一次访问中国时，在中央地质调查所的博物馆中见到了他归还的文物。后来由于战乱，这批文物下落不明。2005 年，中国地质博物馆在库房中偶然发现三箱陶罐和陶器碎片，经中瑞双方鉴定，确定是失踪已久的仰韶文物的一部分。

总之，对于学术问题，应该用学术研究和讨论的方法来解决。历史上的文化交流是常有的事，中国接受过许多西方文化的馈赠，也有不少物质和精神文化传播到西方，促进了各自社会文化的发展。能够接受外来文化正是胸怀开阔的表现，有什么不好呢？

四　"母系—父系"社会说经不起考古学实践的检验

记者：考古学研究上升到一定程度时，就会涉及社会制度、社会组织问题。长期以来，文化人类学和历史学研究领域中普遍流行一种看法，就是认为史前氏族社会的发展是由最初的母系社会过渡为父系社会。您对这一观点持什么看法？

严文明：人类历史上有母系氏族社会这一点，曾经受到西方人类学家的普遍关注。美国人类学家摩尔根通过对美洲印第安人特别是其中的易洛魁人进行长期研究，认为曾经有过完整的母系制度，并认为它应该是人类历史早期普遍实行的社会制度。由于他的这一研究受到马克思和恩格斯的重视，许多人类学家和历史学家也都信从。苏联学者曾把原始氏族社会划分为母系和父系两大阶段，认为社会物质资料生产的发展乃是由母系转化为父系的根本动力。母系社会在人类历史上的确是存在的，现在还有它的残余。只是无法证明它是所有人类社会发展的必经阶段。有人对全世界民族的史前状态进行比较民族学的研究，发现存在过母系制度的只占15%。美洲印第安人和我国的纳西族曾被视为典型母系社会，实际上都是既有母系又有父系，况且纳西族并不是什么史前社会。

我国考古学界在20世纪50~60年代曾经盛行仰韶文化母系说，明显是拿当时流行的理论来生搬硬套，提出的证据都经不起推敲。比如说当时对女性实行厚葬，说明妇女地位高于男子。我曾经对仰韶文化早期半坡类型的随葬品进行统计，发现男性平均每人随葬陶器2.15件，女性2.17件，而男性随葬工具则略多于女性，完全看不出有什么女性厚葬的情况。至于所谓以女性为本位埋葬的说法更是牵强附会，根本与事实不符。如果要了解当时的世系究竟是母系还是父系，系统地测试DNA可能是一个值得一试的途径。但这与社会发展阶段难以直接挂钩。

五　重瓣花朵：换一个角度理解中原与周边文化的关系

记者：曾经有一个阶段，中国考古界和历史学界十分强调"中原中心论"。这种观点认为，中华文明是从中原地区发展起来的，中原文化发展水平远高于周边地区。请问您是怎样理解这个问题的？

严文明：考古发现表明，中国的史前文化是多元的，这与各地不同的自然环境和历史背景有关。苏秉琦先生很早就注意到这一事实，根据他的区系理论提出了著名的"六大区系论"，得到考古界的普遍认同。我是苏先生的学生，认识到中国史前文化确实存在着不同的区系，所谓中原文化中心论并不符合实际。但在仔细研究相关资料后，觉得中国史前文化尽管是多元的，但各地文化的发展水平和所起的作用并不一样。中国史前文化的整体格局应该是以中原为核心，以黄河与长江流域为主体，结合周边地区文化的一个有机整体，就像一个重瓣花朵。中原文化的中心地位，既有地理位置方面的原因，也有文化传统方面的原因。从夏商周、秦汉隋唐直至北宋历代的都城都在中原，中原地区处于稳定的政治中心地位，是明摆着的事实。黄河长江流域因为自然环境优越，又紧靠中原周围，文化发展水平甚高，成为整个中华文明的主体也是很自然的。周围地区虽然文明化进程稍迟，但各具特色，同黄河长江流域乃至中原地区的文化紧密结合在一起，构成一个超稳定的结构。从这个角度，就能够比较合理地解释中国历史和文化为什么会长期延续而不中断问题。后来费孝通先生曾经从民族学角度提出中华民族的多元一体格局理论，与我所主张的"重瓣花朵理论"应该是完全一致的。

老骥伏枥，志在千里

——严文明先生访谈

中国考古网

问：严先生，您好！首先感谢您能在百忙中接受中国考古网的采访。还是先问个常规问题吧，您当初是怎么进入北大考古系的呢？

严先生：我小时候念过私塾，多少有点古书底子，但是我不喜欢念古书，我喜欢的是科学。我的数学比较好，但过分自信，很少做数学习题。我对物理也感兴趣，到了高中，物理学里面的一些问题很多也要用数学方法来解决，比较合自己的口味。所以，我的志向是成为一名科学家。考北大时我报了理论物理专业，没有考上，把我发配到历史系了。但我不死心，在苏秉琦先生鼓励下选了考古专业，以后在考古学研究里面还想带一点科学的色彩。这就是我走的道路，跟别人可能有点不一样。但是，你也不能说我一点古文基础都没有。让我看一些古文献什么的，不会有多大问题。

在北大学习的时候，授课老师里面我特别佩服裴文中先生。裴先生给我们讲旧石器。他这个人很风趣，可以把很深的学问讲得入情入理，还挺有趣，我们都爱听。给我们上课的先生还有夏鼐、贾兰坡、郭宝钧、苏秉琦、宿白、阎文儒、林耀华、唐兰、傅振伦、徐邦达等，历史课也都是一些著名的先生讲授的。各位名师都有自己的风采。我感到在北大学习是一种精神上的享受。

问：你是怎么选择新石器时代考古的呢？

严先生：原因是北大考古教研室的老师中，没有专门研究新石器考古的，让我教新石器是工作的需要。再说我也比较喜欢新石器。觉得做旧石器研究太单调了，遗址又少又难找，还必须要依靠古生物学和地质学等，不容易做出成绩。我听过地质系、生物系的课，觉得要搞出个名堂很难。研究商周考古必须懂古文字，古文字我也学过一点，觉得把古文字学通就要投很多的精力，何况还要跟新石器一样做大量田野工作。秦汉以后，就要大量依靠文献，不是典型的考古了。我觉得最能反映考古学特点的就是新石器。新石器时代的文化遗存比较丰富，比旧石器丰富多了，比较容易提起兴趣。又没有别的学科可以依靠，没有地质学、古生物学的依靠，没有古文字和古文献的依靠，必须发展一套考古学自身的理论和方法。当时我想，如果能够把新石器时代考古学的理论和方法弄出一些门道来，甚至可以对整个考古学起作用。所以我一开始就把主要精力放在新石器时代考古学研究上，但我也不是只研究新石器，往前的旧石器和往后的夏商周考古都有关注。

问：您是北京大学建立碳十四实验室的主要参与者，这就与您的"理科"情节有关吧？

严先生：是的。年代框架的建立对考古学研究具有非常重要的意义。考古地层学和类型学只能提供相对年代，只能在一定范围里适用，超过了有密切文化关系的地方，相对年代就不好用了。再说没有一个明确的年代，一般人觉得不容易理解。绝对年代的好处，就在于它提供了一个明确的年代。有文字记载以后的绝对年代比较好办，史前文化的绝对年代就很麻烦。早先地质学通过冰川季候泥和树木年轮来测定绝对年代，对旧石器时代文化的年代有参考作用。1949年美国物理学家利比发现利用^{14}C的半衰期可以测定史前考古的年代，1952年出了一本书，夏鼐先生最先在1955年的《考古通讯》上做了介绍。我看了夏先生的那篇文章后，就去找夏先生借利比的书。1958年我留校担任考古教研室秘书时，曾经拿了这本书去找北大的原子能系，系秘书答应一定会帮我们做，可是后来不知道为什么搁置下来了。后来夏先生找到科学院原子能所，把仇世华和蔡连珍夫妇调到了考古所，两人不久就建立了中国第一个碳十四断代实验室，把中国的^{14}C年代测定搞起来了。北大晚了一步，1972年才从技术物理系也就是原先的原子能系把陈铁梅和原思训两位先生调到考古系。陈铁梅是学核物理的，原思训是学核化学的，还缺一个操作仪器设备的人，所以就找到无线电系把王良训先生调过来。这三个人就把我们的实验室撑起来了，而且首先用了液体闪烁法。考古所和北大这两家碳十四实验室经常合作，成为我国测定史前考古年代的主要阵地。我不懂这些科学技术上的事，但对于现代科学技术在考古学上的应用，我是一直抱着积极的态度。

问：您的学术生涯是从仰韶文化研究开始的吧，当时为什么选择仰韶文化为研究对象呢？

严先生：之所以选择仰韶文化，因为这个文化发现得最早，考古工作做得最多，又处在中原地区，学术界的关注度最高。而实际上存在的问题不少，争论也最热烈。如果能够把如此重要又很复杂的问题理出一个头绪，当然是很有意义的。对全国新石器文化的研究也会有重要的启迪和参考作用。所以我决心花大力气从仰韶文化研究做起。

问：您对仰韶文化的这些基础研究是以类型学为核心的吧？

严先生：应该说是地层学和类型学相结合。当时考古界讨论仰韶文化的热点问题有两个，一是半坡类型和庙底沟类型孰早孰晚，二是这个文化的社会是父系还是母系。我觉得讨论年代问题不应该从类型出发，应该首先把每个遗址的情况弄清楚，再看不同区域和不同时期有什么变化。我发现一些重要遗址的分期并没有做好，说明讨论问题的基础不牢靠。我只好把重要的遗址逐个进行分析，再把它周围的遗址进行对比，一个小区域的分期就出来了，然后再把各个小区的情况进行比照，最后才弄清楚整个文化的起源、发展阶段和每一阶段的地方性差异，同时考察每一阶段与周围文化的关系，以及如何演变为中原龙山文化的情况。

问：您对仰韶文化社会组织和社会结构的分析也是以马克思主义社会发展理论为基础的吧？

严先生：我运用马克思主义的理论和方法是认真的，有分析的，绝不人云亦云，不脱离考古资料的实际情况。比如，我没有赶时髦讨论仰韶社会是母系还是父系的问题，只是从社会组织结构这个角度来展开分析。我分析姜寨一期的聚落时，首先注意到房子围成圆圈并分成五组，明显在一个大单位中存在五个小单位。我又注意到房子旁边的窖穴都集中在一块，就是一组房子有一组窖穴，而不是一个房子一个窖穴，房子里面的粮食是储藏在陶罐里的，只能短期食用。因此，在一个房子里居住的人不可能是一个完整的消费单位。如果是一个完整的消费单位，应该有自己的粮食储藏。根据灰坑聚组出现的现象，我推测应该有一个长者定期进行粮食分配，跟印第安人长屋居民的情况类似。但是我只走到这一步，我并没有说这就是母系或父系。因为我没有充分的考古资料讨论这个问题。有些学者做出的母系或父系的推断都难以成立，从实际材料分析不出母系或父系。把母系氏族社会作为早于父系社会的一个普遍的阶段是有问题的。所以，我的研究主要看所有制的变化，觉得从这方面可以看得比较清楚。我对姜寨一期村落的分析就是这种努力的一个尝试。

问：我觉得您写《中国史前文化的统一性与多样性》这篇文章时，就力图用考古学解释多民族统一国家的形成问题，或者说为后来历史时期的中国找一个史前的基础，您这种想法是什么时候开始产生的呢？

严先生：这个想法很早就产生了，中国经济文化最发达的地方历来在黄河和长江两河流域，周围很明显是差一点，外围有天然屏障，不是高山就是大海，自成一个大的地理单元。中华文明是在这个特殊的自然环境中起源和发展起来的。我还注意到文明的起源和早期发展，没有一个地方不是与谷物农业相联系的：西亚两河流域文明、埃及古文明、印度河流域古文明和美洲古文明都是如此。所以我就以中国农业起源为出发点，思考中国文化形成和发展演变的问题。中国的农业起源在黄河流域和长江流域，两者分别为粟作农业和稻作农业的起源地和发展中心。这两河流域恰巧在中国的中部，势必对周围地区产生较大的影响。中国地方那么大，各个地方的自然条件和经济文化也不一样，明显看出有不同的层次。在两大河流域优势文化的影响和吸引下，自然会形成一种有中心有主体和外围的一个整体。我把它形容为重瓣花朵式的格局。

问：您提出"重瓣花朵"格局的想法是什么时候形成的？

严先生："重瓣花朵"这个说法提出较晚，但是，在苏秉琦先生正式提出"区系类型"之前，我就有中国史前文化有核心又多元的想法。我觉得苏先生提出的几个区系不能一例看待，各个文化区的位置不一样，功能不一样，发展水平不一样，文化特点不一样。苏先生反对中原中心论而提出不同区系的多元论是很有见地的，但是他没有进一步讨论一体性问题。张光直提出"中国相互作用圈"模式，认为中国广大地区的文化有密切联系，相互作用，形成一个整体，成为后来中国版图的基础，但是这个作用圈却没有一个中心。

我为什么要讲中心呢？我并没有认为当时中原史前文化的发展水平是最高的，我想强调的是它的那个居中的地理位置，它处的那个位置，使它可以吸收各个地方文化的优点，也对各个文化产生影响。这个位置所起的作用，如果说开始还看不清楚的话，后面中国从夏商周秦汉一直到北宋，都城都建在中原，凸显了中原的特殊位置。如果不注意这个事实的话，对中国整个的历史就没法讲清楚。中原的特殊地位，是有其史前基础的。我在研究仰韶文化时就深刻认识到庙底沟彩陶很厉害，扩展到那么广泛的地方，别的地区只要有彩陶就几乎都受到它的影响。这让我对中原的独特地位看得比较清楚了，让我最早产生了有关中原核心地位的想法。

问：那这个花朵为什么是"重瓣"的呢？

严先生：前面讲了中国文化有一个中心，位置在中原，好比花心。围绕中心的黄河流域和长江流域为主体。这两个流域的范围很大，黄河下游的山东地区、燕辽地区、上游的甘青地区、长江下游的江浙地区、中游的湘鄂地区、上游的巴蜀地区都是具有自身特点和发展谱系的文化区。每个文化区好比一个花瓣，这些文化区就好比内圈的花瓣。在这一圈花瓣的外面还有很多文化区，从东南顺时针数起有闽台、粤桂、滇、康藏、新疆、内蒙古、东北等文化区。这些文化区好比是外圈的花瓣。所以全体就好似一个重瓣花朵。我要特别强调的是，三重结构是一个整体，就像一朵花，花心和花瓣是不能分离的。从文化层面讲，中心和内圈最发达，外圈稍稍滞后，水平也稍低。这就加强了外圈对内圈的依存作用，也就是文化上的凝聚力和向心力，是中华文化连续发展而从未中断的重要原因。

问：陕西神木石峁的发现震动了中国考古界。大家没想到在北方地区会出现这么强大的一个集团。您去年到石峁做了考察，有什么感想呢？

严先生：感触很多，我没有仔细梳理过。我在现场看的时候，就想起小时候念过的范仲淹的《渔家傲》，就是"塞下秋来风景异"那首词。范仲淹是在陕北写的这首词。他那时把陕北写的多荒凉、多凄惨啊。但是，陕北地区在史前可没有那么荒凉。现在的神木也很厉害呀，煤矿等资源的开发让神木的经济起飞了，生态环境也有很大的改善。

所以，我当时很有感慨，也填了一首词：

> 石峁山城风景异，老夫迈步登石级。
> 走近东门寻彩壁，残迹里，红黄黑白皆鲜丽。
> 巍巍皇城居重地，层层叠石围台壁。
> 礼玉琳琅璋与璧，惊未已，文明火炬边城起！

意思是说北方文化在重瓣花朵里虽然是外圈，但在中国文明起源中也扮演了重要角色。

中国的华南或者东南沿海也特别值得注意。那里的居民古代称为百越，百越是尚水的民族，大量的到海外去。太平洋上有那么多的岛，岛上的人从哪里去的啊，我一直琢磨这个问题，觉得可能跟百越人有很大的关系。要不然，太平洋上那么多岛，又极为分散，岛民怎么会形成一个统一的语系？有的学者发现南岛语系跟古越语的一些词汇很接近。那里的树皮布、有段石锛和拔牙风俗等也都跟我国东南地区的史前文化有联系，太有意思了。我一直鼓动大家搞搞这个课题，把视野扩大一些，扩展到广大的海洋上去。

问：最后，请您再对青年学者们说几句话吧。

严先生：好的。现在有越来越多的年轻学者步入考古学行列，这是很值得高兴的事。在中国做考古学研究有极大的发展空间。因为中国地方很大，地形复杂，有各种各样的生态环境，生活着几十个兄弟民族，经济文化多种多样。中华文明历史悠久，从来没有中断过。中国文化又有非常大的特点，就是有中心、有主体、有外围，有多元又有一体。世界上找不出第二个具有如此结构和丰富多样文化的地方。所以我说，这块土壤上能够产生、发展出新的考古学理论和方法，是能够产生考古学大师的地方。考古离不开田野，要下苦功夫进行考古调查和发掘工作，同时还要做艰苦细致的室内整理和研究工作。要善于运用新的科学技术。知识面要宽，要善于思考。要有雄心壮志，通过一代一代学者的努力，把中国考古学推向世界考古学的前列。年轻的朋友们，努力啊！

问：非常感谢您能在百忙之中接受中国考古网的采访！

（2013 年 12 月 22 日中国考古网采访整理而成）

从物理学到考古学

蔡翔宇　林　玲　欧阳佳好　汪欢颜　采访
田淼　整理①

"我们毕业的时候都想上北大"

我是从长沙一中考上北大的。长沙一中是一个很古老的学校，原来叫国立十一中，后改称湖南省立一中。我上学的时候还是叫作湖南省立第一中学，1952 年才改成长沙市第一中学。

原来我在湖南省立第一中学的时候，在第 56 班。朱镕基是 29 班。有很多著名的人都从我们那个中学出来，毛泽东也在我们那个中学上过学，我坐的课桌据说就是毛泽东坐过的。所以那个学校啊，有悠久的历史意义。但是那个学校她也很自负，她说我们的学生大部分要考取北大，自称是南方北大的后备学校——当然她的这股劲儿，这让我们毕业的时候都想上北大。

所以我填志愿的时候，第一是北京大学，第二是北京大学，第三还是北京大学！我就要考北京大学！考取了，我很高兴，我的第一志愿是物理系，而且是理论物理，我对这个高能物理、空间物理啊什么的都很感兴趣，但是把我录取到了历史系。我很不高兴，因为我的七个同学中有五个考取到物理系，一个考取了数学力学系，就我一个上了历史系，我自认为我这理科比他们学的还好。

而且我最不喜欢的就是历史，我的数理化，特别是数学还是不错的。那当然可能有些别的原因吧，什么家庭问题、社会关系的问题啊，但当时我不知道。反正就到了历史系，虽然非常非常不高兴，但是不管怎么我到了北大。

历史系有三个专业，一个中国史专业，一个世界史专业，一个考古学专业。考古学

---

① 蔡翔宇，北京大学中国语言文学系 16 级本科生；林玲，北京大学中国语言文学系 15 级本科生；欧阳佳好，北京大学国家发展研究院 17 级硕士生；汪欢颜，北京大学政府管理学院 16 级本科生；田淼，北京大学中国语言文学系 15 级本科生。

是北大首先办的，别的学校都没有。在这个考古专业之前的很早，北京大学就设立考古协会，有考古研究室，考古北大排头一号这没错。

考古教研室主任找到我："听说你这个理科成绩不错，你怎么到历史系了？"我说我哪知道啊。但是你也没有办法了，那个时候不能随便转专业，他说，你学考古吧，因为考古还是有很多理科的知识，有很多技术方面的问题，又经常下田野，跟地质学有点像，我看你的身体还不错，你又喜欢理科，到考古来吧。我就这么到考古专业来了。

"到了北大，讲课的那些老师都是当时国内第一流的学者"

我之所以报考北大，主要是欣赏北大老校长蔡元培的"兼容并包、思想自由"的办学精神，欣赏陈独秀主张请进的"德先生""赛先生"，就是民主和科学。

到了北大，讲课的那些老师都是当时国内第一流的学者，历史系也不例外。第一流到什么程度？当时中国科学院历史研究所的研究人员，要是排名远远不如北大历史系的这些教授。就是因为院系调整，把别的学校一些最优秀的学者集中到北大来了。他们跟我们一讲课，我慢慢觉得学历史也可以，也不是那么失落了，然后学考古，自己觉得也学对了。

考古跟别的学科还不太一样，你总得要到外面去调查发掘，任何调查发掘，都会有新的发现。你说别的学科，你能很快有新的发现吗？不会。再说考古学原来在中国没什么基础，所以可以很快地干出一些名堂来，慢慢地心里也踏实下来了。我一学就很投入，很多学生都以为我一开始就是一个考古迷，我说完全不是，是逐渐转变过来的。

当时裴文中号称中国旧石器时代之父，也是中国古人类学之父，因为就是他首先在中国北京的周口店发现北京人头骨。跟我们讲旧石器时代考古课的就是裴文中先生。1956年暑假三年级课程刚完，他就带领我们到内蒙古赤峰和林西做田野考古实习。

当时在赤峰红山做了普遍的调查和几处很小的发掘。他这个人很有学问，还很会讲话。赤峰是昭乌达盟的首府，相当于地区级的市，盟委的人看他是大学者，希望他讲一讲到赤峰来的目的，他很爽快地答应了。来听讲的有一百多人，文化水平都不高，主要是小学的一些老师。我就不知道他会怎么讲，讲考古都搞些什么，他们能懂吗？

可是他有办法。他一开始就讲："你们赤峰很厉害呢，什么叫厉害啊，你说我们跑到你们这儿来干什么的，我们就是来找一种文化。赤峰出了很多细石器。"

他就拿一个小的石器，给大家看。"这东西哪来的？从苏联的西伯利亚传到中国的黑龙江，然后再传到赤峰。赤峰还有一种陶器叫彩陶，有花纹的陶器，这彩陶它哪来的？从河南传到河北，然后传到你们这儿来了。这两个东西一结合就会成为一种混合文化，你们知道很多生物，植物也好、动物也好，杂交以后有杂交优势，你们赤峰就是这么一个地方，文化上是混合文化，辽啊，契丹啊的后面一些朝代，那都是很发达的，你们这个地方到现在不是也很发达嘛。"

他是这么讲。他要是光讲考古的，你说谁能懂？他讲这个呢，人家就挺高兴，所以这个老先生，怎么说呢，非常幽默。

赤峰郊区有个山叫红山，红山文化就是在那儿发现的。他说红山有些细石器，他老叫我们"哥儿们"，说，"哥儿们跟我一块去啊！"然后呢，他先捡了细石器，"什么叫细石器啊，就这个，你们看有没有细石器，你们都捡啊。还有些冲沟，水冲的沟，你看边上有没有灰，颜色变得灰的时候，那可能就是有文化了，有人活动的地方，你们注意！"

我们一边聊天，一边就走到山上。他会问："哥儿们怎么样啊？"有的同学一个都没有找到，我大概捡了三四个，他捡了一把！他一边跟你聊天，好像漫不经心似的，实际上他非常注意。然后就发掘，挖了一个小坑，里面竟然有细石器，有一块像彩陶一样的东西。所以他演讲的时候，讲混合文化："这个细石器就是北边来的，这个彩陶应该是从河南那边传过来的，这就是混合文化，你们不信可以问严文明！就是他从一个坑里面挖出来两样东西，不是混合了吗？"

原来在课堂听了裴先生和好多著名学者的课，现在又跟裴先生考古实习，我对考古的兴趣逐渐培养起来了。1957年又去河北邯郸参加了一个学期的考古实习，对考古学有了更深的认识，从此就死心塌地学考古了。

"北大就是开创思想"

1958年毕业后学校把我留下来了。58年是"大跃进"，留下来干什么？主要是做两件事，一个是批判资产阶级考古学，一个是要建设马克思主义的中国考古学体系。要解放思想，敢想敢说敢干，鼓励让没有上过课的学生编写讲义，据说是因为他们还没有受到老师们的资产阶级思想的影响。

我是教新石器时代考古的，还没有上课，就跟二年级的学生一起编写中国新石器时代考古的讲义，写出了5万字的一个稿子，太简单了。后来每年修改，一直到1963年，我觉得改得差不多了，就交给北大印刷厂。1964年5月北大印刷厂出了一个红皮铅印本。当时别的讲义都是油印的，我的这个讲义却完全是铅印的，正儿八经像一本书。这是1964年出来的书，到现在为止，还是唯一的中国新石器时代的专著。

我那时刚大学毕业没几年呀，但是这本书一出来就风行一时，全国各个考古单位和一些大学历史系的考古专业都用上了。现在才由文物出版社正式出版。像我这么一点资历就写像一本书的讲义，很难深入，所以我就请教我们的系主任翦伯赞，他是有名的马克思主义历史学家，跟范文澜、郭沫若等齐名，他就很明确地说这么搞不行，这样怎么能出好成果呢？他跟我说，你应该找一个比较重要的课题来进行研究。在新石器时代这一段，考古工作最多、研究文章最多，争论也最多的就是仰韶文化。他说，你应该去研究仰韶文化，而且他还告诉我怎样做研究，我就下了很大的功夫去做仰韶文化研究。

《仰韶文化研究》写出来以后，我还特地请教我们的教研室主任苏秉琦先生。书中有个别观点跟苏先生不大一样，但是他胸怀很宽，一再说你的书写得好，等于找到了一把怎么研究新石器文化的钥匙，还特地用汉隶题写了书名。这样我就慢慢地，从一个文化到另一个文化，我的学术道路越走越宽，进而研究整个中国文化的谱系了。

我为什么会有这些想法，我还是想到我的北大。北大就是开创思想。

我从来不囿于哪一家之言，思想一直是比较开放的，我写第一本书——现在要再版的那本，那时我还是大学刚毕业没几年，也是啃外文的；仰韶文化不是彩陶吗，有很多人说是彩陶从西方传来的，我也看了西亚和东欧文化一些英文和俄文的著作，有关的我都看，所以我的思路一直是比较开放的。做学问，你当然得有自己的主体思想，但是你不能对外面的东西一概不知，那不行，你知道了，你得研究它，然后做比较。

过去我们的思想比较强调马克思主义、毛泽东思想，资产阶级的东西，一概都拒绝了。改革开放以后开始变化了，很多西方的东西传来了，那么多理论，到底哪个好，哪个不好？我没有仔细看过，没有仔细研究，但我可以给出一个标准。

因为考古的理论都是靠调查发现古代的遗址，然后把这些遗址做科学的发掘，做科学的研究，复原当时的历史，了解当时的历史；所以哪个理论能够有助于你更好地寻找，更好地发掘，哪个理论能够更好地给这些文化遗存做出历史的解释，那就是一个好理论。

有很多理论都是很虚的，架势弄的很大，但没有什么实际作用，那个你就不用费什么功夫了。有一些是从他们实践中总结出来的，那我也得拿来，在中国我们自己试一试看看，行不行，在实践中改造。我们中国的所谓毛泽东思想不也是这样吗？马克思主义道理你再好，拿到中国来，我也得实践一下，符不符合中国的情况，符合中国的就拿过来，我们不能教条主义。

这样的话，你的思想也开阔了，该研究的问题也就清楚了。我走的这条道路呢，尽管我讲的都是我自己，我是觉得我在北大这个地方，它是一个沃土，它时时刻刻用各种新鲜的思想激励我。

"北大的120周年，这是中国走入近代和现代的120年"

说实在话，北大很重要的一个传统就是爱国主义，很多人不大注意这个，这不对。蔡元培为什么要把北大弄起来？他就是觉得中国在世界上已经落后了，落后了要怎么办呢，首先要把思想搞起来，把学科搞起来。之后，以北大为中心的新文化运动起来了，这不是一个人或两个人的思想，新文化运动把整个中国的思想界变了个样，北大就担负了这个责任。

所以我们在北大的人啊，在北大这么多年，在这样的思想培育下，从来不固步自封，而且自己学科的目标非常明确。像我讲了半天考古，人家一讲考古是老古董，你看我研究的是什么问题？这里面有着非常深厚的爱国主义在里面。我的很多老师走的道路也是这样的，对我有着非常深厚的影响。

所以在今年，北大的 120 周年，这是中国走入近代和现代的 120 年，北大在相当程度上代表了中国的变化，而且是领先的，怎么不值得纪念呢？这不仅仅是北大自己的一个大节日，应该是全国的大节日。

新文化运动就是从北大开始的嘛，共产党就是从北大开始的嘛，一个陈独秀，一个李大钊，当时叫作南陈北李。陈独秀是一个很了不起的人物，在中国共产党前五届都是一把手，这样的一个人你不值得纪念他，那谁值得纪念？但我觉得他影响最大的是在《新青年》，是在他掀起的一股思潮——中国的新文化运动，这个德先生、赛先生，影响太大了，其实后来很多人都是跟着他来的。我觉得北大有他在，应该是北大的光荣。

附录 严文明先生学术思想研讨会纪要

褚　旭　韩建业

按：严文明教授，生于 1932 年，湖南华容人。著名考古学家。1958 年毕业于北京大学历史系考古专业并留校任教至今。曾任北京大学考古学系系主任、北京大学校务委员会委员、中国考古学会副理事长，现为北京大学资深教授，兼任国家文物局专家组成员、国际史前学与原史学联盟（UIPPS）常务委员等。

严文明教授长期从事新石器时代考古教学与研究，兼及商周考古，先后主持和参加了 20 多项田野考古和室内整理项目，如河南洛阳王湾遗址的发掘及伊洛地区考古调查（1960 年），河南安阳大司空村遗址发掘及洹河两岸考古调查（1962 年），甘肃兰州青岗岔遗址发掘及雁儿湾遗址的资料整理（1963 年），湖北宜都红花套遗址的发掘（1974 年），湖北江陵楚纪南城和毛家山遗址的发掘及松滋桂花树遗址的资料整理（1975 年），陕西周原凤雏西周宫殿基址和贺家墓地的发掘（1976 年），山东烟台地区史前遗址的调查发掘（1979 年），山东长岛北庄遗址的发掘（1980 年），山东栖霞杨家圈遗址的发掘和区域调查（1981 年），山东长岛、益都、烟台、乳山等地遗址的发掘（1982 年），山东长岛、昌乐、章丘等地遗址的发掘（1983～1985 年），广东北江流域和珠江三角洲史前遗址的调查发掘（1985 年），湖北天门石家河遗址群的发掘（1986～1990 年），河南邓州八里岗遗址的发掘（1991～1993年），江西万年仙人洞和吊桶环遗址的发掘（1993～1995 年），浙江桐乡普安桥遗址的发掘（1996～1997 年）等。

严文明教授著作宏富，50 年来共发表论文近 200 篇，出版《新石器时代》（1964 年）、《仰韶文化研究》（1989 年）、《中国通史》第二卷（合著，1994 年）、《走向 21 世纪的考古学》（1997 年）、《史前考古论集》（1998 年）、《农业发生与文明起源》（2000 年）、《长江文明的曙光》（2004 年）、《中华文明的始原》（2011 年）、《足迹：考古随感录》（2011 年）等著作或文集 10 余部。还主编《稻作 陶器和都市的起源》（2000 年）、《中华文明史》第一卷（2006 年）等著作、文集和发掘报告 10 余部。这些著作涉及考古学理论与方法、考古学史、文化谱系、聚落形态、文明起源、农业起源、环境考古、科技考古、古史的考古学观察等多个方面，并且在每个方面都有所创获，在多个方面引领了中国新石器时代考古学的发展方向。

严文明教授治学严谨，实事求是，思维缜密，视野宏阔，胸怀博大，始终把国家、民族和人民的命运放在心上。他对考古学理论与方法有全面思考和论述，尤其在考古学的性质和特点、考古地层学和类型学、考古学文化的结构、考古学文化分期和考古年代学、聚落考古学等方面有深刻见解，很大程度上指导了中国史前考古学的发展。他认识到各种考古学理论和方法都各有优缺点，需要取长补短、兼容并蓄，他常说的一句话就是"能够解决问题的方法就是好方法"。他对中国新石器时代考古学史做过深入梳理，第一次正确评价了安特生对中国考古学的开拓性贡献。他对仰韶文化的研究全面系统，其中许多经反复实践而总结出来的研究方法和经验，不但"找到一把开启整个中国新石器时代考古研究的钥匙"，而且对整个考古学研究都有重要的理论指导作用。他提出龙山时代的概念，破解了学术界对于龙山文化及同时期遗存研究的困惑。他综合梳理中国史前文化，建立了中国新石器时代文化分期和谱系框架，辩证地揭示出中国史前文化由"多元一体"向"多元一统"的发展格局。他大力倡导聚落考古，理清了中国新石器时代聚落形态发展演变的脉络；他提出以考古学为基础多学科全方位综合研究古代文明的理念，揭示了中国文明起源和早期发展的基本历程和本质特点。他积极倡导农业起源、环境考古和科技考古研究，所提出的长江流域水稻起源说世所公认，结合环境特点对中国史前文化本质特点的深刻认识令人信服，对中国科技考古的健康发展贡献良多。他从不怀疑古史传说和考古学对证研究的必要性，由近及远论证了考古学上所见东夷文化，并对炎黄文化等进行了探索。

此外，他长期以来是北京大学考古学学科建设和人才培养的领导者和设计者，对中国考古学教育教学贡献卓著；他的足迹遍及大江南北，指导了全国很多地方的田野考古实践和室内整理研究；他敢于直言献策，对国家文化遗产保护事业做出了重要贡献。

（韩建业）

2012 年 10 月 20 日，在严文明先生八十寿辰之际，"严文明先生学术思想研讨会"在北京召开。会议由北京联合大学应用文科综合实验教学中心、文化遗产研究所主办。来自北京大学、中国社会科学院、中国科学院、中国国家博物馆、故宫博物院等 20 多个高校和相关科研单位的领导、学者及北京联合大学考古学硕士点的师生共 50 余人参加了此次研讨会。会议先后由中国国家博物馆佟伟华、北京大学考古文博学院李水城、中国社会科学院历史研究所王震中、北京大学考古文博学院吴小红主持。

严文明先生是中国考古学的领导者和中国新石器时代考古学体系的建立者之一，此次会议不仅是对严文明先生学术思想的研讨，一定程度上也是对中国考古学学术思想的总结和研讨。会上主要针对严文明先生在考古学理论与方法、文化谱系、聚落形态、文明起源、农业起源、环境考古、科技考古、古史的考古学观察等诸多研究方面的学术思想展开讨论，并对先生的治学精神进行了归纳。现纪要如下。

一　考古学理论、方法与考古学史

中国文物报社曹兵武和中国社会科学院历史研究所王震中指出，严文明先生不空谈理论，而是将他的考古学理论与方法深植于许多范例性的具体研究当中，从材料分析到得出结论，体现出一整套学术思想和理论，在很大程度上指导了中国考古学的发展。

北京大学考古文博学院赵辉指出，严文明先生鼓励考古学与其他学科相结合，重视科技考古、环境考古等，建立、整合成了一个以考古学为核心的有机的技术方法体系。吴小红指出，严文明先生大力提倡考古学与自然科学的多学科合作研究，他领导和规划了北京大学科技考古学的发展，对我国科技考古的发展起到重要引领作用，也对她自己从事科技考古工作给予了重要指导。

中国科学院地质与地球物理研究所周昆叔指出，严先生早在 1985 年就对中国环境考古提出了明确的认识。严先生说："一定的自然地理条件下产生一定的生态系统，人类必须适应环境，不同程度的利用和改造环境，因此必须参与到一定的生态系统中去。研究遗址的分布规律，实质上就是研究人类社会在一定的生产力水平下对地理环境的适应、利用与改造的辩证关系。这就是环境考古学研究的主要内容。而我们现在还基本上没有开展有组织的环境考古学的研究，这种状况应当及早改变。"之后，学术界逐渐认识到这方面的问题，也就开始做环境考古的研究。

李水城指出，严文明先生不遗余力地鼓励与国外学者进行合作研究，提倡考古国际化，并且身体力行，领导了仙人洞等遗址的中外合作研究。这些合作对于促进中国考古学的健康成长以及扩大中国考古学在国际上的影响力都有非常重要的作用。中国国家博物馆考古部戴向明指出，严文明先生对于国外考古学理论和方法既不盲目崇拜，也不断然拒绝，而是从解决实际问题的角度进行选择，从自己的研究中进行总结提炼，与中国考古学的具体实际相结合进行改造发展。

韩建业指出，严文明先生具有很强的辩证思维能力，研究中特别注意抓住关键，区分轻重主次，指导学生时常说要"拿清楚的去甄别不清楚的"，而不是眉毛胡子一把抓。一个范例就是，他以地层清楚、分期细致的王湾遗址作为标尺，来衡量附近的仰韶遗址的分期，使得几十年来罩在仰韶村遗址上的迷雾一扫而光。严文明先生在研究中认识到各种考古学理论和方法都各有优缺点，需要取长补短、兼容并蓄，他常说："能解决问题的方法就是好方法，能解决问题的理论就是好理论。"

湖南省文物考古研究所郭伟民分析了严先生关于考古学文化研究的理论方法。他指出严先生在考古学文化的性质、命名、分期、类型、谱系以及相关的社会结构、环境与经济形态等方面，都取得了开创性的学术成果。对于考古学文化的适用范围，严先生曾说过："考古学文化通常适用于史前时期，尤以新石器时代考古研究中用的最多，考古学文化实际上是为了整理考古资料的需要以及如何利用考古资料解释过去而设立的一个概念。"此外，严先生还认为考古学学科的发展与考古学研究的资料和研究目标存在很大关系，随着研究的深入，理论和方法也要不断改进和完善，有时甚至要建立新的理论和方法。

严文明先生对新石器时代考古学史做过深入梳理，安徽省文物考古研究所吴卫红和河南省文物考古研究所魏兴涛在发言中都提到，是严文明先生第一次正确评价了安特生对中国考古学的开拓性贡献，肯定了他严谨的学术态度，为这样一位热爱中国文化的著名学者正了名。这虽然是对一个西方学者的评价，但影响深远，让学术界开始反思整个考古学史。

此外，严文明先生一再强调考古发掘首先要服从文化遗产保护规划。他认为"基建考古"这种提法很有问题，因为很多工程建设项目都不属于"基本建设"，工程建设应该服从于文化遗产保护而不是让考古部门去"配合"它。浙江省文物考古研究所方向明指出，严先生十分关注遗址保护工作，对近年来盗掘和土地整理对于遗址的破坏痛心疾首。良渚博物院蒋卫东认为严先生在遗址保护方面有一种敢于担当的社会责任感。先生敢于直言，为我国文化遗产保护事业做出了重要贡献。

二　文化谱系研究

吴卫红做了题为《读〈足迹〉看足迹———格物、致知与开拓》的发言，认为严文明先生的学术思想不仅引导了中国考古学尤其是史前考古学的研究方向，同时也对后学者有很好的示范作用。他认为严先生对于史前文化的阐述，最关键的有三步：第一步是对单个文化的系统解读，即对于仰韶文化的系统研究；第二步是对多个文化的综合提炼，从仰韶文化的空间扩大到全国，并提出了"龙山时代"这个概念；第三步就是穿越时空，总结出史前中国的"重瓣花朵格局"。

韩建业认为严文明先生是中国新石器时代考古学体系的建立者之一。先生关于中国考古学文化谱系的研究始于对仰韶文化的研究，关于仰韶文化的研究也是他最重要最核心的方面。他积30年之功著成的《仰韶文化研究》，其学术意义绝不限于仰韶文化本身。其中许多经反复实践而总结出来的研究方法和经验，不但"找到一把开启整个中国新石器时代考古研究的钥匙"，而且对整个考古学研究都有重要的理论指导作用。他理清了仰韶、半坡、庙底沟、北首岭等诸多遗址仰韶文化遗存的分期，论定了半坡类型和庙底沟类型的关系，对仰韶文化的起源与发展阶段进行了系统综合的梳理，还对仰韶文化的聚落形态、埋葬制度、生产工具做了系统论述，对彩陶等做了深入的专题研究。魏兴涛指出，严文明先生的《仰韶文化研究》一书是到目前为止唯一一本由个人撰写的关于仰韶文化研究的专著。严文明先生通过地层学与类型学的结合，从典型遗址入手，分析典型材料，理清了半坡类型和庙底沟类型的关系，同时有了半坡期和庙底沟期这样的常用术语。西北大学文化遗产学院陈洪海在发言中指出，严文明先生的《甘肃彩陶的源流》一文，理清了甘肃彩陶文化东来西渐的过程，这不仅纠正了仰韶文化西来说的错误，还将他的研究领域拓展至甘青地区。

王震中指出，自从在山东发现龙山文化以后，其他很多地区都陆续发现以黑灰陶为特征的所谓"龙山文化"，如何认识和梳理这些大同小异的文化成了考古界的难题。严文明先生辩证地提出"龙山时代"这一概念，指称这一系列特征相近、地域相连、大体同一时代的文化。"龙山时代"的提出解决了龙山文化的共性问题、时代问题，也解决了各地文化的地方性问题，显著推进了对这一时代文化发展和文明起源等课题的研究。

与会学者普遍认为严文明先生在文化谱系研究方面最重要的贡献之一就是多元一体到多元一统的理论，这是对中国几千年文化和文明发展的科学总结。他第一个在考古界提出早期中国"逐渐从多元一体走向以中原为核心、以黄河流域和长江流域为主体的多元一统格局"。

厦门大学人文学院历史系吴春明提交了题为《"重瓣花朵"与"多元一体"》的论文，文中指出严文明先生在20世纪80年代末提出的"重瓣花朵"理论，深刻地揭示了中国史前文化统一性与多样性相结合的完整结构，既区分了不同地区考古学文化的区系与文化系统的差别，更准确地把握了不同系统在史前文化整体格局中的不同地位，即以中原为凝聚核心的同心圆式的差序格局，奠定了中国古代文明体系中"中国—四方""中心—边缘"的关系格局的基础。"重瓣花朵"跳出了"为区系而区系"的教条式区系类型研究，是考古学文化区系类型研究中最贴近古史重建目标的成功实践，并直接贡献于费孝通先生的中华民族"多元一体"理论，彰显了考古学在重建中国民族史、文化史上的新史学价值。

周昆叔认为严先生以哲学家、植物学家和艺术家的眼光来看待中国新石器时代的文化格局，把这一结构比作为重瓣花朵。这一理论使我们认识到了中华文化的伟大源于既多元又统一，多元就有活力、有生命力，统一能激活多元的力量，形成一种抗灾、抗乱、抗敌的伟大力量，这是其他文明所不具备的，所以唯我国的文化源远流长。我国文化多元一统格局的形成，其多元性源于我国地理环境的多样性和不平衡性，其统一性与我国地理环境相对的封闭和各文化彼此相连有关。多元一统的重瓣花朵是一个形象和贴切的比喻，这是对我国文化架构有中心、有边缘、有层次的形象解释。花既有花心就必有花瓣，那么中国文化这朵花既然是向心的，其缺一瓣就不美；花心与花瓣之间，花瓣彼此之间是相互依存的，故中国文化虽有中心与边缘之分，并无高下贵贱之别。严先生的论文科学性与通俗性完美统一，源于他对我国文化的深入研究和深刻理解，也是他厚积薄发的结果。

北京大学考古文博学院王幼平指出，严文明先生不仅对新石器时代考古有重要贡献，实际上对整个中国史前文化研究的贡献也非常大。他对中国旧石器时代文化谱系的划分很具有前瞻性，把中国南方划分为砾石文化区，又将南方和北方各划分为三个不同的小区，被最近二十多年的考古实践证明是正确的。他对史前考古学的贡献不仅在于对材料的系统梳理，更主要的是对材料的解释，提出各地旧石器文化的发展跟自然地理环境存在非常密切的关系。这样的解释具有划时代意义。

三　聚落形态研究

中国社会科学院考古研究所赵春青从典型遗址与聚落形态分析、典型墓葬与墓葬制度分析、史前城址研究、中国新石器时代聚落变迁研究、聚落考古方法论以及严文明聚落考古的理论体系初步解读等方面，对严先生的聚落考古理论与方法做了系统阐述，并指出正是严文明先生领导建立了中国聚落考古研究理论体系。广东省博物馆魏峻从聚落考古的兴起与中国聚落考古的实践、严文明先生聚落考古研究实践以及构建中国的聚落考古研究体系三个方面系统阐述了严文明先生的聚落考古思想。他指出《聚落考古与史前社会研究》一文是严文明先生聚落考古研究体系成熟和确立的一个标志。

佟伟华认为，严文明先生的聚落考古研究方法，是以对单个聚落形态的分析为切入点，再逐步扩展到某一区域、某一文化或某一时段的聚落形态研究。聚落考古仅是考古学研究的方法之一，其终极目的是通过研究聚落形态的变化探究社会组织结构演变以及复杂化的过程。魏兴涛指出，严文明先生大力倡导聚落考古，理清了中国新石器时代聚落形态发展演变的基本脉络，建立了从点到线到面的聚落考古学研究体系，为中国聚落考古学的发展奠定了基础。

韩建业在谈及严文明先生有关聚落形态研究的问题时指出，先生的聚落形态研究是建立在细致的文化分期基础之上的，他十分注意聚落形态的同时性问题，因此能够取得可信的研究结果。这一点在现在的聚落考古实践中仍然值得重视。而对一个个单独的聚落或墓地反映的社会状况做恰当分析和把握，是宏观判断所属文化乃至于整个中国早期社会发展程度和文明化过程的基础。严文明先生还从系统分析聚落材料出发，首次对中国新石器时代聚落形态进行了全面考察，将中国新石器时代聚落形态的演变过程分为新石器时代早、中、晚期和铜石并用时代早、晚期五个发展阶段，指出新石器时代的聚落形态表现出凝聚、内向、封闭的特点，与较为平等的氏族社会对应；铜石并用时代早期聚落明显开始分化，中心聚落、专业性经济中心和宗教中心开始出现；铜石并用时代晚期出现城乡对立，文明初步兴起。他系统总结了中国聚落考古的发展历程，认为聚落考古主要包含三个方面的内容，即单个聚落形态和内部结构研究、聚落分布和聚落之间关系的研究、聚落形态历史演变的研究，并论述每项内容的基本研究方法和需要注意的问题。指出"不能把考古调查中发现的一个个遗址直接看成一个个聚落遗址"，因为一个遗址可能包含几个不同聚落，但"只要基本的格局没有发生本质变化，还是应当作为一个聚落遗址来对待"。强调要用聚落考古的观念去思考和组织田野考古工作，这样需要设计新的作业方式，对田野考古的要求比过去提高不少。

四　文明起源与古史传说研究

韩建业指出，严文明先生是中国文明起源研究的领导者和积极实践者。他提出以考古学为基础多学科全方位综合研究古代文明的理念，揭示了中国文明起源和早期发展的基本历程和本质特点，搭建起了关于中国古代文明起源和发展的基本理论框架，引领着近些年中国文明起源研究的基本方向。他所谓的"以考古学为基础"，主要包括聚落考古和谱系研究两个方面：利用前者可以探究社会的复杂化，通过后者可以把握文化发展的大脉络。他还特别注重中国文明起源的环境背景研究。

首都师范大学历史学院的袁广阔在发言中指出，严文明先生很重视古史传说和考古学对证研究的必要性。他在 1985 年发表的《夏代的东方》一文，在当时材料有限的情况下，注意到早期夏王朝跟东夷人的关系。近年来新砦遗址的发现，说明在二里头文化形成过程中有大量从东方过来的文化因素，证实了二里头文化的形成确实是经过了新砦期这一阶段，而新砦期文化的形成则证实了郑州地区受到了豫东乃至东夷的影响。

五　农业起源研究

与会学者还讨论了严文明先生在农业起源研究上的重要成就。

周昆叔在发言中还谈到，严文明先生的另一项研究贡献就是农业起源的专门性研究。严先生认识到农业是新石器时代以后中国文化发展和文明起源的主要物质基础，因此他热情地投入到农业起源研究当中去。他研究仰韶文化的时候，就已经充分注意到黄土高原、旱作农业与仰韶文化的密切关系。后来他致力于稻作农业起源，从对稻作遗址时空分布、古稻品种分布以及人们的生活方式分析中，提出长江领域稻作起源说，提出稻作农业从山东半岛经辽东、朝鲜半岛到日本的陆路传播路线，被越来越多的考古发现所证实。

江西省文物考古研究所周广明指出，严文明先生提出长江中下游稻作起源说，不仅是根据已有的考古发现，还有他对人地关系的深刻体认。以前不少学者提出云南、印度等地可能为稻作起源地，主要的证据来自语言学、植物学等，因为那些地方野生稻种类最多、植物生长条件最好，但都只是一种可能，而无实在的证据。严先生认为条件那样优越的地方人们依靠采集就可以维持生计，缺乏发展农业的动力。相反，长江领域虽有野生稻分布，但已经处于边缘地带，当气候波动造成食物困难时，最可能发展起来最初的稻作农业。有人因此把严先生的这个理论称为稻作起源的"边缘理论"。

六　治学精神

佟伟华认为，严文明先生在考古学上取得的伟大成就，与他严谨务实、实事求是、勤奋刻苦的治学精神密不可分。他非凡的洞察力，缘于实事求是。他不尚空谈，脚踏实地，主持过一二十次考古发掘和考古调查，这些田野实践是他学术思想的源泉。他善于思索和总结，把在实践中产生的认识、观点和方法不断的概括和总结，寻找出规律性的东西。他始终站在考古学的前沿，敏锐地捕捉学术热点。故宫博物院林小安认为，严文明先生治学思想的精髓是实事求是的，先生学术水平高，成果丰硕，拥有科学、系统的理论方法。

北京大学考古文博学院孙庆伟指出，严先生具备了作为成功学者所需具备的秉性、境遇及才气三方面要素。他一心治学，潜心为学。有强烈的学术自觉，有宏大学术规划，按照规划一步步往前走，绝不会急功近利。

吴卫红说严文明先生胸怀博大，包容和尊重他人，阐述观点从不掺杂个人恩怨，他宽阔的学术胸怀，为学术界做出了榜样。"上善若水，夫唯不争"。此外他不对年轻人指手画脚，而是鼓励他们积极探索并加以适当引导。陈洪海指出当学生的观点与严先生的观点产生分歧的时候，先生没有将学生禁锢在自己的学术思想、知识体系之下，而是能循循善诱的让学生把自己的想法给说出来。

韩建业认为严先生取得的这些成就绝不是只为做学问而做学问。他是一个对国家和民族特别有责任心的人！他把国家和民族的命运始终放在心上，他常讲，政治有"大政治"和"小政治"之分，他十分关心大政治，关注国家和民族利益。

七　其他论述

方向明的发言题目是《严文明先生与浙江新石器时代考古》，他指出，一直以来严先生对于浙江考古工作很重视。严先生1996年到普安桥考古工地考察时，对浙江的聚落考古表示赞赏。他指出中日合作的普安桥考古发掘工作是有收获的，对土墩形遗址的营建、使用、拓展、废弃过程的分析有开创性。

良渚博物院蒋卫东汇报的题目是《严文明先生与良渚》。他认为严先生主要的学术思想几乎都能在良渚文化的研究中有所体现，并将先生关于良渚文化的论述分为四个阶段：第一个阶段主要侧重于谱系研究，第二个阶段重点在文明起源研究，第三个阶段全方位研究良渚文化与良渚遗址，第四个阶段全面总结良渚文化研究成果并大力推进良渚大遗址保护工作。

甘肃省文物考古研究所王辉主要谈了严先生对甘青地区考古工作所做的贡献，指出《秦安大地湾》报告的顺利出版严先生功不可没，先生对大地湾聚落的研究也为甘肃聚落考古指明了方向，他关于甘肃考古的研究具有前瞻性和规划性。其中关于甘青文化的来源问题，严先生通过对典型遗址的案例分析，提出马家窑文化是从东边发展过去的，但同时也没有否认西方文化对中国文化的影响，并且解决了马家窑类型的发展序列问题。

北京联合大学张连城指出，严先生的学术影响力和学术地位是毋庸置疑的。他代表北京联合大学对严文明先生对该校考古学学科的建设和发展的支持表示衷心感谢，并希望各位专家学者给予北京联合大学考古学学科更多的支持。

此外，荆州博物馆贾汉清在发言中提到，严先生对于湖北荆州的考古工作很重视，总是不遗余力地给予帮助。西北大学文化遗产学院钱耀鹏以《磨沟遗址的发现及其意义——陶窑结构与烧制技术考察的研究成果》为题，介绍了磨沟遗址最新的发现。

（原载《南方文物》2013 年 1 期）